살아있는 한국사 교과서 1

살아있는
한국사 1

전국역사교사모임 지음

민족의 형성과 민족 문화

Humanist

변화된 시대, '새로운 대안'을 모색하다

2019년 3월 《살아있는 한국사 교과서》 개정증보판을 다시 내놓습니다. 이 책을 처음 내놓은 지 17년, 발간 10주년을 맞아 전면 개정증보판을 내놓은 지 7년 만입니다.

지난 7년 동안 우리 사회는 참으로 역동적인 시간을 보냈고, 그 과정 하나하나를 한국사의 큰 흐름 속에서 되돌아보아야만 하였습니다. 역사 교과서 국정화 논란처럼, 아예 교과서에 담을 역사 인식의 문제와, 교과서의 형태가 뜨거운 쟁점이 된 적도 있습니다. 많은 역사 교사와 역사학자 들은 교과서의 의미를 되묻고 교과서가 가야 할 길에 대하여 토론하였습니다. 그 결과도 조금은 더 담고자 하였습니다.

돌이켜 보면 《살아있는 한국사 교과서》 발간은 그 자체로 하나의 사건이었습니다. '나라에서 정한 교과서'만 읽어야 하는 현실 앞에서 '대안 교과서'를 만들려는 시도 자체가 놀라움이었습니다. 게다가 전국의 역사 교사들이 함께 노력한 결과, 참신하면서도 완성도 높은 결과물을 내놓을 수 있었습니다. 이 때문에 책은 나오자마자 뜨거운 관심과 사랑을 받았고, 지금까지 청소년 역사서의 전범으로 베스트셀러 자리를 지키고 있습니다.

우리는 이 책이 우리 교육계를 변화시키는 데 조금이나마 기여했다고 감히 자부합니다. 이 책은 세계사 대안 교과서를 탐색하는 노력으로 이어졌습니다. '대안 교과서'라는 개념이 확산됨에 따라 여러 교과에서 다양한 대안 교과서가 나왔습니다. 그리고 다양한 학생에게 다양한 교과서가 필요하다는 생각도 확산되었습니다.

　검정 교과서에 자극을 줄 수 있었던 데도 약간의 자부심을 느낍니다. 《살아있는 한국사 교과서》가 나온 이후, 이 책에서 시도한 글쓰기와 편집 방향은 실제 학교에서 사용되는 교과서 개발에 적지 않은 영향을 주었습니다.

　17년 전 이 책을 내면서, 우리는 대안 교과서에 '살아 있는'이라는 수식어를 붙였습니다. 우리 현실을 성찰하는 날카로운 문제의식이 담겨 있고, 내용뿐 아니라 편집과 형식에서도 생동감이 넘치며, 학교 수업을 통해 그리고 독자들에 의해 끊임없이 진화하고 혁신되기를 바랐기 때문입니다.

　그래서 2012년에 개정증보판을 내면서 사진과 도표, 그림 등의 편집 요소를 많이 교체하였습니다. 근현대사와 관련해서는 특히 1960년대 이후 부분을 목차까지 새롭게 구성하고 내용도 크게 수정하였습니다. 민주화와 산업화를 동시에 이룬 대한민국의 성과를 역사적 시각으로 성찰함과 동시에, 우리가 나아가야 할 미래를 함께 생각해 보고자 하는 문제의식이 더욱 선명해진 것입니다.

　이번 개정증보판은 1987년 6월 항쟁 이후의 역사를 대폭 강화하였습니다. 6월 항쟁 이후 20여 년은 여러 어려움 속에서도 민주주의와 평화로 가는 길을 열었던 시기로 정리하였습니다. 진보와 보수가 경합하고, 시민 참여를 통해 민주주의가 확산되고 평화로 가는 길이 새롭게 열리게 된, 가장 가까운 시기까지의 역사도 비중 있게 정리하였습니다.

이 책은 단순히 개정증보판이 아니라 변화된 시대에 대한 우리 나름의 '새로운 대안'이라고 할 수 있습니다. 하지만 우리는 이 책을 '유일한 대안'이라고 생각하지 않습니다. '가르치는 교사의 뜻에 따라 새롭게 구성되고, 배우는 학생들이 저마다 다채롭게 익히는 과정에서 이 책의 의미가 살아날 수 있을 것'이라는 초판 서문은 그런 점에서 여전히 유용합니다.

전국역사교사모임을 대표하여 17년 전에 집필하였고, 이제 다시 개정증보 작업에 힘써 주신 필자 선생님들께 감사드립니다. 다양한 수업을 통해 이 책에 생명력을 끊임없이 불어넣은 전국의 역사 선생님과 학생들에게도 고맙다는 인사를 드립니다. 그리고 분에 넘치는 칭찬과 격려를 보내 주신 연구자와 학부모님께도 진심으로 감사할 따름입니다. 처음 책을 펴낼 때부터 획기적인 디자인으로 교과서 편집의 새 장을 열었던 휴머니스트 출판사가 이번에도 모든 역량을 쏟아부어 한층 업그레이드된 책을 만들어 주셨습니다. 고맙습니다. 무엇보다 17년간 애정과 관심을 보내 주신 독자들이 있었기에 다시 개정증보판을 낼 수 있었습니다. 독자들께 머리 숙여 감사드립니다.

이번 《살아있는 한국사 교과서》 개정증보판이 교실에 생동감을 불어넣고, 신명 나게 역사 공부를 하는 데 기여할 수 있기를, 역사적 맥락 위에서 오늘을 돌아보고 더 나은 미래를 설계하는 데 조금이나마 도움이 되기를 희망합니다.

2019년 3월
전국역사교사모임

역사를 읽는 힘과 역사를 체험하는 맛

1

누구에게나 그렇듯 교사에게도 꿈이 있습니다. 미래를 꿈꾸며 깨달음으로 성장하는 학생들과 눈을 맞추고 마음을 나누는 선생님이 되고 싶은 꿈입니다. 참 쉬운 일 같았지만 결코 쉽지 않았습니다. 교실에는 늘 메마른 교과서가 펼쳐져 있었습니다. 한 자도 빠짐없이 깡그리 외우지 않으면 안 될 것처럼 우리를 짓눌렀습니다. 그래서 앙상한 교과서를 기름지고 생기 있게 만들 궁리를 해 보았습니다. 다양한 사진과 풍부한 그림을 곁들여 보기도 하고, 아기자기한 연극과 재치 있는 발표로 즐겁게 꾸려 보기도 하였습니다. 인터넷을 뒤져 가며 새로운 방법도 찾아보았습니다. 하지만 하룻밤을 지나면 책상 위에 엎드려 진짜로 꿈속에 빠지는 학생들이 늘어났습니다. 교사들이 아무리 새로운 시도를 펼쳐도 학생들은 따분한 교과서에 점점 흥미를 잃었습니다.

문제는 결국 교과서라고 생각하였습니다. 우리 역사를 이야기하듯 쉽고 재미있게 들려주는 교과서, 때로는 나직하게 속삭이고 때로는 끓어오르는 분노로 주먹을 불끈 쥐게 만드는 교과서, 역사 속의 인물들이 교과서 밖으로 걸어 나와 학생들에게 말을 건네는 교과서, 무엇보다도 학생들 스스로 저마다의 눈으로 관찰하고 서로의 느낌을 이야기할 수 있는 살아 있는 교과서가 우리에게 절실하게 필요하였습니다. 우리의 바람은 학생들의 마음을 움직이는 교과서를 교사들 손으로 직접 만들어 보자는 쪽으로 이어졌습니다. 1999년 겨울, 2,000명이 넘는 전국 각 지역의 역사 교사들이 이 일에 함께 나서기로 다짐하였습니다.

2

우리는 학생들에게 공부하라고 말하기 전에 역사가 무엇이고 역사를 왜 배우는지를 자유롭게 이야기하고 싶습니다. 그래서 첫 단원을 '역사는 왜 배우나요'로 정하였습니다. 우리의 삶 속에서 역사를 만나고 사귀면서 민족의 역사를 하나하나 느껴 보게 하고 싶습니다. 그래서 본문으로 들어가는 두 개의 창을 달았습니다. 공을 들여 컴퓨터 그래픽으로 재현한 화면, 그리고 역사의 흐름에 따라 때론 힘 있게 때론 차분하게 그린 연대표가 실린 단원열기는 우리의 역사 기행을 한층 신나게 해 줄 것입니다. 본문은 한 호흡으로 읽어 가며 흐름을 이해하도록 썼습니다. 곳곳에 있는 사진과 그림들을 보면서 그 시대로 들어가 보세요. 구경꾼이 아니라 스스로 역사가가 되어 과거를 탐구하다 보면 '역사를 읽는 힘과 역사를 체험하는 맛'을 느낄 수 있을 것입니다. '나도 역사가'나 '과거와 현재의 대화'에서 실마리를 제공하여 줄 것입니다.

본문 못지않게 특별 꼭지에도 정성을 기울였습니다. '여성과 역사'에서 세상의 절반이면서도 정작 알려지지 않았던 여성들의 삶을 다루었고, '청소년의 삶과 꿈'은 학생들이 우리 역사를 좀 더 친숙하게 마주하며 단원을 마무리할 수 있도록 구성하였습니다. '문화재를 찾아서'는 우리 문화재를 생생하게 이해할 수 있도록 꾸몄고, '민족의 형성과 민족 문화'로 이 책을 마무리하였습니다. 이제까지 배운 역사를 한눈에 바라보고 학생들이 스스로 자기 생각을 이야기할 수 있도록 별도로 배치한 것입니다.

3

교과서는 그 자체가 한 권의 역사책입니다. 우리는 지금까지 나라에서 정한 교과서만을 읽어 왔습니다. 교과서가 하나뿐인 교실은 이제 다양하고 창의적인 내일을 꿈꾸는 청소년들에게 어울리지 않는 곳입니다. 국정 교과서가 엄연히 있음에도 우리가 이 책을 교과서라 이름 붙인 것은 좀 더 알찬 교과서가 다양하게 선보여야 한다는 시대의 흐름 때문입니다. 우리는 이 책을 읽는 학생들이 지은이의 생각에 모두 따라야 한다고 생각하지 않습니다. 가르치는 교사의 뜻에 따라 새롭게 구성되고, 배우는 학생들이 저마다 다채롭게 익히는 과정에서 이 교과서의 의미가 살아날 수 있을 것입니다.

우리는 교실 분위기가 고스란히 묻어나는 교과서를 쓰려고 하였습니다. 때로는 매서운 지적에 고개를 들지 못했고, 때로는 칭찬과 격려에 감격하면서 고쳐쓰기를 수차례 반복했습니다. 탈고까지 꼬박 2년 동안, 우리는 많은 분들께 도움을 받았습니다. 방학 때마다 성심껏 검토하고 의견을 주신 전국역사교사모임의 수많은 선생님과 학생들, 도움을 주신 전문 연구자 선생님들과 격려를 아끼지 않은 학부모님들께 감사의 말씀을 올립니다. 그분들이 있었기에 감히 이 책을 전국역사교사모임의 이름으로 펴낼 수 있었습니다. 《살아있는 한국사 교과서》가 교실을 살아 있게 만들고, 역사 공부를 신명 나게 만들어 우리 역사를 살찌우는 데 조금이나마 도움이 되기를 간절히 바랍니다.

2002년 3월

김육훈·안정애·양정현·윤종배·신선호

● 차례 ●

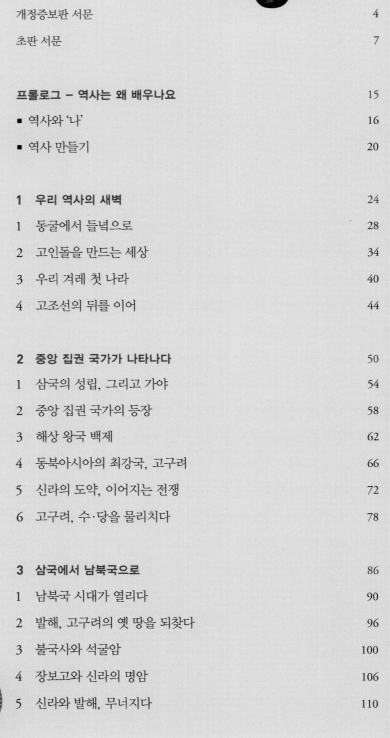

역사는 왜 배우나요

역사와 '나'

── **어제, 오늘, 그리고……**

오늘은 슬픈 하루였다. 늦잠 자서 헐레벌떡 학교에 뛰어갔는데 허걱, 교문에 생활지도부 선생님들이 줄지어 서 있는 게 아닌가. 아침부터 야단맞고 교실에 들어갔는데, 글쎄 미술 준비물을 안 가져간 것이다. 이번에 안 가져오면 벌점 왕창 준다고 선생님이 말씀하셨는데, 흑흑. 사건은 또 있다. 미술 시간 걱정이 앞선 탓인지 체육 시간에 축구를 하면서 공을 아무렇게나 뻥뻥 찼다. 그런데 내가 찬 공이 골인이 되고 만 것이다. 흑흑, 자살골이었다. 화가 난 친구들한테 깔려서 하마터면 돌아가실 뻔했다. 내일부터는 게임 하다 늦잠 자지 말고, 준비물도 잘 챙겨서 학교에 가야겠다. 해솔이의 일기 20000 끄읕.

이 글을 자세히 보면 몇 가지 이야깃거리를 발견할 수 있다. 우선 일이 일어난 시간 순서대로 상황을 적고, 무엇이 사건의 원인인지도 틈틈이 밝히고 있다. 끝 부분에서는 앞으로 어떻게 할 것인지 다짐도 하고 있다. 그런데 일기에 하루의 일을 모두 적지는 않는다. 기억에 남는 이야기, 기억해야 할 이야기를 적는다. 기억에 남는다는 것은 좋든 싫든 그날의 분위기를 좌우한 사건이라는 뜻이다. 또 기억해야 할 이야기란, 어떤 일을 마음에 새겨 자신을 돌아보거나 스스로 달라지려고 애쓰는 가운데 기록으로 남기는 것이다.

── **과거와 현재의 대화**

역사는 일기와 같은 것이다. 역사도 사회에서 벌어진 일들을 다 쓰지는 않는다. 다만 중요한 일들이 어떻게 벌어지고 이어지는지를 좀 더 차분하고 치밀하게 적어 나갈 뿐이다. 그렇다면 어떤 일이 중요한지, 원인과 결과가 무엇인지는 누가 따질까? 그것은 역사가가 하는 일이다. 역사가는 여러 자료를 살펴보면서 앞뒤가 어떻게 연결되는지, 그것 때문에 사람들의 생활과 모습이 얼마나 달라졌는지도 저울질해 본다.

여기서 역사의 뜻이 나온다. 대개 역사를 과거에 일어난 사건으로만 알고 있다. 분명 역사는 과거 사실을 바탕으로 연구하는 것이다. 하지만 역사가의 기록이라는 뜻도 있다. 역사의 사史 자는 역사가에서 비롯되었다. 중국에서는 역사라는 말이 생기기 전에 벌써 과거 사실을 기록하는 사람, 태사공太史公이 있었다.

역사의 참뜻은 어제의 사실을 그저 지난 일이나 흥미 있는 이야깃거리쯤으로 흘려보내지 않고, 오늘의 교훈으로 삼고 내일을 설계하는 디딤돌로 만드는 데 있다. 이 과정에서 여기저기 널려 있는 사실들을 촘촘히 엮고 다듬어서 우리 삶에 보석 같은 가르침이 되게 하는 것이 역사가의 몫이다. 이러한 과정을 어느 역사학자는 '과거와 현재의 대화, 과거 사실과 역사가의 대화'라고 하였다.

─ 궁예와 유엔

역사가는 옛일을 오늘날의 눈으로 보고 내일을 생각하며 기록한다. 옛일 못지않게 오늘날의 생각이 중요하게 작용하는 것이다. 때로는 옛날 기록을 그대로 믿지 않고 오늘날의 처지에서 달리 해석하는 경우도 있다.

후삼국 시대 후고구려泰封의 왕 궁예는 미륵보살 행세를 한 폭군으로 기록되어 있다. 기어이 왕위에서 쫓겨나 한 농가에서 보리쌀을 훔쳐 먹다가 돌에 맞아 죽었다는데, 요즘 들어 그가 새롭게 해석되고 있다. 미륵의 마음으로 백성의 고통을 어루만져 주면서 이상적인 군주를 꿈꾸다 반대파에 밀려 쫓겨났다고 하고, 그를 무찌른 왕건 세력한테 억울하게 미치광이 취급을 당하였다고 하기도 한다.

이렇게 역사에서 현재가 중요하다는데, 역사가 오늘 내 생활과도 관계가 있을까? 유엔과 반기문 사무총장을 떠올려 보자. 1945년 일제로부터 해방을 맞이했을 때 우리나라는 세계에서 가장 가난한 나라로 손꼽혔다. 게다가 분단된 남북한은 1950년 6·25 전쟁까지 치렀다. 이때 유엔은 창설 후 처음으로 유엔군을 파견하여 남한을 도왔다. 그로부터 반세기가 지난 지금,

전쟁의 폐허를 극복하고 놀라운 경제 성장을 이룩한 대한민국은 경제 지원을 받는 나라가 아니라, 가난한 나라를 도와주는 나라로 거듭났다. 세계 10위의 무역국가로서 국제사회에서 제 몫을 하고 있으며, 민족이 분단된 아픔 속에서도 세계 평화에 이바지하고 있다. 이러한 활동 덕분에 국제적 위상이 높아진 대한민국은 마침내 세계의 대통령이라고 불리는 유엔 사무총장을 배출하였다. 스스로 갖은 어려움을 극복하고 세계를 주도하는 역사를 우리 눈으로 보고 있다. 그 과정을 함께하고 굵직한 사건을 함께 겪은 우리는 역사 속에 살면서 역사에 참여하고 있는 것이다.

▬ 정보화 시대에도 역사를 클릭해야

역사는 왠지 정보화 시대에 맞지 않는다거나, 컴퓨터에 저장하기에는 구닥다리 이야기라고 말하는 사람들이 있다. 하지만 정보화 시대도 사람이 사는 세상이다. 삶의 모습이 지금과 많이 달라져도 서로 사랑하고 땀 흘려 일하고, 앞날을 걱정하고 행복을 꿈꾸며 살아가는 인간의 기본적인 바탕은 비슷할 것이다.

정보화 시대에 사회적인 성공을 거두려면 무엇보다 사람들의 마음을 움직일 수 있어야 한다. 바로 이런 점에서, 역사 속에 생생히 녹아 있는 사람들의 발자취가 우리에게 무궁무진한 자원이 될 수 있다. 일찍이 이 땅에 산 사람들이 어떻게 세상을 일구어 왔는지 살펴보고, '나'라면 어떻게 하였을지 되묻기도 하면서 사람에 대한 이해가 깊어진다. 이때 비로소 우리는 컴퓨터 화면에서도 따뜻한 인간, 살아 있는 인간을 마주할 수 있다.

'속도와 경쟁'을 내세우는 시대에 컴퓨터를 끄고 역사책을 뒤적이는 것이 쉬운 일은 아닐 것이다. 그러나 차분하고 끈기 있게 바탕을 다진다는 마음으로 역사를 공부한다면 우리네 인생의 큰 밑천을 장만하는 것이다. 역사는 세상의 속도뿐만 아니라 방향도 바꿀 수 있기 때문이다.

나도 역사가

역사가의 마음으로 '나'의 역사를 써 보자.

일 본 은 사 죄 하 라

역사 만들기

━ 역사의 현장에 서다

낮 12시, 우리는 일본 대사관 정문 앞에 서서 준비하였다. 우리 반 친구들은 무척 상기된 표정이었다. 그럴 수밖에 없는 것이 일본 대사관 직원은 열심히 뭔가를 적고 있었으며, 여기저기서 카메라 플래시가 터지기 시작하였다. 나는 이 집회가 무려 1,000회를 넘겼고 세계에서 가장 오랫동안 이어진 집회로 기네스북에 올랐다는 이야기를 듣고 깜짝 놀랐다. 20년 전부터 비가 오나 눈이 오나 단한 번도 빠지지 않고 수요일만 되면 일본 대사관 앞에 모여 여든을 훌쩍 넘긴 할머니들께서 외치셨다니……. 그것은 반세기 동안 아무도 풀어 주지 않은 할머니들의 피맺힌 한 때문일 것이다. 경과 보고가 끝나고 우리는 한때 위안부 생활을 하신 할머니의 말씀을 들었다. 말씀은 이내 절규로 변하여 내 가슴속에 파고들었다.

이 글은 어느 중학교 3학년 학생이 위안부 문제 해결을 위한 수요 집회에 참가하고 나서 쓴 소감의 일부이다. 책에서만 배운 일본의 침략, 여전히 계속되는 역사 왜곡의 현장을 눈이 충혈되도록 지켜보는 순간이었으리라. 일본의 강제로 끌려가 피해를 겪은 분들의 한 맺힌 인생을 생생한 증언으로 들었으리라.

평소 역사 공부에 별 흥미를 못 느끼던 학생들도 이 한 번의 강렬한 체험으로 생각이 바뀌었을지 모른다. 수요 집회에 참여하지는 않았지만, 일본의 역사 교과서 왜곡에 항의하는 뜻에서 일본 문부성과 역사 왜곡에 앞장선 단체의 홈페이지에서 사이버 시위를 벌인 학생들도 있다. 학생으로서 직접 역사에 참여하고 역사의 흐름을 바꾸려고 한 사건으로 기억할 것이다.

━ 내가 생각하는 역사를 위하여

역사학자들에 따르면, 시청률 1위를 줄곧 지킨 어느 사극에서 사실은 10% 정도뿐이고 나머지 90%는 작가의 상상력으로 채워졌다고 한다. 자료가 많지 않다 보니 다소 무리한 장면 설정이나 엉터리 같은 대목도 있다. 문제는 사극에 나오는 내용이 마치 실제처럼 보인다는 점이다. 사극은 다큐멘터리가 아니라 드라마일 뿐인데도 말이다.

이제 이러한 사극을 넋 놓고 볼 게 아니라 바로 보려는 노력이 필요하지 않을까? 드라마에 나온 내용이 사실인지 서점에 가서 책도 뒤져 보고, 인터넷에 들어가서 간단히 살펴보기도 하자. 아예 역사 선생님께 찾아가 물어 보면서 사실을 바로잡는 것이 사극을 보는 것보다 훨씬 생생하고 흥미로운 일이 될 것이다.

역사 신문을 만들어 보는 건 어떨까? 자료를 찾고 나름대로 기사를 정리하다 보면, 마치 역사가가 된 듯 그 시대를 또렷하게 머릿속에 떠올릴 수 있다. 이렇게 역사를 살아 있는 사람의 이야기로 구성해 보는 것 또한 나름대로 역사를 만드는 일이다.

━ 참된 세계인이 되는 법

> 한편으로는 한국인에게 일본의 통치가 이득이 되었다. 교통·통신과 운송 시설이 대단히 향상되었다. 일본이 사용하던 근대 산업 기술은 한국의 경제 성장에 도움을 주었다. 일본이 만든 진보적인 교육 제도가 많은 한국의 지도자를 양성하였다.

이 글은 일본에서 우리 역사를 왜곡하기 위해 쓴 것이 아니다. 놀랍게도 미국 교과서에 실린 글이고, 대학에서도 이런 논리를 담은 책으로 강의하고 있다고 한다. 이 글에서 우리나라는 오랫동안 중국과 일본의 지배를 받으면서 성장한 나라로 묘사되어 있다. 중국의 만리장성이 평양까지 그려져 있기도 하고, 심지어 조선이 청의 영토로 표시되어 있는 경우도 있다.

이쯤 되면 한국인은 누구나 분노를 느낄 것이고, 빨리 이런 일을 바로잡아야 한다고 한마디씩 할 것이다. 그런데 실제로 사명감을 가지고 우리 역사를 바로 세우는 데 앞장서는 사람이 몇이나 될까? 그동안 세계화, 국제화에 떠밀려 국사를 꼼꼼하게 배우지 않았기 때문에 정작 우리도 우리 역사를 제대로 알지 못하는 경우가 많다. 당장 경복궁을 찾아오는 외국인에게 안내해 줄 사람도 많지 않은 게 우리 현실이다.

참된 세계화란 무엇일까? 우리 조상의 훌륭한 전통을 두둑한 밑천 삼아 당당하게 우리를 소개하고 외국과 어깨를 나란히 하는 것이 아닐까? 그러자면 적어도 우리 역사와 문화를 간단히 소개할 만한 지식과 자부심은 갖춰야 할 것이며, 그래서 한국사가 중요하다. 이제 세계화에 앞서 '가장 한국적인 것이 가장 세계적'이라는 말을 깊이 생각해 볼 때이다. 우리 역사 만들기는 바로 우리 역사 알기에서 시작된다.

나도 역사가

인터넷에 접속해 '역사'라는 단어를 검색한 뒤 손길 가는 대로 클릭해 보자. 천 리 길도 한 걸음부터!

과거와 현재의 대화

앞으로 100년 뒤에 열어 본다고 가정하고 후손에게 남길 타임캡슐을 만들어 보자.

1

우리
역사의
새벽

광야에서

헤아릴 수 없는 아득한 옛적의 어떤 날 망망한 만주 평원의 거친 풀밭 위에 먼동이 틀 무렵, 훤하게 밝아 오는 그 빛이 억만 년 사람의 그림자를 본 일이 없는 흥안령의 마루턱을 희망과 장엄으로 물들일 때 몸집이 큼직 큼직하고 힘줄이 불툭불툭한 큰 사람의 한 떼가 허리엔 제각기 돌도끼를 차고, 손에는 억센 활들을 들고 선발대의 걸음으로 그 꼭대기에 턱턱 나타났다. 흐트러진 머리털 사이로 보이는 널따란 그 이마에는 어진 이의 기상이 서려 있고, 쏘는 듯한 그 눈빛에는 날쌤의 정신이 들어 있다. 문득 솟는 해가 결승선을 차 던지는 용사같이 불끈 솟아 지평선을 떠날 때 그들은 한 소리 높여 "여기다!" 하고 외쳤다. 장사들의 우렁찬 소리는 아침 햇살을 타고 우레같이 울리며 끝없는 만주 벌판으로 내리달았다.

— 함석헌, 《뜻으로 본 한국역사》

동굴에서 들녘으로

가 볼 곳 검은모루 동굴, 암사동 선사 유적지　　만날 사람 원시인　　주요 사건 도구 사용, 농사 시작

산들바람은 생각하였다. '땅에 떨어진 씨앗이 싹을 틔워 곡식으로 자랐단 말이지.' 이 듬해 봄, 그는 집터 주위에 땅을 고르고 씨앗을 심으며 빌었다. "제발 올겨울을 날 정도만 싹이 트게 해 주시옵소서."

― 도구를 만들다

지금으로부터 50만 년 전 시대의 유적인 평양시 상원군 검은모루 동굴. 여기에서 무게가 1.5톤이 넘는 코뿔소의 뼈와 불 피운 흔적, 깨진 돌 등이 함께 발견되었다. 코뿔소와 불, 아무래도 짐승들이 불을 피우지는 않았을 것이다. 그리고 깨진 돌을 살펴보니 돌이 일정한 모양새로 다듬어져 있었다. 그렇다면 누가? 아쉽게도 사람 뼈는 발견되지 않았다. 하지만 이 정도만으로도 사람이 머무르면서 사냥하고 살던 흔적임을 쉽게 알 수 있다.

평양 흑령동굴에서 출토된 코뿔소 뼈

검은모루 전경

이 무렵의 사람 뼈를 분석한 결과, 이들이 완전히 두 발로 서서 걸었음이 밝혀졌다. 서서 걸음으로써 앞발이 자유로워져 무언가를 거머쥐고 던질 수 있게 되었다. 그리고 나서 가장 먼저 손에 닿은 돌로 도구를 만들었다.

— 동굴 속 사람들

비가 추적추적 온다. 동굴 입구에서 나는 물 떨어지는 소리에 문득 잠이 깼다. 주위를 둘러보니 '커다란 손', '넓적한 귀', '해님 아기' 등이 여기저기 널브러져 자고 있다. 다들 고단한 모양이다. 어제 큰 곰을 쫓다가 놓치는 바람에 기운이 더욱 많이 빠졌을 게다.

간밤에 잠을 설친 탓인지 사냥 나가는 것이 썩 내키지 않는다. 하지만 어쩌랴. '해님 아기'가 며칠째 앓아누워 있는데 풀뿌리만 먹였더니 좀체 일어나지를 못한다. 큰 짐승을 잡아 배를 든든히 채워야 할 텐데. '예쁜 나무'한테 미안하다. 손목이 삐었는데도 나무 열매를 따러 가야 하다니.

서둘러서 긁개, 찌르개, 주먹 도끼를 몇 개 더 만들어야겠다. 지난번에 만든 것은 벌써 망가져 버렸다. 비가 이제 그칠 모양이다. 사냥 나가기 전에 '위대한 해님'께 두 손 모아 정성껏 빌어야겠다. 오늘은 꼭 큰 곰을 잡게 해 주옵소서!

| 돌 쓰던 시기

돌을 깨뜨려서 뗀석기를 만든 시기를 구석기 시대, 돌을 갈아서 간석기를 만든 시기를 신석기 시대라고 한다. 구석기 시대 사람들은 대체로 동굴에서 살았으며 무리를 지어 사냥을 하거나 나무 열매를 따 먹었다.

▼주먹 도끼
대표적인 뗀석기이다. 오늘날의 다용도 칼처럼 여러모로 활용되었다.

▲긁개
실험해 보니, 실제로 짐승의 가죽을 벗기고 부위별로 자를 수 있었다.

구석기인의 생활 모습 복원 현장

| 석기 시대 사람들의 생활

사람들이 강가나 바닷가에 모여 살기 시작하면서 물고기를 잡는 도구가 발달하였다. 가락바퀴를 사용하여 옷을 지어 입었으며,
조개 가면으로 미루어 볼 때, 예술과 신앙생활이 발달하였음을 짐작할 수 있다.

▶그물추와 낚싯바늘
짐승 뼈로 만든 낚싯바늘과 돌로 만든
그물추이다. 생김새가 다양한 것은 물고기의
종류에 따라 다른 것을 썼기 때문이다.

▼가락바퀴
가운데의 구멍에 막대기를 꽂고, 거기에
가느다란 식물 섬유를 돌려 가며 실을
만드는 도구이다.

▼김해 수가리 조개더미
오늘날 쓰레기 매립장에 가면 온갖 생활용품을 찾을 수 있는 것처럼
조개더미도 돌 도구나 흙으로 만든 그릇 등이 함께 묻혀 있는 훌륭한
유적이다. 조개더미도 자세히 보면 층이 나누어져 있다. 아래층으로 갈수록
오래된 것이어서, 층은 시기를 나누는 기준이 된다.

▲조개 가면
지혜가 부족하고 생산 기술이 발달하지 않은
시기에 사람들은 보이지 않는 절대적 존재인
신에게 풍요를 빌었을 것이다. 조개 가면은
그런 행사에서 신의 역을 맡은 사람이 썼을
것이다.

─ 조개더미를 발굴하였더니

신석기 시대 생활 모습을 잘 보여 주는 유적으로는 조개더미가 있다. 조개더미는 조갯살을 발라 먹고 버린 껍데기가 차곡차곡 쌓여 있는 일종의 쓰레기장이다. 이것이 오늘날 신석기 시대를 살피는 데 훌륭한 타임캡슐 노릇을 하고 있다.

바닷가에 널려 있는 조개는 사냥을 위해 쫓아다녀야 하는 짐승에 비하면 아주 손쉽게 구할 수 있는 먹이였다. 불에 구워 먹어야 소화가 잘되는 고기에 비해 훨씬 부드럽고 싱싱한 데다 잡다가 다칠 염려도 없었다. 동굴에서 움츠리고 살던 사람들은 차츰 먹이를 구하기 쉬운 바닷가에 자리 잡기 시작하였다. 여기에서 물고기를 잡고, 들판의 곡식도 따 먹으면서 구석기 시대보다 넉넉한 생활을 할 수 있었다. 대개 기원전 8000년 무렵의 일이다.

─ 흙으로 만든 그릇

신석기 시대의 유적과 유물은 강원도 양양이나 서울 암사동 같은 바닷가나 강가에서 많이 발견되었다. 특히 암사동에서는 한꺼번에 많은 움집을 짓고 산 흔적이 발견되어, 구석기 시대보다 더 많은 사람들이 함께 살았음을 말해 준다.

조개더미에서 가장 눈길을 끄는 것은 토기와 도기이다. 흙을 빚어 여러 모양으로 만들었는데, 무엇을 담아 두거나 요리할 때 썼을 것으로 보인다. 흙으로 만든 그릇은 구석기 시대 유물에서는 볼 수 없는 것이

◀**서울 암사동 선사 유적지**
1925년 대홍수 때 움집터가 처음 발견되었다. 불에 탄 나뭇조각, 빗살무늬 토기 등이 많이 묻혀 있어 신석기 시대 생활을 잘 보여 주고 있다.

▼**빗살무늬 토기**
바닥이 뾰족해서 강가나 바닷가 모래에 고정하기 편리하다. 머리빗 무늬를 뜻하는 빗살무늬로 널리 알려졌는데, 이 무늬가 밭고랑이나 번개를 뜻한다는 견해도 있다.

▶미사동 밭고랑
영어에서 '문화(culture)'는 '농사짓다
(cultivate)'와 어원이 같다. 농사를
지으면서 인류 문명이 발달한 것을 두고
신석기 혁명이라고 평가하기도 한다.

▼갈돌과 갈판
갈판에 곡식을 올려놓은 다음 껍질을
까고 힘껏 갈아서 음식을 만들었다.

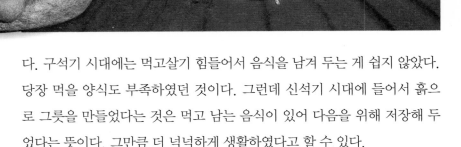

다. 구석기 시대에는 먹고살기 힘들어서 음식을 남겨 두는 게 쉽지 않았다. 당장 먹을 양식도 부족하였던 것이다. 그런데 신석기 시대에 들어서 흙으로 그릇을 만들었다는 것은 먹고 남는 음식이 있어 다음을 위해 저장해 두었다는 뜻이다. 그만큼 더 넉넉하게 생활하였다고 할 수 있다.

── 농사, 새로운 역사의 시작

신석기 시대의 그릇에서 곡식 알갱이가 탄소덩이가 된 채로 많이 발견되었다. 그리고 비슷한 시기의 유물인 갈판을 살펴보면 많은 곡식 껍질을 깐 흔적이 보인다. 경기도 하남시 미사동에서는 일부러 갈아 놓은 밭고랑이 발견되었다. 이로 미루어 볼 때 신석기 시대가 끝날 무렵에는 농사를 지었을 것이다. 집 주변 텃밭이나 강가의 들판을 경작했을 가능성이 높다. 농사는 인간의 생활을 크게 바꾸어 놓았다. 먹이를 찾아 떠돌던 인류가 한곳에 머물러 살게 되고 사회생활을 하면서 문화를 발전시키는 새로운 시대가 열린 것이다.

나도 역사가

원시인의 하루를 그림일기로 그려 보자.

과거와 현재의 대화

교실 쓰레기통을 엎어 쓰레기를 벌여 놓고 유물을 발굴하는 심정으로 살펴보며 오늘 하루 있었던 일을 추리해 보자.

허스토리를 찾아서

어머니 품속처럼 따뜻한 곳이 있을까? 어머니! 어머니는 우리의 영원한 고향이다. 우리는 모두 어머니의 고통을 빌려 세상에 태어났다. 생명을 잉태하고 생산하는 일만큼 인류에게 중요한 일도 없을 것이다. 그런데 어머니라는 바로 그 이유 때문에 세상의 절반인 여성들이 세상일로부터 소외되고 차별받기 시작하였다면, 이건 도대체 무슨 영문일까?

먼 옛날 인류는 계급도, 신분도, 남녀 간의 차별도 없는 세상을 살았다. 힘센 남자들은 사냥을 나가서 짐승을 잡아 왔고, 여자들은 소중한 생명을 낳고 기르면서 동굴 주변에서 먹을 만한 나무 열매며 풀뿌리를 구하였다. 하는 일은 달랐지만 서로 도우며 행복하게 살았다.

그런데 농업이 발달하고 수확량이 늘어나자, 남자들은 차츰 힘을 뽐내면서 남성 중심의 제도를 만들었다. 남자가 세상의 중심이 되어, 가정에서조차 평등한 사랑과 평화보다 아버지의 권위가 강조되기 시작하였다. 이것이 오늘날까지도 뿌리 깊게 이어져 내려오는 가부장 제도이다. 이제 소중한 생명의 생산조차 아들을 낳아 남자의 대를 잇는 것쯤으로 변질되어 버렸다. 여성은 남성에게 종속되어 갔다.

남녀 차별의 불행한 역사는 언어에서도 고스란히 드러난다. 영어의 여성(woman)은 남성(man)의 소유물이라는 뜻이다. 역사(history)를 남자의 이야기(his story)라고 비판하는 사람도 있는데, 잊힌 여성의 역사를 찾을 때 비로소 온전한 역사를 마주할 수 있다는 뜻일 것이다. 우리 허스토리(herstory)를 찾아 나서 보자. 그리고 남녀, 아니 여남이 더불어 행복할 수 있는 더 인간다운 미래를 꿈꾸어 보자.

고인돌을 만드는 세상

가 볼 곳 강화도 부근리, 고창군 매산마을   만날 사람 청동기 시대 족장   주요 사건 고인돌 만들기

'커다란 손'이 외쳤다. "겁내지 말고 휘둘러라! 저들은 청동 검이 몇 자루 없느니."
제 아비를 고인돌에 묻은 지 얼마 안 된 탓일까? 새 족장은 거침이 없었고, 곧 적
들을 붙잡아 노예로 끌고 올 기세였다.

▬ 청동 검을 만든 시대

신석기 시대가 끝날 무렵 농사가 시작되면서 사람들 사이에 좋은 땅과 잉여
농산물을 차지하기 위한 경쟁이 생겼다. 경쟁이 뜨거워지다 보니 싸움이 잦
고 무기가 발달하였다. 돌보다 센 무기를 찾다가 만들어 낸 것이 청동 검이
다. 청동기 시대란 구리를 주원료로 검, 창 같은 무기와 거울, 방울 같은 제
사 지내는 도구를 만들어 쓰던 시대를 말한다. 한반도와 주변 지역에서는
기원전 20세기~기원전 15세기 무렵부터 청동기 시대가 시작된 것으로 보
고 있다.

▬ 반달 돌칼과 농경

청동기 시대 사람들은 농사를 본격적으로 지었으므로 신석기 시대보다는
농경이 훨씬 발달하였다. 재배하는 곡식이 다양해졌고, 농사 도구도 발달하

| 거푸집으로 청동 검을 만드는 과정

구리를 녹여서 주석이나 아연을 섞은 다음, 칼 모양을 새긴 거푸집에 붓고 굳은 뒤에
꺼내면 청동 검이 나온다.

| 청동기 시대의 농기구

쌀을 재배한 청동기 시대의 농사 도구는 주변에서 쉽게 구할 수 있는 돌과 나무로 만든 것이 대부분이다.

청동기 시대의 집터

지붕과 벽이 대체로 구분되며 집 형태는 네모가 많다. 고인돌의 받침돌과 덮개돌은 이 무렵의 집이 기둥과 지붕으로 이루어졌음을 보여 준다. 한편 청동기 시대 집터가 언덕배기에 많은 것은 전쟁과 방어 때문이라는 주장이 있다.

탄소덩이가 된 벼 알갱이(부여 송국리)

청동기 시대 집터에서 많은 벼 알곡이 토기와 함께 발견되었다.

반달 돌칼

돌삽

돌낫

였으며, 가축 사육도 늘어났다. 인구도 차츰 늘어났는데, 청동기 시대 집터를 보면 신석기 시대 움집보다 더 많은 식구가 살았음을 알 수 있다.

그런데 청동기 시대의 유물 가운데 벼 알곡이 담긴 채 발견된 토기가 있다. 대개 벼는 조, 수수, 기장 같은 잡곡보다 키우기는 어렵지만 알갱이가 크며 맛도 좋다. 즉 신석기 시대보다 농사 지식과 기술이 좀 더 발달하였다는 뜻이다.

하지만 농사 도구는 대부분 돌이나 나무였다. 구리는 얕은 땅속에 묻혀 있고 녹는점이 낮아서 청동 검을 만들기는 쉬웠으나, 묻힌 양이 적어 농사 도구로 널리 쓰기는 어려웠다. 이 시기의 대표적인 농사 도구로는 반달 모양의 돌칼이 있다.

━ 고인돌을 만든 사연

강화도 부근리 고인돌은 무게가 80톤에다가 덮개돌의 길이는 7미터에 이른다. 아득히 멀리 보이는 산에서 돌을 캐 왔으며, 돌을 옮기는 데 적어도 500

| 고인돌 만드는 과정

❶ 쓸 만한 돌을 캐낸다.

❷ 통나무를 이용하여 돌을 옮긴다.

❸ 받침돌을 세운 다음 흙을 돋운다.

❹ 덮개돌을 얹고 흙을 치운다.

명의 젊은이가 필요하였다고 한다. 한 집당 한 명이 고인돌 만드는 일에 동원되고 한 집에 사는 가족을 다섯 명이었다고 가정하고 계산할 경우, 그 무리는 2,500명 정도의 규모여야 한다.

고인돌은 대체로 청동기 시대 족장의 무덤으로 알려져 있다. 죽은 뒤에도 자신을 위해 이토록 많은 노력을 들이게 만든 족장은 언제, 어떻게 나타났을까?

청동기 시대에는 농사가 발달하면서 남는 곡식이 생겼고, 무리 사이에 다툼이 잦았다. 청동 검을 쓰면서 다툼은 치열해졌고, 그럴수록 청동 검을 더욱 공들여 만들게 되었다. 차츰 모두가 농사에 매달릴 필요가 없고 마을을 지킬 힘이 필요하게 되자 앞장서서 마을을 이끄는 힘 있는 사람을 우두머리로 떠받들기 시작하였다. 권력과 경제력을 지닌 이들을 족장이라고 한다. 이들은 청동 검을 들고 전쟁을 치르는 한편 농사의 풍요를 빌면서 청동 거울과 방울로 제사를 지냈다.

강화도 부근리 고인돌
고인돌은 커다란 덮개돌을 받침돌로 괴고 있다 하여 붙인 이름이다. 우리나라에는 전 세계 고인돌의 40%에 해당하는 3만 5,000여 기의 고인돌이 있다.

| 족장의 모습

청동 무기를 들고 청동 거울과 방울을 목에 건 채 하늘에 제사 지내는 족장의
모습. 이때 거울에 반사된 태양빛은 곧 하늘의 뜻과 신령스러움이었다.

장대 투겁

종방울

청동 거울

팔주령

가지 방울

사람 위에 사람 있다

전쟁이 거듭되면서 족장의 지위는 더욱 높아졌다. 이윽고 무기를 도맡아서
만드는 사람, 힘센 싸움꾼도 농사에서 벗어났다. 차츰 이들은 같은 무리 사
람들에게 일을 시키는 구실을 하였다. 여기에다 전쟁에서 이기면 진 쪽의
사람을 끌고 와 노예로 부렸다. 이로써 사람 사이의 차별이 뚜렷해졌다. 다
스리는 자와 다스림을 받는 자. 이것이 바로 인간 불평등, 즉 계급의 발생이
었다.

나도 역사가

족장이 하늘에 제사 지낼 때 어떤 주문을 외웠을지 상상해서 기도문을 써 보자.

고창 고인돌 이야기

● **고창 운곡리의 고인돌**
집채만 한 바위라는 말이 있다. 그 정도로 어마어마하게 큰 고인돌을 보면 탄성이 절로 나온다.

● **솟대**
솟대는 일종의 안테나이다. 인간의 소망이 하늘에 잘 전달되도록 높이 세웠다. 그리고 솟대 끝의 새는 연락자 구실을 하였다.

고인돌이 청동기 시대 족장의 무덤이라는 것은 널리 알려진 사실이다. 돌 아래 무덤 방에서 나온 사람 뼈, 청동 검이 이를 확실히 증명해 준다. 우리나라는 세계에서 가장 많은 고인돌을 가지고 있다. 그런데 과연 3만 5,000여 기라는 고인돌의 수만큼 많은 족장이 있었을까?

전북 고창군 매산마을의 경우, 동서로 이어진 1.5킬로미터 거리에 고인돌이 무려 442기나 몰려 있다. 심지어 산기슭에는 1~10미터 간격으로 고인돌이 세워져 있다. 오랜 세월을 두고 만들었다고는 하지만, 한 마을에 이렇게 많은 고인돌이 있다는 사실을 어떻게 해석하여야 할까?

● **매산마을 전경과 고인돌**
고창의 고인돌은 생활 속에 있다. 마을 뒷산은 물론이고 논두렁에도, 울타리를 넘어 앞마당에도 수두룩하게 있다. 2000년 12월 강화, 화순, 고창의 고인돌 무더기를 유네스코가 세계 문화유산으로 등록하였다.

이러한 점 때문에 고인돌이 꼭 족장의 무덤인 것은 아니라는 주장이 나오고 있다. 고창군에 있는 고인돌은 200톤이 넘는 엄청난 것부터 그냥 돌덩이로 보이는 것까지 크기와 모양이 제각각이다. 이로 미루어 볼 때 족장, 족장 가족, 전사자 등 다양한 사람의 주검이 묻혔다는 설명을 할 수 있다.

그런데 무덤 방에 뼈와 유물이 없는 고인돌도 상당히 많다. 무덤 방이 아예 없는 경우도 있다. 고인돌의 규모나 그것을 옮기는 데 들이는 노력에 비추어 볼 때 예사롭게 생각할 수 없는 점이다. 그래서 고인돌이 제단으로 쓰였다고 추측하는 사람도 있다.

예로부터 우리나라에는 크고 작은 돌을 세우고 제상을 차려 소원을 비는 풍습이 있다. 고인돌 역시 마을을 굽어보는 자리에서 마을을 지켜 주는 구실을 하였다고 볼 수 있다. 고인돌에 대한 믿음은 솟대를 세운 마음과 비슷하다. 솟대는 하늘에 소식을 띄우는 장대이다. 풍년이 되기를, 자식이 잘되기를 빌면서 정성껏 세운 것이다.

우리 겨레 첫 나라

③

가 볼 곳 **평양 단군릉**　　만날 사람 **단군왕검**　　주요 사건 **고조선 건국**

"나는 하늘님의 자손이다. 이제 이 땅에 나라를 세울 터이니, 하늘에 대한 고마움과 두려움을 아는 자들은 모두 나를 따르라. 널리 세상을 이롭게 다스리고 인간을 복되게 할지니라."

── 다시 보는 단군 신화

우리 역사의 첫머리를 장식하는 단군. 신비로운 이야기와 함께 등장하는 단군은 뜨거운 관심과 논쟁의 대상이다. 단군이 실제 인물이라며 물증을 내놓는 측이 있는가 하면, 우상이라며 단군 상의 목을 치는 일까지 있었다. 이들은 단군 신화에 대한 해석에서부터 큰 차이를 보인다.

하늘에서 환인의 아들 환웅이 널리 세상을 이롭게 할 목적으로 이 땅에 내려왔다. 비, 바람, 구름 신을 데리고 태백산 신단수 아래로 내려와 신시를 열었다. 이때 곰과 호랑이가 와서 사람이 되겠다며 빌었고, 동굴 속에서 시험을 견딘 곰은 여자로 변하였다. 곰 여자의 부탁으로 환웅이 잠시 남자로 변하여 둘이 부부가 되니, 그사이에서 태어난 이가 단군왕검이다. 단군왕검은 자라서 아사달에 도읍하고 조선이라는 나라를 세웠다.

– 일연, 《삼국유사》

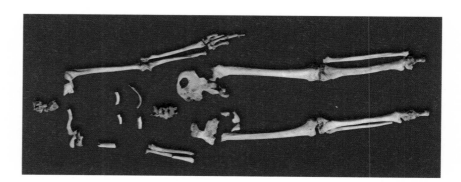

단군릉에서 나왔다는 뼈
1993년 북한이 평양 근처 대박산에서 단군릉이라는 무덤을 발굴하여 5,000년 된 사람 뼈를 찾아냈다고 밝혔다. 북한은 이 뼈가 바로 단군 부부의 것이라고 주장하였다.

| 고조선과 청동기 문화

고조선이 청동기 문화를 바탕으로
성립되었다고 할 때, 고조선의 위치나
중심지는 청동기 시대 유물·유적의
분포와 관련이 있을 것이다. 비슷한
시기에 만들어진 비파형 동검과 고인돌은
고조선의 세력 범위를 짐작하게 한다.

눙안
창춘
옌지
라오허 강
백두산
랴오허 강
요양산
동 해
평양
산하이관
구월산
마나산
황 해
낙동강

- 비파형 동검 출토지
- 고인돌(북방식) 분포 지역
- 고조선의 세력 범위
- 동이족의 분포 지역

비파형 동검　　**세형 동검**

신화에 담긴 역사

여기서 우리는 신화와 역사를 잘 가를 필요가 있다. 신화를 그대로 믿으면
상식에서 벗어나게 된다. 예컨대 기원전 2333년은 우리나라에서 신석기 시
대에 해당한다. 그런데 세계사를 살펴보면, 청동기 시대가 되어서야 비로
소 나라가 세워졌다.

단군 신화는 당시 모습을 옛날 사람의 '생각대로' 표현하였다고 보아야
한다. 단군이 환웅의 자식으로 태어난 것은 신령스러운 하늘의 자손임을
밝히는 것으로, 비·바람·구름 신은 농경에 꼭 필요한 요소를 사람에 비유
한 것으로 볼 수 있겠다. 그렇다면 곰과 호랑이는? 아마도 곰과 호랑이를
섬기는 무리의 상징이 아닐까?

그러니까 농사가 크게 발달하고 있던 청동기 시대에 스스로 하늘의 자손
이라고 밝힌 새로운 지배층이 만들어지고, 이들이 중심이 되어서 이 땅에
첫 번째 나라를 세웠다고 보아야 할 것이다.

▬ 고조선 따라잡기

고조선은 '중국 제나라와 교역하였다'는 기원전 7세기의 기록을 통해 역사에 처음 등장한다. 기원전 4세기 무렵 고조선은 주변에 있던 여러 정치 세력을 아울러 큰 세력을 형성하고 왕이라는 칭호를 썼다. 그리고 중국의 동북쪽에 있던 연나라를 공격하려고 할 만큼 강해져서 중국인들이 '조선인들은 교만하고 사납다'는 기록까지 남겼다. 연나라와 대결하면서 발전하던 고조선은, 연과 충돌하면서 중심지를 옮긴 것으로 보인다.

그 후 기원전 2세기에 위만이라는 사람이 연나라 쪽에서 고조선으로 넘어와 준왕에게 국경 수비를 맡겠다고 하였다. 당시 위만이 상투를 틀고 흰 옷을 입고 왔다고 하니, 고조선과 한 갈래인 무리에 있던 것으로 보인다. 왕의 신임을 받은 위만은 국경에서 힘을 길러 준왕을 몰아내고 스스로 왕이 되었다. 이때부터를 위만 조선이라고 한다.

▶중국의 기록에, 고조선에는 8조항의 법이 있었다며 세 조항을 예로 소개하였다. 이 조항을 통해, 당시 농사가 발달하여 사유 재산이 생겼고 계급의 차별도 있었음을 알 수 있다. 화폐가 쓰인 것도 눈여겨볼 만하다.

| 고조선의 8조법 |

"사람을 죽인 자는 사형에 처한다. 남을 다치게 한 자는 곡식으로 갚는다. 남의 물건을 훔친 자는 종으로 삼으며, 만약 용서받으려면 50만 전을 내야 한다."

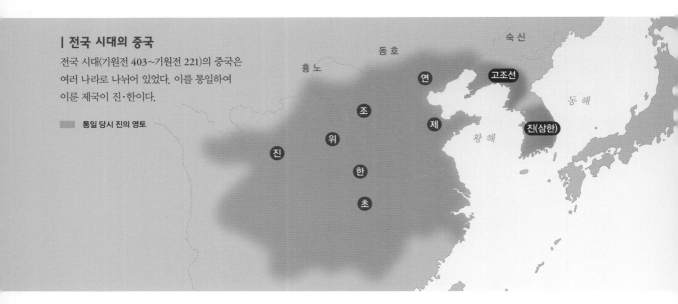

| 전국 시대의 중국

전국 시대(기원전 403~기원전 221)의 중국은 여러 나라로 나뉘어 있었다. 이를 통일하여 이룬 제국이 진·한이다.

■ 통일 당시 진의 영토

숙신
동호
흉노
연
고조선
조
제
동해
위
진(삼한)
진
한
황해
초

━ 안타까운 최후, 새로운 시작

위만이 집권한 뒤 고조선은 철기 문화를 바탕으로 더욱 발전하였다. 고조선은 강력한 군대와 경제력을 갖추었으며, 만주와 한반도 일대에 걸친 영토가 '사방 수천 리에 이르렀다'고 기록될 정도로 성장하였다.

고조선이 세력을 확대하자, 중국을 통일한 한은 이를 경계하기 시작하였다. 그리고 '고조선이 한나라와 주변 여러 나라의 교류를 막고 있다'는 구실을 내세워, 육군 5만 명과 수군 7,000명을 이끌고 고조선을 침략하였다.

그러나 고조선은 수군을 전멸시키고 육군에도 큰 타격을 주면서 한의 대군과 1년 넘게 싸웠다. 수도였던 왕검성이 끝내 함락되었지만, 그것은 고조선 지배층에서 분열이 일어난 탓이었다. ^{기원전 108년} 전쟁을 이끈 한의 장수들이 귀국하자마자 큰 벌을 받았을 정도로 고조선의 항쟁은 치열하였다. 그래서 한의 대군이 물러나자 곧바로 새로운 저항 운동이 시작될 수 있었다.

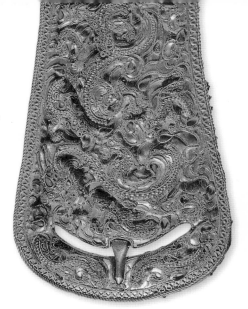

평양에서 발견된 낙랑 유물인 금으로 만든 허리띠 장식
한나라는 우리 땅에 다시는 강력한 나라가 들어서지 못하도록 4군을 두어 중국식으로 다스렸다. 우리 민족은 이 4군 중 임둔·진번·현도군을 일찌감치 몰아냈고, 마지막까지 버틴 낙랑군은 고구려가 마침표를 찍었다.

나도 역사가

단군 신화가 사실이냐, 아니냐에 대한 엇갈린 의견을 조사해 보고 자신의 생각을 써 보자.

고조선의 뒤를 이어

《삼국지》〈위서동이전〉에 "부여는 남쪽은 고구려, 동쪽은 읍루, 서쪽은 선비와 접해 있고, 북쪽에는 흑룡강이 있다. 나라의 넓이는 사방 2,000리이며, 호수는 8만이다. 땅은 오곡이 자라기에 적당하다." 하였다.

▶철검
철은 청동에 비해 녹이 잘 슨다. 그러나 단단함에서는 청동을 상당히 앞선다. 청동 검은 800도, 철검은 1,000~1,500도가량 되는 온도에서 만든다. 게다가 청동 검은 찌르는 무기이고, 쇠칼은 베는 무기이다. 단단하고 날카롭지 않으면 베는 데 쓸 수가 없다.

▼철기 시대의 농기구
쇠낫을 이용하면, 청동기 시대에 하나씩 따던 이삭을 한 움큼씩 벨 수 있었다. 청동기 시대와는 전혀 다른 대규모 농사를 지었음을 보여 준다. 돌로 땅을 가는 것과 쇠로 땅을 가는 것 또한 어마어마한 차이를 낳았다.

쇠스랑

쇠낫

따비

━ 철기가 바꾼다, 세상을!

박물관에 가면 대개 구석기, 신석기, 청동기, 철기 시대 순서로 유물들을 살펴보게 된다. 그런데 청동기 시대의 청동 검까지는 도구가 발전하는 것을 확인하며 보다가 철기 시대의 칼 앞에서는 실망을 금치 못한다. '저렇게 녹이 잔뜩 슬어 있는 쇠칼이 청동 검보다 더 나을까?'

쇠칼을 쓰는 시대는 분명히 청동 검을 쓰던 시대보다 발전한 세상이었다. 철기는 단단함과 튼튼함, 날카로움이 청동기보다 훨씬 나았다. 또 구리보다 매장량이 많아서 한번 철광을 찾으면 무기와 농기구를 얼마든지 만들어 낼 수 있었다.

철로 만든 도끼, 괭이를 손에 쥔 사람들은 황무지를 좀 더 쉽게 갈아 농사지을 땅을 늘려 나갔다. 또 땅을 훨씬 깊게 일굼으로써 생산량도 눈에 띄게 늘어났다. 그뿐만 아니라 날카로운 철제 무기로 싸움에 나선 병사들은 다른 이들이 생산해 놓은 것들을 한순간에 빼앗고, 정복한 사람들을 농사짓는 데 부림으로써 더욱 강해질 수 있었다.

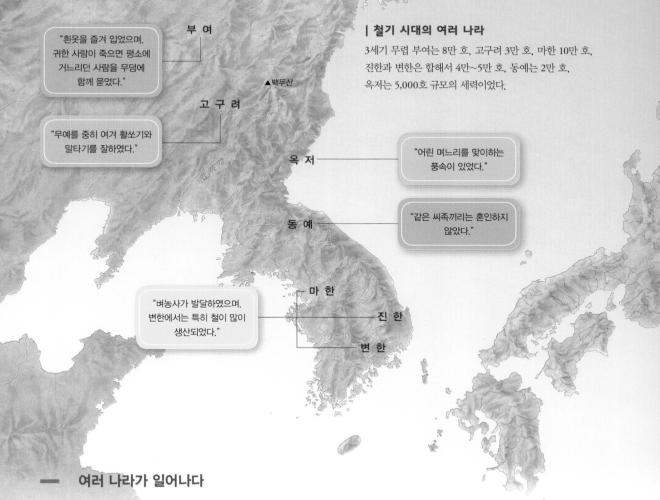

부 여

"흰옷을 즐겨 입었으며,
귀한 사람이 죽으면 평소에
거느리던 사람을 무덤에
함께 묻었다."

▲백두산

고 구 려

"무예를 중히 여겨 활쏘기와
말타기를 잘하였다."

| 철기 시대의 여러 나라

3세기 무렵 부여는 8만 호, 고구려 3만 호, 마한 10만 호,
진한과 변한은 합해서 4만~5만 호, 동예는 2만 호,
옥저는 5,000호 규모의 세력이었다.

옥 저

"어린 며느리를 맞이하는
풍속이 있었다."

동 예

"같은 씨족끼리는 혼인하지
않았다."

마 한

진 한

변 한

"벼농사가 발달하였으며,
변한에서는 특히 철이 많이
생산되었다."

— 여러 나라가 일어나다

고조선이 한나라와 맞설 정도로 세력을 키울 수 있었던 것은 우수한 문물
덕이다. 그것이 바로 철이다. 우리나라에 처음으로 철기가 소개된 것은 기
원전 5세기 무렵으로 그 중심은 고조선이었다. 고조선은 발전된 경제력과
군사력을 바탕으로 세력을 크게 넓혔다.

고조선 이외에도 새로운 나라가 일어났다. 쑹화 강 유역의 넓은 평야 지
대에서 부여가 새로 일어났으며, 고조선이 무너진 다음에는 고구려가 일어
나 중국 세력과 싸우며 성장하였다. 강원도와 함경도 동해안에도 여러 나
라가 일어났다.

한편 고조선과 같은 시기에 한반도 남부에는 진국이 있었다. 철기 문화
는 진국에도 영향을 미쳐, 한반도 중남부 지역에도 수많은 작은 나라가 일
어났다.

부여, 연맹 왕국으로 자라나다

이 나라들의 모습은 우리 역사책에 자세히 기록되지 않아서 제대로 알기가 어렵다. 그래서 중국 역사책을 많이 참고하는데, 그나마 고개가 갸웃거려지는 부분이 많다.

예컨대 부여는 성실하고 예절 바른 나라로, 고구려는 도둑질 잘하고 싸움 기질이 드센 나라로 묘사되어 있다. 아마도 중국과 평화적으로 교류한 부여는 좋게, 중국과 투쟁하면서 세력을 키워 나간 고구려는 나쁘게 평가했기 때문인 것으로 보인다.

남아 있는 기록을 바탕으로 부여의 역사를 더듬어 보자. 부여라는 말은 사슴 또는 넓은 벌판이라는 뜻이다. 부여는 실제로 넓은 평야 지대에서 일어났으며 농사와 목축이 발달하였다.

건국 당시만 해도 나라의 규모가 작고 문화도 대단하지 않았는데, 3세기 무렵에 이웃의 크고 작은 나라들을 합쳐 제법 규모 있는 왕국으로 발전하여 사방 2,000리 면적에 8만 가구가 살았다고 한다. 이때 왕은 중앙을 다스리면서 외교와 전쟁을 맡고, 마가·우가·저가·구가라는 족장들이 저마다 출신 지역을 다스렸다. 이러한 국가를 연맹 왕국이라고 한다.

▼**부여 왕과 왕비의 금제 귀걸이**
금을 길고 가늘게, 또는 넓적하게 다듬는 솜씨가 상당한 수준임을 보여 준다. 삼국 시대 왕과 왕비의 장식품에 비길 만하다.

▼▼**충남 부여**
부여는 여러 차례 유목 민족의 침략을 받고 큰 타격을 입어 세력이 약해졌다가 494년에 고구려에 통합되었다. 부여는 만주에 있던 나라지만, 그 전통은 우리 겨레로 이어졌다. 고구려의 시조 주몽은 부여 출신으로, 고구려의 처음 이름도 졸본 부여이다. 백제를 세운 온조는 스스로 성씨를 부여씨라 하였다. 또 성왕 때는 나라 이름을 남부여로 고쳐 부르기도 하였다. 당시 수도인 사비성은 오늘날에도 부여라는 이름으로 그 기나긴 역사의 발자취를 남기고 있다.

김제 벽골제

삼한 지역은 벼농사가 많이 발달해서 물을 대 주는 저수지도 곳곳에 만들어졌다. 이곳은 흙을 단단히 다지기 위해 푸른색을 띠는, 말의 뼛가루를 섞었다고 해서 벽골제라는 이름을 얻었다. 이 저수지를 기준으로 남쪽은 호수의 남쪽을 뜻하는 호남이라고 부른다.

─ 옥저와 동예, 그리고 삼한

동해안의 평야에 자리 잡은 동예와 옥저에도 기원전 2세기 무렵에는 작은 나라들이 일어났다. 이 나라들은 고조선과 고구려의 지배를 잇달아 받으면서 통일된 국가를 만들지 못한 채 저마다 족장의 다스림을 받았다.

고조선이 무너진 뒤 철기 문화가 한강 이남으로 널리 퍼져 나가면서 수많은 작은 나라들이 일어났다. 나라마다 세워진 시기가 다르고, 나라의 크기도 많이 달랐다. 이 나라들은 저마다 독립된 국가로 존재하면서 마한, 진한, 변한을 형성하여 외교 활동을 함께하기도 하였다.

작은 나라 54개로 이루어진 마한에서는 훗날 백제가 주도권을 잡았으며, 각각 12개의 작은 나라로 이루어진 진한과 변한에서는 사로국과 구야국이 주도권을 잡고 있다가 신라와 가야로 발전하였다.

광주 신창동에서 발견된 현악기와 복원한 모습

가야금의 원형으로 보이는 현악기이다. 철기를 바탕으로 수준 높은 문화생활을 누렸음을 보여 준다.

나도 역사가

역사가 깊고 세력도 컸던 부여가 나중에 고구려에 흡수된 까닭이 무엇인지 알아보자.

과거와 현재의 대화

윷놀이의 윷 이름이 부여의 정치 조직과 어떤 관련이 있는지 조사해 보자.

흥수아이, 다섯 살짜리 청소년

1983년 충북 청원군 두루봉 동굴, 석회석 광산을 찾기 위해 산을 헤매던 김흥수 씨는 혹시나 하는 마음에 동굴 속을 살펴보다가 사람 뼈를 보고 흠칫 놀랐다. 흥분을 가라앉히고 등을 비춰 자세히 보니 키가 110~120센티미터가량 되는 어린아이의 뼈였다.

발견 당시 이 뼈는 석회암 바위 위에 반듯하게 누워 있는 모습이었는데, 뒤통수가 튀어나와 제법 귀여운 느낌이었다. 사람들은 발견자의 이름을 따서 이 뼈를 '흥수아이'라고 부르기로 하였다.

흥수아이의 나이는 다섯 살가량으로 추정된다. 그 아이는 어떻게 이 동굴에 잠들게 되었을까? 당시 흔히 그랬던 것처럼 병에 걸려 채 자라지도 못하고 죽은 것으로 보인다.

구석기인들은 왜 그렇게 수명이 짧았을까? 당시의 인류는 먹고살기 위해 사냥에 나섰지만 오히려 사냥당하기 일쑤였다. 맹수처럼 강한 이빨도, 힘찬 날개도, 빠른 발도 갖지 못한 인간은 들판에 서면 아주 나약한 존재였다. 더욱이 사냥 경험이 적고 위기에 맞서는 데 서툰 청소년들의 희생은 더욱 컸을 테니까, 흥수아이가 살았다 해도 위험은 계속 도사리고 있었을 것이다.

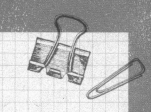

흥수아이의 꿈은 무엇이었을까? 풍성한 음식이 있는 저녁? 고운 소녀와의 사랑? 그리운 엄마 품으로 돌아가는 것? 아니면 어른들처럼 커다란 짐승을 때려잡는 것? 어쩌면 동굴 밖의 세상을 마음껏 내달리며 뛰노는 것이었을지도 모른다. 흥수아이는 꿈을 채 이루지 못하고 눈을 감았다.

그런데 주검 주변을 자세히 살펴보니 주검 위에는 고운 흙이 뿌려져 있고, 둘레에 꽃을 꺾어 놓아 둔 흔적이 있었다. 성분을 분석한 결과 국화였다. 가족들이 흥수아이의 죽음을 슬퍼하면서 아이를 땅에 묻고 영혼을 보내는 장례 의식을 치른 것으로 보인다. 국화, 어쩌면 아이가 생전에 좋아한 꽃일지도 모른다.

2

중앙 집권 국가가 나타나다

—

무덤이여,
깨어나
이야기하라!

고구려의 옛 수도에는 지금도 무덤 1만 2,000기가 남아 있다. 세계에서 가장 많은 무덤이 모여 있는 곳. 그들은 왜 도시 한가운데에 대대로 무덤을 만들었을까?

삼국도 처음에는 만주와 한반도에 걸쳐 만들어진 조그만 나라일 뿐이었다. 그러나 국가의 명운이 걸린 수많은 전쟁 속에서 거대한 제국으로 성장해 나갔다. 이어지는 전쟁으로 확대되는 세계, 피할 수 없는 전쟁의 고통 속에서 삼국 시대 사람들은 조상의 무덤을 정성 들여 만들면서 죽음의 공포를 떨쳐 내었다. 그러고 나서 다시 전쟁터로 달려 나가 용감히 싸웠다. 그들을 지켜 주는 조상의 숨결을 느끼면서.

남은 기록이 적은 삼국 시대. 어느 역사학자는 만주 벌판을 헤매다가 동굴에 감추어진 고구려 역사책을 찾아내는 꿈을 꾼다고 한다. 우리에게 남겨진 무덤들이 오랜 세월을 뚫고 외쳐 대는 생생한 소리에 귀 기울여 보자.

삼국의 성립, 그리고 가야

가 볼 곳 압록강 연안 국내성, 한강 유역, 경주 평야 만날 사람 주몽 주요 사건 고구려, 백제, 신라, 가야의 건국

"우리는 너희 보통 사람들과 다르다. 우리는 하늘 신의 후손, 해와 달이 영원한 것처럼 우리의 권력도 영원하리라." 삼국은 뛰어난 철기 문화를 지닌 하늘 신 부족이 세웠다.

― 우리는 하늘 신의 후손이다

삼국도 철기 문화의 확산과 더불어 만주와 한반도에 세워진 여러 나라 중 하나였다. 삼국의 건국 세력, 그들은 누구이며 어떤 과정을 거쳐 삼국을 세웠을까?

삼국이 건국되던 기원전 1세기 무렵의 상황은 오늘날과 다른 점이 많았다. 국경이 명확하지 않았고 인구도 많지 않았다. 자연재해를 만나거나 정치적 변화가 생기면 사람들이 무리를 지어 살기 좋은 곳으로 이동하는 일이 잦았다.

고구려의 건국 설화에 따르면, 시조 주몽은 물의 신 하백의 딸인 유화 부인과 하늘 신의 아들인 해모수의 아들이다. 부모 몰래 사랑에 빠진 유화 부

경주 금령총에서 출토된 말 탄 사람 토기 한 쌍
무덤 주인과 그의 부하였을까? 삼국 시대 사람들의 생활에서 빼놓을 수 없었던 말과 마구가 잘 표현된 주전자이다.

인은 아버지의 노여움을 사 집에서 쫓겨나 있다가 사냥 나온 동부여 왕 금
와의 눈에 띄어 동부여로 가게 되었다. 어느 날 햇빛이 따라와 몸을 비춘
뒤 큰 알을 낳았는데, 그 알에서 나온 이가 주몽이다. 주몽은 활을 잘 쏘는
사람에게 붙였던 이름이다. 남달리 뛰어난 능력이 있던 주몽은 동부여 일
곱 왕자의 시샘을 받았다. 마침내 주몽은 유화 부인의 기지로 얻은 훌륭한
말을 타고 무리를 이끌고 남하하여 고구려를 세웠다.

주몽은 알에서 태어났다. 신라를 세운 박혁거세나 가야를 세운 김수로
왕도 알에서 태어났다. 백제를 세운 온조는 주몽의 아들로 전한다.

둥근 알이 상징하는 것은 무엇일까? 알은 태양을 상징한다. 삼국의 건국
이야기는 삼국의 건국 세력이 하늘 신을 숭배하는 부족이라는 사실을 말해
준다. 단군이 하늘 신의 아들이라는 고조선의 건국 신화와도 뿌리가 닿아
있다.

삼국은 뛰어난 기마 기술과 국가 운영의 선진 기법을 배워서 남쪽으로 내
려온 사람들이 건국했다. 이들은 새로 정착한 곳에서 예부터 살던 사람들에
게 주장하였다. "우리는 아주 특별한 사람, 하늘 신의 후손이다." 아울러, 하
늘 신에 제사를 지내는 국가적 행사를 크게 벌여 나갔다. 이를 통해 자신들
의 권위를 굳히면서 토착 세력과 하나가 되는 공동체 의식을 키운 것이다.

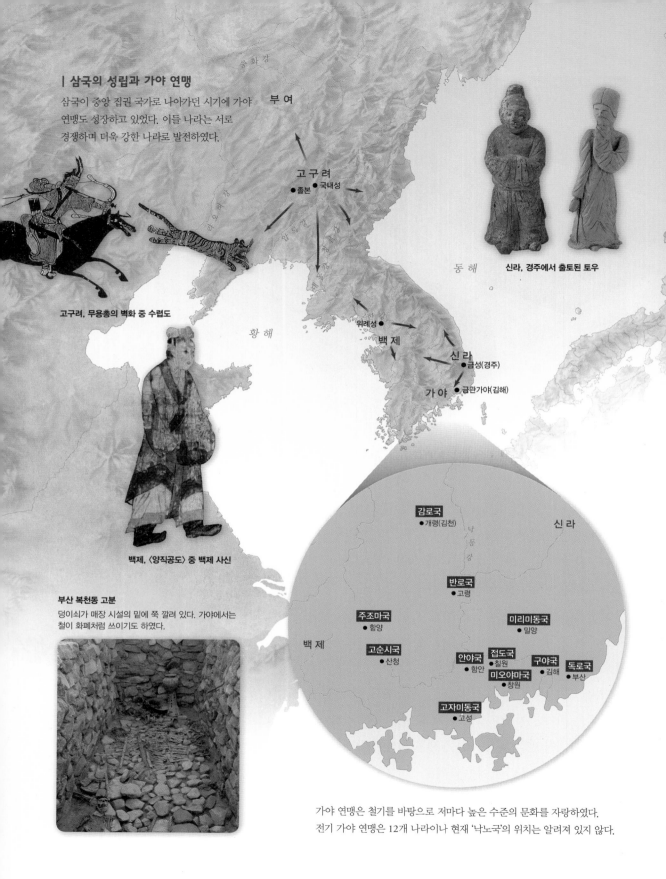

| 삼국의 성립과 가야 연맹

삼국이 중앙 집권 국가로 나아가던 시기에 가야
연맹도 성장하고 있었다. 이들 나라는 서로
경쟁하며 더욱 강한 나라로 발전하였다.

부 여

고 구 려
● 졸본 ● 국내성

동 해

신라, 경주에서 출토된 토우

고구려, 무용총의 벽화 중 수렵도

황 해

위례성 ●
백 제

신 라
● 금성(경주)

가 야 ● 금관가야(김해)

백제, 〈양직공도〉 중 백제 사신

부산 복천동 고분
덩이쇠가 매장 시설의 밑에 쭉 깔려 있다. 가야에서는
철이 화폐처럼 쓰이기도 하였다.

감로국
● 개령(김천)

신 라

낙
동
강

반로국
● 고령

주조마국
● 함양

미리미동국
● 밀양

백 제

고순시국
● 산청

안야국
● 함안

접도국
● 칠원

구야국
● 김해

독로국
● 부산

미오야마국
● 창원

고자미동국
● 고성

가야 연맹은 철기를 바탕으로 저마다 높은 수준의 문화를 자랑하였다.
전기 가야 연맹은 12개 나라이나 현재 '낙노국'의 위치는 알려져 있지 않다.

다른 터전, 다른 문화

삼국은 조금씩 다른 환경에 터를 잡았다. 그곳의 자연환경과 주변 정치 세력은 삼국이 저마다 다른 모습으로 성장하는 데 영향을 주었다.

고구려는 백두산 줄기가 서쪽으로 힘차게 뻗어 내려간 압록강 유역에서 성장하였다. 첫 도읍지는 동가강 유역의 졸본이었으나 곧이어 압록강 연안의 국내성으로 옮겼다. 고구려는 평야 지대가 적은 거친 자연환경 속에서 중국과 싸우면서 용맹하고 강인한 모습으로 성장하였다.

백제는 한반도의 허리인 한강 유역에서 일어났다. 한강이 열어 놓은 기름진 평야 지대와 내륙과 해상으로 연결되는 넉넉한 물길은 백제가 중국 세력과 경쟁하면서도 풍요롭고 국제적인 국가로 성장하는 배경이 되었다.

신라는 한반도 동남쪽 자락에 치우친 경주 평야에서 일어났다. 자연히 선진 세력과 경쟁하거나 문물을 교류할 기회가 적었기 때문에 삼국 중 발전이 가장 더뎠다. 그러나 한편으로는 토착 문화의 기반 위에서 차곡차곡 발전해 나감으로써 소박하지만 저력 있는 문화 역량을 키워 나갈 수 있었다.

철의 나라, 가야

삼국이 건국될 무렵, 낙동강 유역에서는 가야 연맹이 세워졌다. 기름진 평야를 바탕으로 농업이 크게 발달하였으며 철기를 활발히 생산하였다. 가야의 철은 일찍이 국제적으로 이름이 나서 중국이나 왜에 수출되었다. 특히 김해에서 일어난 금관가야는 가야 연맹 중에서 세력이 가장 커 외부 세력이 넘볼 수 없었으며, 가야의 중심 국가로서 신라와 여러 차례 대결하기도 하였다.

그런데 왜 사국 시대라는 말을 사용하지 않을까? 가야가 삼국과 경쟁하다 패배한 이유는 무엇일까?

나도 역사가

1. 신라와 가야의 건국 설화를 조사하여 고구려 설화와 비교해 보자.
2. 삼국의 첫 수도를 지도에서 확인해 보자. 그리고 자연환경이 국가 발전에 미친 영향에 대해 토의해 보자.

중앙 집권 국가의 등장

가 볼 곳 경주 천마총   만날 사람 고국천왕   주요 사건 영토의 확장, 왕권의 강화, 신분 제도의 성립

"그래, 부처님 믿듯이 나를 믿어 봐. 그러면 너의 모든 소망을 들어줄게." 왕실의
보호 속에 불교가 널리 전파되고 삼국의 영역은 더욱 확대되었다.

— "그대는 왜 울고 있는고?"

고구려의 고국천왕이 어느 날 사냥을 나갔는데 한 젊은이가 길에 주저앉아
슬피 울고 있었다. 왕이 그 까닭을 묻자 젊은이가 "저희 집은 가난하여 제가
품을 팔아 어머니를 모시고 있는데, 올해에는 흉년이 들어 품 팔 곳조차 없
으니 어떻게 어머니를 봉양해야 할지 앞이 깜깜합니다." 하고 대답하였다.

고국천왕은 관리들과 협의해서 대책을 마련하였다. 나라에서 식량이 떨
어지는 봄에 가난한 백성에게 곡식을 빌려 주고 가을걷이 후에 적은 이자
를 덧붙여 돌려받는 제도, 바로 진대법이다.

왕과 평민의 직접적인 만남, 이것이 삼국의 새로운 모습이다. 연맹 왕국

천마총
"앗! 왕릉급 발굴이다" 고고학자들은 생각지도 못하였던 금관의 출현에
할 말을 잃었다. 금관을 비롯해 1만 점이 넘는 화려한 껴묻거리들이 강력한
왕권을 상징적으로 보여 준다. 무덤 주인은 명확하지 않고 천마도가
나와서, 이 무덤을 천마총이라고 부른다.

단계에서 왕은 서로 연맹한 여러 부족 중 조금 더 센 부족의 대표일 뿐이었다. 따라서 다른 부족원들에게 직접 영향을 미치지 못하였다. 그러나 이제는 달라졌다. 왕은 여러 제도를 통해 백성을 직접 다스렸고, 부족장들은 독립성을 잃고 관리가 되어 왕의 나라 경영을 돕게 되었다. 백성들은 왕의 보호를 받으면서 나라 경영에 필요한 물자와 노동력을 제공하게 되었다. 이 단계의 국가를 중앙 집권 국가라고 한다.

━ 왕권의 강화와 제도의 정비

삼국은 어떻게 중앙 집권 국가로 성장하였을까? 작은 나라일 뿐이던 삼국은 끊임없이 영역을 확대해 나갔다. 외교적인 노력과 함께 전쟁도 활발하게 벌였다.

왕의 지휘로 대규모 전투가 벌어지는 과정에서 권력이 점차 왕에게 집중되었다. 부족의 전사들을 이끌고 전쟁에 참가하였던 부족장들의 권한은 갈수록 줄어들었다. 고구려의 경우, 2세기 태조왕 때에는 계루부 고씨가 왕위를 독차지할 수 있을 만큼, 고국천왕 때에는 왕이 그 아들에게 왕위를 물려줄 수 있을 만큼 왕권이 세졌다. 이제 왕은 다섯 부족의 이름을 빼앗아 동부, 서부, 남부, 북부, 중부로 고쳐 부를 정도로 각 부를 틀어쥐었다.

아울러, 체계적인 여러 제도가 갖추어졌다. 점차 규모가 커지는 나라, 확대되는 토지와 늘어나는 사람들, 더욱 치열해지는 나라 사이의 경쟁은 효

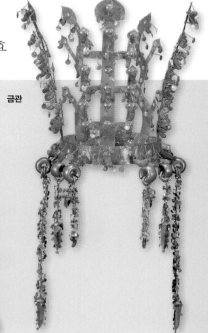

중앙 집권 국가의 형성

- **53~146 태조왕**
  옥저와 동예 정복. 청천강 유역 장악
- **227~248 동천왕**
  압록강 하류 장악
- **300~331 미천왕**
  중국 세력 축출. 대동강 유역 진출

금관

천마도
천마도는 벽화가 아니다. 말의 몸체 양쪽에 진흙이 튀지 않도록 걸던, 나무껍질로 만든 말다래에 그려진 그림이다.

금제 관모

백률사의 이차돈 순교 석주
귀족들의 반대에 부딪힌 신라의 법흥왕은 이차돈이 순교한 후에야 불교를 공인할 수 있었다. 신라인들은 목숨까지 내준 이차돈의 굳은 신앙심에 대한 감동을 '젖빛 피가 솟고 꽃비가 내렸다.'고 표현하였다. 백률사 터는 이차돈이 순교할 때 잘려 나간 머리가 떨어진 자리라고 전한다.

율적인 국가 조직을 요구하였다. 나랏일을 나누어 맡는 국가 기구, 필요한 관직과 관리의 등급, 중앙과 지방의 행정 조직 등 정치 제도와 함께 경제와 사회 제도도 마련되었다. 정비된 제도는 법으로 완성되었다. 율령이 그것이다.

불교가 들어와 왕실의 보호 속에 널리 전파되었다. 불교는 저마다 다르던 부족의 신앙에 뿌리를 두지 않은 전혀 새로운 종교였기 때문에 삼국이 부족을 뛰어넘어 국민의 사상을 통일하는 데 적합하였다.

귀족, 평민, 노비

삼국 성장의 배경에는 농업의 비약적인 성장이 있었다. 철제 농기구가 널리 이용되고 새로운 농사 기술이 개발되었다. 국가의 지도 아래 많은 사람들이 동원되어 저수지가 만들어지고 고쳐졌다.

농사를 짓는 사람들은 삼국 시대의 가장 평범한 사람들, 말 그대로 평민이었다. 한 해 농사의 풍흉은 나라의 가장 중요한 일이었다. 농민들은 열심히 농사를 짓고 길쌈을 해서 나라 살림에 필요한 곡식과 옷감을 대었으며, 길을 닦고 성벽을 쌓는 등 나라의 건설에 필요한 많은 일을 하였다.

그러나 나랏일을 도맡아 결정하면서 높은 지위를 누리는 사람들은 따로 있었다. 이들을 귀족이라고 한다. 이들은 정복한 땅과 사람을 얻어 풍족하게 생활하였으며, 함께 모여 나라의 중요한 일들을 결정하였다. 이들은 삼국을 일으킨 각 부족장들의 후예이거나 뒤에 삼국에 합쳐진 작은 나라 우두머리들의 후손이었다.

귀족들의 생활은 노비들이 뒷받침하였다. 이들은 물건처럼 사고팔리면서 비참하게 살아야만 했다. 삼국끼리 맞서 싸우다 정복된 나라의 평민이 노비가 되었으나, 가난을 이기지 못해 노비 신분으로 떨어지는 사람들도 생겼다.

나도 역사가

불교 수용의 의미를 토의해 보자.

과거와 현재의 대화

신분이 낮아 자신의 뜻을 제대로 펴지 못하였던 이야기를 역사책에서 찾아보자. 오늘날에도 그와 비슷한 일이 없는지 함께 이야기해 보자.

삼국의 신분 제도는 고분 벽화에도 반영되어 사람의 크기를 달리하여 표현하였다.
벽화 속에는 신분은 물론 삼국의 생활 모습까지 잘 나타나 있다.

고구려 무용총의 접객도

사람 위에 사람이 있고, 사람 아래에 또 사람이 있었다. 윗사람과 아랫사람은 직업이 다르고, 살아가는 집과 먹는 음식과 입는 옷도 달랐다. 사랑하고 결혼할 수 있는 사람들의 범위도 법으로 정해져 있었으니, 본인의 꿈이나 의지와 노력으로 극복할 수 없는 차별이 제도화되었다. 오른쪽의 귀족이 승려로 보이는 왼쪽의 손님을 맞는 그림이다. 가운데 있는 노비는 작게 그려졌다.

▼집 모양 토기

삼국 시대에 철기가 확산되어 사회가 더욱 풍족해지자, 소수의 귀족들은 기와집에서 삶의 여유를 즐겼다.

▲견우와 직녀(덕흥리 고분 벽화)

남자는 농사짓고, 여자는 길쌈을 하였다.
농민들은 삼국 시대 인구의 대부분을
구성하는 보통 사람이었다.

해상 왕국 백제

3

가 볼 곳 **풍납 토성, 몽촌 토성**   만날 사람 **근초고왕, 소수림왕**   주요 사건 **근초고왕의 영토 확장, 해상 진출**

"이 칼을 받아라. 이 칼은 많은 적병을 물리칠 수 있는 것, 제후국의 왕들에게 나누어 주니 후세에 전하라." 근초고왕이 왜의 왕에게 하사한 것으로 추정되는 칠지도에 새겨진 글이다.

── 개로왕은 괴로워

"불쌍도 하지. 제아무리 왕이라지만 어떻게 지아비가 있는 부인을 넘봐. 도미 부인이 아무리 미인이기로 …… 그래서 도미의 눈을 멀게 해서 쪽배 하나에 달랑 싣고 망망대해로 띄워 보냈다지?"

《삼국사기》에는 도미라는 이의 아름다운 부인을 빼앗으려고 한 개로왕에 대한 이야기가 나온다. 백제의 개로왕$^{455\sim475}$은 정말 이렇게 엉터리 왕이었을까?

몽촌 토성
초기 백제의 수도인 위례성은 한강 유역이었으며, 백제 역사의 대부분은 한강을 무대로 펼쳐졌다. 몽촌 토성은 위례성의 남쪽 성으로 추정된다. 위례성의 북쪽 성으로 추정되는 풍납 토성은 너비 40미터, 높이 10미터, 총 길이 3.5킬로미터가 넘는 대규모 성이다.

475년, 백제의 수도 위례성^{한성}은 고구려 장수왕에게 함락되었다. 그동안 고구려는 백제를 꺾고 한강 유역을 차지하기 위해 심혈을 기울였다. 장수왕의 아버지 광개토 대왕 때에 벌써 한강 이북을 차지하였다.

장수왕은 아차산에 본영을 설치하고 육해군 3만 명의 대병력으로 한강을 건너 한성을 공격하였다. 북쪽 성이 함락된 지 7일 만에 남쪽 성마저 함락되었다. 성은 쑥밭이 되었고, 개로왕은 사로잡혀 처참하게 죽었다. 500년 한성 백제의 영광이 먼지처럼 사라지는 순간이었다.

그 뒤 옛 영광을 되찾으려는 노력이 이어졌지만, 결국 백제는 신라에 멸망당하였다. 정복자가 쓴 역사 기록만 전할 뿐, 백제인의 기록은 남아 있지 않다.

한성 백제의 마지막 주인인 개로왕의 모습도 정복자들이 왜곡한 것은 아닐까?

백제의 세발 토기
백제의 유적에서 자주 발굴되는 백제식 토기이다.

— 백제에는 근초고왕이 있었다

한성이 함락되기 100년 전인 375년에 세상을 떠난 근초고왕^{346~375}은 백제의 전성기를 연 왕이다. 당시 백제는 한강을 중심으로 사방에 국력을 뻗쳐 강력한 해상 왕국을 건설하였다. 이는 우리에게 잘 알려진 장보고의 해상 활동 시기보다 450년가량 앞선 것이다.

백제는 한강 유역의 첫 주인이었다. 근초고왕은 남으로 마한의 나머지

서울 석촌동의 백제 고분
고구려의 돌무지무덤을 꼭 빼닮아, 고구려와 백제가 같은 계통이었음을 잘 보여 준다.

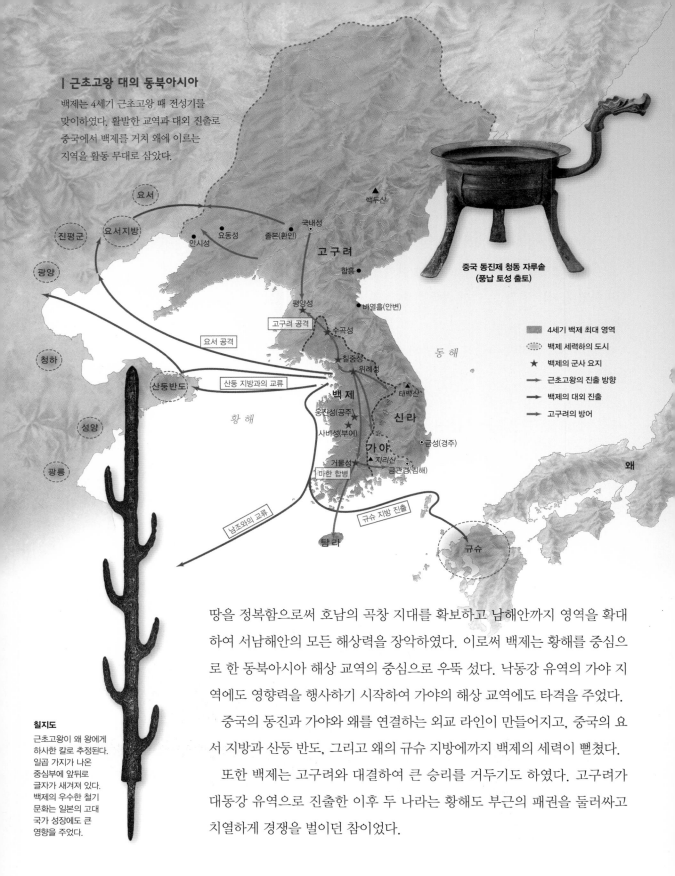

| 근초고왕 대의 동북아시아

백제는 4세기 근초고왕 때 전성기를 맞이하였다. 활발한 교역과 대외 진출로 중국에서 백제를 거쳐 왜에 이르는 지역을 활동 무대로 삼았다.

중국 동진제 청동 자루솥
(풍납 토성 출토)

요서

진평군   요서지방   요동성   졸본(환인)   국내성

광양   안시성   백두산

                                        고 구 려

청하   합흥

성양   평양성   비열홀(안변)

                            고구려 공격   수곡성   동 해

                        요서 공격   칠중성

광릉   위례성

        산동반도   산동 지방과의 교류

                황 해   백 제   태백산

                        웅진성(공주)   신 라

                        사비성(부여)

                                가 야   금성(경주)

                        거물성   지리산

                        마한 합병   금관가야(김해)

        남조와의 교류   규슈 지방 진출   왜

                        탐 라   규슈

■ 4세기 백제 최대 영역
▨ 백제 세력하의 도시
★ 백제의 군사 요지
→ 근초고왕의 진출 방향
→ 백제의 대외 진출
→ 고구려의 방어

칠지도
근초고왕이 왜 왕에게 하사한 칼로 추정된다. 일곱 가지가 나온 중심부에 앞뒤로 글자가 새겨져 있다. 백제의 우수한 철기 문화는 일본의 고대 국가 성장에도 큰 영향을 주었다.

땅을 정복함으로써 호남의 곡창 지대를 확보하고 남해안까지 영역을 확대하여 서남해안의 모든 해상력을 장악하였다. 이로써 백제는 황해를 중심으로 한 동북아시아 해상 교역의 중심으로 우뚝 섰다. 낙동강 유역의 가야 지역에도 영향력을 행사하기 시작하여 가야의 해상 교역에도 타격을 주었다.

중국의 동진과 가야와 왜를 연결하는 외교 라인이 만들어지고, 중국의 요서 지방과 산둥 반도, 그리고 왜의 규슈 지방에까지 백제의 세력이 뻗쳤다.

또한 백제는 고구려와 대결하여 큰 승리를 거두기도 하였다. 고구려가 대동강 유역으로 진출한 이후 두 나라는 황해도 부근의 패권을 둘러싸고 치열하게 경쟁을 벌이던 참이었다.

근초고왕은 군사 3만 명을 이끌고 고구려를 공격하였다. 마침내 평양성에서 두 나라의 대군이 충돌하였고, 여기서 두 나라의 운명이 갈렸다. 근초고왕이 이끈 군대는 고구려군 5,000명 이상을 사로잡으면서 큰 승리를 거두었고, 고구려는 전투를 지휘하던 왕까지 전사할 만큼 큰 패배를 맛보았다.[371] 한강의 유유하고 도도한 흐름처럼 4세기 백제의 국력은 당당하고 넉넉하였다.

장천 1호분 무덤 방의 예불도
고구려 벽화 중에는 불교가 유입되었음을 알려 주는 것들이 있다.

─ 충격에 빠진 고구려

고국원왕이 죽자 고구려 사회는 커다란 충격에 빠졌다. 중국 세력의 침략으로 수도가 쑥밭이 되고 왕릉이 파헤쳐지고 백성 5만 명이 포로로 잡혀 가는 수모를 당한 직후의 일인지라 충격이 더욱 컸다. 이제 어떻게 할 것인가?

위기의식 속에 새로운 도약을 준비해 나간 왕이 소수림왕이다. 고국원왕의 아들인 그는 당시의 상황을 정확히 파악하고 무리한 욕심은 버렸다. 더 멀리 뛰기 위해 한없이 몸을 안으로 움츠렸다. 원수를 갚는다거나 전쟁을 벌이느라 무리하지 않고 내부의 체제 정비에 박차를 가하였다. 태학을 세워 우수한 인재 양성에 힘을 기울였으며, 나라의 힘을 하나로 모으기 위해 제도를 정비하고 불교를 수용하여 국민적 통합을 꾀하였다.

과연 소수림왕의 판단이 옳았을까? 그것은 다음 왕인 광개토 대왕이 증명할 일이었다.

나도 역사가

풍납 토성의 발굴 기사를 찾아보고 풍납 토성이 위례성의 북쪽 성으로 추정되는 근거를 제시해 보자.

과거와 현재의 대화

갑작스러운 풍납 토성의 발굴로 아파트 건설이 어려워졌다. 내가 아파트 입주 예정자라면 어떻게 하였을지 생각해 보자.

동북아시아의 최강국, 고구려

가 볼 곳 국내성, 평양성   만날 사람 광개토 대왕, 장수왕   주요 사건 고구려의 영토 확장, 나·제 동맹

"어찌 고구려와 우리를 같은 서열로 취급하는가?" 제나라의 사신이 항의하자, 북위 측에서 답하였다. "고구려의 국력이 너무 강하여 우리도 어쩔 수 없노라." 고구려는 자타가 공인하는 동북아시아의 최강국이었다.

― 정복왕, 광개토 대왕

지금도 우리는 광개토 대왕의 이름과 함께 고구려의 영광, 드넓은 만주 벌판을 달리던 민족의 기상을 이야기한다.

18세의 청년 왕으로 즉위한 광개토 대왕은 백성의 살림을 챙기는 국왕이었을 뿐만 아니라, 용맹함과 뛰어난 용병술을 갖춘 장수로서 이름을 떨쳤다. 직접 수만 명의 철갑 기병과 보병을 이끌고 전쟁터를 누빌 때면 적군은 그 이름만 듣고도 사기가 떨어졌다. 서쪽으로부터 시계 방향으로 후연·거란·북부여·동부여·숙신·신라·가야·백제에 이르기까지, 사방 모든 나라와의 크고 작은 전쟁에서 승리함으로써 광개토 대왕은 고구려를 동북아시아 최강국의 위치에 확고하게 올려놓았다.

광개토 대왕릉 비(중국 지안)
아파트 3층 높이에 무게가 37톤에 이르는 이 비석에는 광개토 대왕의 업적이 손바닥만 한 큼직한 글씨로 시원스럽게 새겨져 있다. 비석에 새겨진 그의 이름은 국강상광개토경평안호태왕이다.

요동 지방을 포함한 만주의 대부분이 고구려 땅이 되었다. 특히 요동 지방은 중국과의 대결에서 아주 중요한 전략적 요충지일 뿐 아니라, 오늘날까지도 유명한 철 산지를 포함하고 있었다. 남으로는 백제를 쳐서 한강 이북을 확보하였다.

그런데 광개토 대왕 비문에서 우리의 눈길을 끄는 표현이 있다. 신라는 담담하게 신라라고 적으면서도 백제는 굳이 '백잔'으로 적어 멸시의 감정을 나타낸 것이다. 동북아시아의 강국인 고구려가 이렇게 날카로운 대결 의식으로 백제를 대한 것을 보면서 우리는 백제도 강성한 국가였음을 다시 한 번 확인한다.

—— 400년 전후의 국제 관계

광개토 대왕 때 고구려의 팽창은 한반도에 새로운 전운을 몰고 왔다. 고구려의 세력이 뻗어 오자 가장 긴장한 나라는 백제였다. 백제는 고구려와의 다툼에서 경쟁력을 확보하기 위해 중국과의 외교를 더욱 강화함과 동시에 가야 및 왜와 더욱 긴밀한 관계를 맺어 나갔다.

당시 가야는 백제를 통해 중국과 교역하면서 선진 문물을 흡수할 필요가 있었으며, 왜는 가야가 변한의 소국이었을 때부터 가야에서 철을 비롯한 선진 문물을 수입하고 있었다.

자연스럽게 백제-가야-왜 세력과 고구려-신라 세력이 대치하게 되었다. 특히 신라는 가야와 국력을 다투는 상황에서 가야가 백제, 왜와 연합하려는 움직임을 보이자 고민에 빠지지 않을 수 없었다. 신라는 이를 타개하기 위해 사절을 파견해 왜를 설득하려고 하였으나, 왜는 오히려 그들을 볼모로 삼고 신라를 침략하였다. 이에 신라의 내물왕은 고구려에 원군을 요청하기에 이른다.

광개토 대왕은 신라의 요청을 받아들여 5만 대군을 이끌고 국경을 넘어

| 고구려의 전성기

5세기 광개토 대왕과 장수왕에 이르러 고구려는 동북아시아의 패자로 떠올랐다. 장수왕이 세운 광개토 대왕릉 비에는 고구려의 자부심이 잘 나타나 있다.

▨ 최전성기 고구려 영토
→ 광개토 대왕의 진출 방향
→ 장수왕의 진출 방향
→ 각국의 천도

김해 퇴래리 출토 판갑옷
철의 나라답게 가야의 무덤에서는 철제 갑옷이 많이 출토되었다. 왜는 가야를 통해 철을 확보하였다.

장군총
거대한 피라미드를 연상시키는 너비 31.5미터의 거대한 돌무덤이다. 어림잡아 연인원 7만 명은 동원해야 건설할 수 있는 규모이다.

호우명 그릇(호우총 출토)
경주의 무덤에서 나온 제사용 청동 그릇인데, 아랫면에 광개토 대왕의 이름이 광개토 대왕릉 비와 똑같은 글씨체로 새겨져 있다.

신라로 갔다.[400] 그러고 나서는 신라를 침략한 왜군을 물리친 뒤 기세를 몰아 가야를 총공격하였다. 신라에 대한 영향력을 확보하고 신라의 경쟁 상대인 가야에 큰 타격을 줌으로써 백제를 견제하려고 한 것이다.

누구보다도 가야의 충격은 컸다. 특히 가야 연맹의 주도자로서 전쟁을 이끌던 김해의 금관가야는 거의 쓰러질 지경이었다. 연맹의 주도권을 고령에 있는 대가야로 넘긴 뒤로도 예전의 국력을 회복하지는 못하였다. 이로써 가야는 강력한 고대 국가로 성장하여 삼국과 어깨를 견줄 수 있는 기회를 잃고 말았다.

이때부터 신라에는 고구려의 군대가 주둔하게 되었으니, 신라는 외국 군대의 힘을 빌린 대가를 톡톡히 치러야 했다.

광개토 대왕은 39세라는 나이로 세상을 떴으나, 5세기는 고구려의 것이었다. 당시 중국은 '위진남북조'로 불리는 대분열의 시기에 있었다. 광개토 대왕을 이은 장수왕 시절에 고구려의 국력은 더욱 강화되어 그 뒤로도 100년 동안 고구려의 대영광을 범할 나라는 아무도 없는 듯 보였다.

━ 고구려는 세계의 중심

장수왕 때 북중국을 통일한 북위의 새해 축하 연회에 고구려 사신이 파견되었다. 그런데 이 자리에서 남중국을

대성 산성

| 장수왕의 천도

장수왕은 수도를 대동강 유역으로 옮긴 뒤 안학궁과 대성산성을
만들었다. 오늘날 평양성 지역은 평원왕 때 다시 자리 잡은 곳으로,
당시에는 장안성이라고 불렀다.

안학궁 모형

통일한 제나라가 항의하는 소동이 일어났다. 왜 고구려와 자신들을 같은
서열로 취급하느냐는 것이었다. 이에 대한 북위 측의 답변은 고구려가 강
성하여 어쩔 수 없다는 것이었다. 실제로 북위는 백제에 보낸 사신이 고구
려의 방해로 되돌아오는 수모를 겪기도 하였다.

5세기 고구려는 자타가 공인하는 동북아시아의 최강국이었고, 고구려인
들은 한 치의 의심도 없이 스스로 천하의 중심이라고 자부하였다.

장수왕은 중국이 남북조로 안정되자, 이들의 대립을 능숙하게 이용하며
수준 높은 외교를 펼치는 가운데 도읍을 국내성에서 평양으로 옮겨 남하
정책을 폈다. 백제의 도읍인 한성을 차지하였으며, 남한강의 물줄기를 타
고 중부 이남의 내륙 지방까지 깊숙이 침투함으로써 신라를 압박하였다.

강력한 고구려의 남하라는 공동 위협에 대응하여 백제와 신라는 자연스
럽게 손을 잡게 되었다. 이것이 나·제 동맹이다. 신라도 이제 고구려의 군
사 지원에 의존하던 어수룩한 옛 신라가 아니었다.

중원 고구려비(충북 충주)

장수왕 때 만들어진 비석으로, '고려 대왕이
이곳을 방문하여 동이(동쪽 오랑캐)인
신라의 왕에게 의복을 내려 주었다'는
내용이 새겨져 있다.

나도 역사가

족장이 하늘에 제사 지낼 때 어떤 주문을 외웠을지 상상해서 기도문을 써 보자.

벽화 속으로 뿅!
노비 아광이의 어떤 하루

서커스가 재미있겠다고요? 아니! 나는요, 움직이는 파라솔. 어이구, 내 팔 떨어지네! 내가 어린아이인 줄 알았다고요? 아니면, 난쟁이인 줄 알았다고요? 절대! 다만 요렇게 하찮은 존재일 뿐이죠.

아! 이제 끝났군요. 정말 성안 거리가 번화하죠? 길도 넓고요. 저 멋진 수레들과 인파. 자, 이제 다 왔습니다. 저기 저 멋진 기와집이 내 집, 아니, 우리 주인님의 집이랍니다. 굉장하죠? 여기는 우리 주인님의 차, 이렇게 멋진 자가용 수레를 보셨나요? 여기는

● 시녀

● 차고

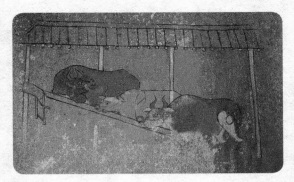

● 외양간

● 마구간

외양간, 저기는 마구간. 수레는 보통 소가 끌죠. 애들도 우리 상전인 셈이죠. 어쩌다 탈이라도 나면, 우리는 그 순간 죽은 목숨이니까요.

살림채도 보여 드릴까요? 부경이라는 창고에서 곡식을 내어다가 디딜방아로 찧어서 저기 시루에 밥을 짓죠. 고깃간은 저기 있고요.

아이고, 바빠라. 손님이 오셔서 빨리 음식상을 내오라고 독촉이……. 이렇게 손님 수대로 상을 내죠. 보시다시피 평소에는 이렇게 의자 생활을 하신답니다. 그리고 저기 커튼, 엄청 화려하죠? 저 안쪽에 따뜻한 쪽구들이 있어서 주인님이 틈틈이 거기에서 쉬신답니다.

오늘도 진짜 파김치가 되었군요. 온몸이 쑤시고……. 그래도 끼니 걱정 안 하고 산다는 걸 주인님께 감사해야 할까요? 아이, 졸려. 빨리 눈을 붙여야겠네요.

● 방앗간

● 부엌과 고깃간

신라의 도약, 이어지는 전쟁

가 볼 곳 사비성, 삼년산성　만날 사람 성왕, 진흥왕　주요 사건 백제의 사비 천도, 신라의 한강 유역 점령

창녕을 순수하면서 진흥왕은 남다른 감회에 젖었다. 600년 신라의 경쟁 상대였던 가야 정복을 눈앞에 둔 시점에 어찌 남다른 감회가 없었으랴!

━ 우리 임금님 거시기가 제일 크대

500년에 즉위한 신라의 지증왕, 그에 관해 재미있는 이야기가 전한다. 성기가 1척 5촌이나 되어 배필을 구하는 데 어려움이 많았다는 것이다. 실제로 그랬을까?

지증왕은 순장을 금하고 소를 농사에 적극 이용하도록 한 왕이다. 신라 농민들에게는 왕성한 생산력을 상징하는 인물이었다. 그러니 더욱 풍요롭고 안정된 생활을 기대하는 신라 농민들의 절실한 마음이 이러한 이야기를 만들어 낸 것이 아닐까?

이때 중국식 호칭인 '왕'이 처음 사용되었으며, 국호가 '신라'로 확정되었다. 새로워진 신라의 모습을 안팎에 널리 알리려는 뜻이 있었다.

지증왕을 이은 법흥왕은 새로운 정치 제도를 만들어 국력을 더욱 강화해 갔다. 병부를 두고 군사력을 길렀으며, 귀족 회의를 제도화해 나라의 힘을 하나로 모았다. 그리고 불교를 공인하여 국민들의 정신적인 통일을 도모하였다.

정비된 국력은 밖으로도 뻗어 나갔다. 지증왕 때에는 경상도 북부와 낙동강 유역으로 영토를 넓혀 나갔다. 장군 이사부가 꾀를 내어 나무로 만든 사자로 우산국(울릉도)을 정복한 것도 이때이다.

법흥왕은 가야를 지속적으로 압박하여 금관가야의 항복을 받아 냄으로써 영토를 김해 지역으로까지 확장하였다.

토우(흙 인형) 달린 그릇
근대 과학이 일어나기 전, 특히 고대에는 사람이 가장 큰 재산이었기 때문에 사람을 탄생시키는 성에 관한 숭배가 많았다.

무령왕릉과 금제 관 장식
공주 시대 백제를 보여 주는 수많은 유물이 함께 발굴되었다. 무덤은 중국 남조의 무덤 양식인 벽돌무덤이며, 관은 일본산 금송으로 되어 있다. 백제의 개방적이고 국제적인 문화의 성격이 잘 드러난다.

신라의 국력은 이렇게 지증왕, 법흥왕 때에 차곡차곡 정비되어 진흥왕의 빛나는 시기를 준비하고 있었다.

— 백제, 호남의 너른 들판을 딛고 다시 일어서다

한편 이 무렵 백제도 새 수도 웅진^{충남 공주}에서 국가 재건을 위한 노력을 기울여 '다시금 강한 나라가 되었다'는 평을 얻었다.

멋진 외모로 백성들의 사랑을 듬뿍 받았다는 무령왕은 저수지 제방을 쌓는 등 국가적 지원 사업을 대대적으로 펼쳐 농민 생활을 안정시키고, 최대의 곡창 지대인 호남평야의 경영에 성공하였다. 그는 백성들의 지지 속에 왕권을 확고히 하고, 중국 남조와의 외교를 강화함으로써 백제 중흥의 싹을 틔웠다.

무령왕을 이은 성왕은 백제 중흥을 대표하는 군주다. 그는 축적된 국력에 대한 자신감으로 방어적 지형인 웅진을 버리고 넓은 평야를 낀 사비^{충남 부여}로 도읍을 옮긴 뒤에 나라 이름도 '남부여'로 고쳤다. 불경에 조예가 깊었던 그는 백성의 삶을 평안하게 보살핌으로써 '성스러운 왕', 즉 성왕이라는 칭호를 얻었다. 이때 겸익은 인도에까지 가서 불법을 구하였으며, 노리사치계는 일본에 불교를 전해 주었다.

백제 금동 대향로
부여의 능산리 절터에서 발견되었다. 백제 문화의 꽃이라고 할 수 있는 이 향로는, 신라와 싸우다 죽은 성왕에게 제사 지내기 위하여 만든 것으로 추정된다.

삼년산성
신라는 각지에 성을 공들여 쌓는 등
차곡차곡 전투를 준비하고 있었다.
이 성은 3년에 걸쳐 견고하게 지었다.
삼국 시대의 성은 농한기에 주민을
동원하여 지었는데, 구간별로 공사
실명제가 철저히 시행되었다.

━ 한강을 얻는 자, 누구인가

6세기, 경제력을 바탕으로 국력을 크게 정비한 백제와 신라.

남녘의 너른 들판에는 농민들이 애써 농토를 일구는 가운데 평화의 기운
이 넘치는 듯하였으나, 군사적으로 중요한 곳에는 견고한 성곽이 다투어
지어지고 있었다.

마침내 성왕은 한강 유역을 회복한다는 야심 찬 계획을 세우고 동맹국인
신라와 함께 고구려를 쳐서 그리던 옛 땅을 되찾았다. 그러나 벅찬 감격도
잠시, 진흥왕의 기습 공격을 받아 한강 유역을 다시 잃고 말았다.[553] 성왕은
국가의 명운을 걸고 재탈환을 위해 싸웠으나 수많은 병사들과 함께 관산성
^{충북 옥천}에서 전사하였다. 백제 중흥의 꿈이 좌절되고, 신라의 눈부신 발전이
보장되는 순간이었다.

이제 신라가 한강 유역의 새 주인이 되었다.

북한산 진흥왕 순수비
신라는 한강 유역을 차지함으로써 삼국 통일의 기틀을 마련하였다.

나, 진흥왕이 간다

진흥왕, 그는 고구려와 백제를 제치고 한강 유역을 쟁취함으로써 신라가 다른 두 나라를 통합할 수 있는 기초를 만들어 냈다. 이제 신라는 한반도 동남부 변두리의 작은 후진국이 아니었다. 신라의 위상은 높아졌고, 황해로 뚫린 길을 통해 중국을 상대로 외교 및 교역을 활발히 펼칠 수도 있게 되었다.

실로 진흥왕 때 신라의 영토는 북으로는 원산만 일대, 즉 옛 동예 지역까지 올라갔으며, 남으로는 대가야를 정복함으로써 가야의 모든 세력을 평정하였다.[562] 그는 개척한 영토 곳곳에 순수비를 세워 이를 기념하였는데, 스스로 '진흥 태왕'이라고 표현함으로써 신라 국력에 대한 자신감을 나타내었다.

진흥왕 대에 신라는 완전히 새로운 모습으로 역사의 전면에 나섰다. 이로써 고구려, 백제, 신라의 다툼은 막바지를 향해 치닫게 되었다.

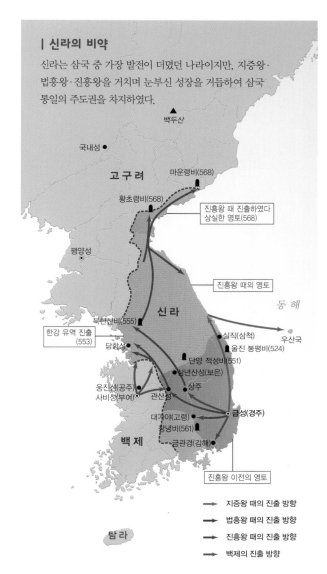

| 신라의 비약

신라는 삼국 중 가장 발전이 더뎠던 나라이지만, 지증왕·법흥왕·진흥왕을 거치며 눈부신 성장을 거듭하여 삼국 통일의 주도권을 차지하였다.

▲ 백두산

국내성 ●

고구려

마운령비(568)

황초령비(568)

진흥왕 때 진출하였다
상실한 영토(568)

평양성 ●

진흥왕 때의 영토

동 해

신라

북한산비(555)

한강 유역 진출
(553)

실직(삼척)

당항성

울진 봉평비(524)

우산국

단양 적성비(551)

삼년산성(보은)

웅진성(공주)
사비성(부여)

상주

관산성

대가야(고령)

금성(경주)

창녕비(561)

백제

금관경(김해)

진흥왕 이전의 영토

탐 라

→ 지증왕 때의 진출 방향
→ 법흥왕 때의 진출 방향
→ 진흥왕 때의 진출 방향
→ 백제의 진출 방향

나도 역사가

공주와 부여, 경주에 어떤 유적이 남아 있는지 알아보자. 그리고 유물 사진을 모아 보자.

우리는 백제를 만나러 일본으로 간다

● 고구려 수산리 고분 벽화

● 일본 다카마쓰 고분 벽화

● 백제 관음상

일본 사람들은 백제는 몰라도 백제 관음상은 안다. 백제 왕이 쇼토쿠 태자에게 보낸 것으로, 프랑스의 소설가 앙드레 말로는 만약 일본 열도가 가라앉을 때 단 하나를 가지고 나갈 수 있다면 서슴없이 백제 관음상을 고르겠다고 하였다.

일본 제2의 도시 오사카에는 일본인들이 세계 최대의 무덤이라고 자랑하는 닌토쿠 천황의 무덤이 있다. 옛 이름이 백제군 남백제촌인 이곳에서 우리는 지금도 백제역, 백제대교, 남백제소학교, 심지어 '백제' 성을 가진 일본인들의 문패를 만난다. 어떻게 된 것일까? 백제라는 이름이 백제가 멸망한 지 1,300년도 넘게 지난 지금 일본에서 생명력을 갖고 있는 것은.

고대에 백제인들이 단순히 문화만 전파하였다면 일본 땅에서 이렇게 많은 백제의 흔적을 발견할 수는 없을 것이다. 오사카의 닌토쿠 릉 등 일본 천황의 무덤 주변에는 백제계 이주민들의 무덤이 포진해 있으며, 백제인들의 공동묘지인 이치수카 고분군이 있다. 이곳에서 산 하나를 넘으면 바로 아스카다.

아스카 문화로 잘 알려져 있는 이곳은 일본 고대 문화의 산실이자 일본인들이 마음의 고향으로 여기는 곳이다. 현재 무덤 588기가 확인된 아스카의 대형 고분군인 니이자와 천총에서는 백제계 무덤 형식과 유물들이 쏟아져 나오고 있다.

일본 최초의 사찰인 아스카지 완공식에서 사람들이 백제 옷을 입자 보는 이들이 모두 기뻐하였다고 한다. 일본 최초의 국가 사찰 이름은 백제대사이며, 호류지에는 백제 관음상이 모셔져 있다.

백제인들은 국가에서 사절단을 파견하였을 뿐만 아니라, 위례성이 함락되었다거나 나라에 큰 사건이 있을 때마다 대규모로 일본 땅에 이주하여 일본인들에게 불교를 비롯한 선진 문물을 전해 줌으로써 일본의 고대 문화 발전에 커다란 영향을 주었다.

● **미륵보살 반가상**
우리나라와 일본의 국보로 지정되어 있다. 너무도 비슷한 두 나라의 국보. 고요한 사색의 모습이 걸작이다. 우리나라 것(오른쪽)은 구리로 만들어 금을 덧씌웠고, 일본 것(왼쪽)은 소나무의 한 종류인 적송을 깎아 만들었다.

고구려, 수·당을 물리치다

가 볼 곳 살수, 안시성 　　만날 사람 을지문덕, 연개소문, 김춘추 　　주요 사건 살수 대첩, 안시성 전투

> 휘익! 화살 끝에 매달려 날아온 편지에는 다음과 같이 쓰여 있었다. "전쟁에서 승리한 공이 이미 높으니, 만족한 줄 알았으면 그만 돌아가길 원하노라." 놀란 수나라 대군은 허둥지둥 살수를 건넜다.

― 작전명, 청야수성(淸野守城)

신라가 한강 유역을 장악한 6세기 후반 이후 삼국 간의 전쟁이 더욱 숨 가쁘게 진행되는 가운데 중국으로부터 전운이 감돌기 시작하였다. 수나라가 300년간 분열되어 있던 거대한 중국 대륙을 통일하였다.[589] 바짝 긴장한 고구려가 발 빠르게 대책을 마련해 나가는 동안 수의 침입이 거듭되었다.

612년, 수의 양제는 아버지 문제가 이루지 못한 숙원인 고구려 침략에 나섰다. 국민 총동원령을 내리고 5년간 단단히 준비한 수의 100만 대군이 북경을 출발하였다. 이들이 모두 본영을 출발하는 데만도 꼬박 40일이 걸렸다. 중국사에서도 유례를 찾을 수 없는 대군의 출동이었다. 사람의 물결이 산처럼, 바다처럼 끝없이 고구려를 향해 밀려오고 있었다.

이에 맞선 고구려의 작전은 청야수성淸野守城이었다. 수의 대군을 들판에서 전면전으로 맞는 것처럼 어리석은 일이 있을까. 이 작전에 따라 성 밖 사람들은 모두 성으로 들어간다. 이때 중요한 것은 적이 사용할 만한 식량, 가축, 우물도 과감하게 없애는 것이다. 그리고 성곽을 굳게 지켜 적을 지치게 한 다음, 적절한 순간에 성 밖에 나가 매복과 기습으로 적에게 결정적 타격을 준다. 이는 견고한 성곽, 용맹한 기병, 뛰어난 전법을 구사할 수 있는 지도부, 그리고 무엇보다도 성 밖 마을의 모든 것을 버리고 작전에 참여하려는 의지를 가진 백성이 있어야만 가능한 일이었다.

| 6세기 후반 이후의 십자 외교

동북아시아는 고구려와 수·당이라는 강력한 핵을 중심으로 남북과 동서 진영으로 나뉘어 패권을 다투었다.

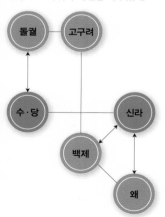

— 살수 대첩, 수의 대군을 물리치다

고구려의 문전인 요동성을 겨우 이틀 만에 포위한 수나라의 군대는 4개월이 넘도록 성을 함락하지 못하였다. 어쩔 수 없이 수나라는 30만 명의 특별 부대를 뽑아 요동성을 돌아서 진격하도록 작전을 바꿨다.

우중문과 우문술이 이끄는 수나라 병사들은 저마다 100일치 식량을 짊어지고 행군을 계속하였는데, 무게를 감당할 수 없어서 몰래 식량을 버리는 자가 많아졌다. 적진을 꿰뚫어 보던 고구려는 짐짓 패배한 척 후퇴를 거듭하면서 점차 수의 군대를 고구려 땅 깊숙이 꾀어 들였다.

마침내 수의 군대가 평양성 가까이 도착하였을 때 우중문에게 을지문덕의 시 한 수가 날아왔다.

신묘한 그대의 작전은 천문을 꿰뚫었고,
기묘한 계산은 지리를 통달하였도다.
전쟁에서 승리한 공이 이미 높으니,
만족한 줄 알았으면 그만 돌아가길 원하노라.

살수 대첩
동북아시아의 패권을 다투던 수나라의 30만 대군을 물리친 민족사의 빛나는 전투이다.

| 수와의 전쟁

어렵사리 요하를 건넌 수나라의 대군 앞에 견고하기로 유명한 고구려의 웅장한 산성이 모습을 드러냈다. 성들은 서로 굳게 손을 잡은 듯이 요하 주변을 띠처럼 연결하고 있었다.

🏯 고구려의 주요 성
➡ 수의 침입로
➡ 고구려의 공격로

유성(차오양)
회원진
신성
요동성
국내성
고구려
안시성
건안성
서안평
살수
동 해
탁군(베이징)
임유관(산하이관)
수
비사성
평양성
덩저우
내주
황 해
신 라
백 제

놀라서 급히 퇴각하던 수의 군대는 살수^{청천강}에 다다랐고, 이를 기다렸다는 듯이 고구려의 총공격이 개시되었다. 수의 30만 병력 중 살아 돌아간 이가 2,700명에 불과하였다. 이것이 우리 민족사에 빛나는 유명한 살수 대첩이다.

수는 백성의 고통을 외면한 채 무리한 전쟁을 이끌었고, 전쟁을 벌여서는 패배하였으며, 패배한 뒤에도 거듭 고구려를 침략하려다가 결국 나라를 세운 지 30여 년 만에 망하고 말았다.

━ 연개소문의 선택

수를 이은 당도 동북아시아의 강자인 고구려를 인정할 수 없었다. 특히 돌궐을 아우르고 한나라를 뛰어넘는 대제국을 건설한 당 태종 때에 이르자 두 나라 사이의 긴장감이 더욱 높아졌다.

고구려는 당에 대한 강경파와 온건파로 나뉘어 대립하고 있었다. 연개소문으로 대표되는 강경파는 당이 어차피 쳐들어올 것이므로 고구려는 강력한 정부 아래 통일된 국론을 가져야 한다고 주장하였고, 영류왕으로 대

연개소문(?~666)
신채호는 연개소문을 '당 태종의 군대를 물리치고 서쪽 진출을 도모한, 동아시아 전쟁사의 유일한 영웅'이라고 평하였다. 그러나 그의 군사 정변과 대외 강경책에 대해서 비판적인 의견을 제시하는 사람도 많다.

표되는 온건파는 수와 대전을 치르는 과정에서 국력의 손실이 너무 컸으니 가능한 한 당과 충돌하는 상황을 피하고 국력을 기르는 것이 고구려의 과제라고 주장하였다.

당의 침략에 대비해서 천리 장성의 대역사[631~640]가 시작되었다. 공사를 지휘하던 연개소문은 영류왕을 죽이고 권력을 틀어쥐었다.[642] 보장왕을 내세웠지만, 그는 허수아비일 뿐이었고 실권은 연개소문에게 있었다.

같은 해, 신라는 국력을 회복한 백제 의자왕의 침략으로 대야성[경남 합천]을 비롯한 서쪽 40여 성을 한꺼번에 잃었다. 위기에 빠진 신라의 김춘추는 위험을 무릅쓰고 고구려로 달려갔다.

김춘추는 연개소문에게 도움을 청하였다. 훗날 당이 고구려를 침략한다면 돕겠다는 말을 덧붙였다. 그러나 연개소문은 '죽령 이북 고구려의 옛 땅을 돌려준다면' 생각해 보겠다고 조건을 달았다.

죽령 이북이라면 한강 유역까지 고구려에 내주어야 한다는 것인데, 신라로서는 결코 받아들일 수 없는 무리한 요구였다.

협상은 깨졌고, 민족사를 바꿀 수도 있었던 중대한 선택의 순간에 연개

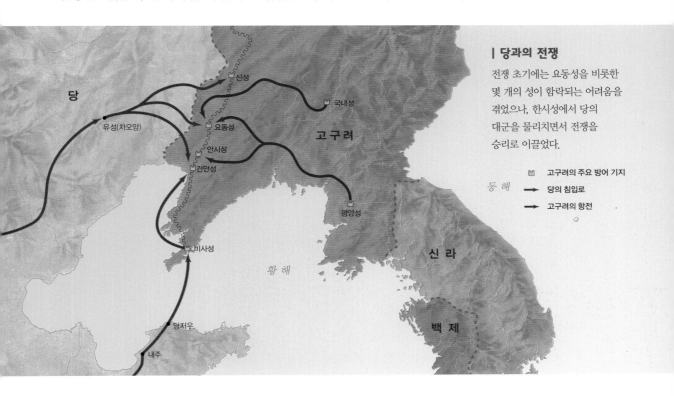

| 당과의 전쟁

전쟁 초기에는 요동성을 비롯한 몇 개의 성이 함락되는 어려움을 겪었으나, 한시성에서 당의 대군을 물리치면서 전쟁을 승리로 이끌었다.

- ▨ 고구려의 주요 방어 기지
- → 당의 침입로
- ➡ 고구려의 항전

소문과 김춘추는 그대로 헤어졌다.

━ 당의 침입도 물리치다

국내의 정국이 숨 가쁘게 돌아가는 상황에서 고구려는 당 태종이 이끄는 15만 대군의 침입을 맞게 되었다.[645] 당 태종은 침략의 명분과 조건이 충분히 마련되었다고 판단하고 있었다.

당의 군대는 랴오허 강을 건너 요동성에 다다랐다. 수 양제의 실패를 잘 알고 있었던 당 태종은 만반의 준비를 갖추었으나, 요동성은 역시 철통의 요새답게 꿋꿋하였다. 그러나 때마침 남쪽에서 강한 바람이 불어오고, 이를 놓칠세라 당이 화공 작전을 펼쳤다. 결국 요동성은 10여 일 만에 1만 명의 전사자를 내고 함락되었다.

그러나 백암성을 지나 안시성에 다다른 당군은 다시 발목을 잡히고 말았다. 안시성은 요동성과 달리 둘레가 4킬로미터밖에 되지 않는 작은 성이었지만, 보급이 끊긴 상황에서도 군민이 단결하여 60일간 쉼 없이 이어진 당군의 공격을 막아 냈다. 전쟁이 장기화되고 추위가 닥치자 천하의 당 태종도 이 조그만 고구려 산성을 뒤로한 채 군사를 되돌릴 수밖에 없었다.

통일을 앞둔 긴박한 7세기는 이렇게 깊어 갔다. 고구려는 통일 중국의 거듭된 침략을 물리치면서 민족사의 빛나는 시기를 장식하였다. 하지만 그 영광의 뒤에는 엄청난 국력의 손실과 쉽게 회복하기 어려운 깊은 상처가 남았다.

나도 역사가

역사의 라이벌, 연개소문과 김춘추의 선택을 비교해 보자.

설씨녀와 가실

신라 밤고을에 설씨 성을 가진 아름다운 아가씨가 살고 있었다. 집안 형편은 어려웠지만 얼굴이 단정하고 행동이 반듯해서, 동네 총각들이 그녀를 몹시 사모하면서도 감히 말을 건네지 못하였다.

그러던 어느 날 그녀에게 큰 걱정이 닥쳤다. 아버지에게 군대 소집에 응하라는 명령이 떨어진 것이다. 그녀는 늙고 병든 아버지를 차마 멀리 떠나보낼 수 없었고, 여자의 몸으로 함께 모시고 갈 수도 없었기 때문에 근심에 잠겼다. 이때 사량부에 사는 가실이라는 총각이 그녀의 아버지 대신 군대에 가겠다고 자청하며 나섰다. 가실은 일찍부터 그녀를 사모하고 있었다. 둘은 거울을 반쪽씩 나누어 가지며 사랑을 약속하였고, 가실은 자신의 말 한 필을 건네주고 떠났다. 그런데 교대 기간인 3년이 지나고 해가 거듭 지나 떠난 지 6년이 되어도 가실은 돌아오지 않았다. 그러자 아버지는 그녀를 강제로 시집보내기로 작정하고 몰래 마을 사람과 혼인할 날을 받아 두었다. 그녀는 몰래 도망가려 하였으나 뜻을 이루지 못하자, 가실이 남겨 두고 간 말을 보고 한숨을 쉬며 눈물을 흘렸다.

이때 가실이 돌아왔는데, 너무 마르고 옷이 남루해서 사람들이 그를 알아보지 못하였다. 가실이 깨진 거울을 던졌다. 그녀는 거울을 받아 들고 울음을 터뜨렸다. 둘은 일생 동안 함께할 것을 약속하였다.

친구야, 우리의 맹세를 지키자!

임신년 6월 16일, 우리 두 사람은 함께 적음으로써 하늘에 맹세합니다. 작년에 서약했듯이 《시》, 《상서》, 《예기》, 《춘추좌씨전》을 차례로 익히기를 3년 안에 다할 것을 거듭 다짐하며, 3년 후 나라에 충성을 다하고 잘못이 없을 것을. 만약 이 약속을 어기면 어떤 큰 벌이라도 달게 받을 것을 다짐합니다. 나라가 불안하고 세상이 어지러워져도 반드시 행할 것을 다짐하나이다.

돌에 새겨 땅에 묻은 이 글은 우연히 등산객의 발부리에 걸려 세상에 드러나게 되었다. 신라에서는 예로부터 신령스럽다고 소문난 골짜기나 큰 바위에 찾아가 하늘에 맹세하는 풍습이 유행하였다.

　　조국의 미래인 청소년들이 열심히 공부할 것은 물론이고 나라에 위기가 닥쳤을 때 몸 바쳐 충성을 다할 것을 굳게 결심하고 마음이 꼭 맞는 단짝 친구와 약속하는 것도 모자라서, 이를 하느님 앞에 맹세하는 의식을 갖고 돌에 새겨 땅에 묻었다. 이러한 청소년들이 가득한 나라는 얼마나 아름답고 튼튼할 것인가.

　　화랑도. 신라의 수도 경주에 살던 열다섯에서 열여덟 나이의 청소년들. 그들이 지켜야 할 다섯 가지 약속, '세속 5계'에는 임전무퇴(臨戰無退)가 있다. 싸움터에서 절대로 물러나지 않는다는 것은 목숨이 다할 때까지 싸운다는 뜻이다. 청소년이 전쟁터에 나가 목숨 바쳐 싸우기가 과연 쉬운 일이었을까? 당시의 청소년들은 전쟁의 위험에 놓여 있는 국가의 현실을 외면하지 않고 자신의 문제로 심각하게 받아들였다.

　　이름은 알 수 없지만, 이 글의 주인공들도 화랑도의 일원이었을 것으로 보인다. 그렇다면 열다섯 정도의 나이. 여러분이라면 어떤 친구와 어떤 맹세를 할 것인가? 21세기 한국 청소년의 '신세속 5계'를 친구들과 함께 정한다면 어떤 내용을 담을 것인가? 우리 민족이 당면한 가장 중요한 과제는 무엇일까?

임신 서기석

삼국에서
남북국으로

투구를 벗어
땅에 묻고
절을 세우다

아버지 김춘추를 도와 통일 전쟁에 앞장섰던 문무왕은 당나라 군사를 대동강 이북으로 물리친 후 감회에 젖었다. 그는 투구를 벗어 땅에 묻고 곳곳에 절을 짓게 하였다. 이제 전쟁의 시대는 끝나고 평화의 시대가 찾아왔다. 얼마나 참담한 전쟁이었으며 얼마나 절실히 바라던 평화인가? 그는 죽은 다음에도 동해의 용이 되어 나라를 지키겠다고 다짐하였다. 그러나 그가 너무 일찍 투구를 벗었던 것은 아닐까?

신라 사람들은 발해를 북국이라고 불렀다. 즉 신라인들의 인식 속에서 발해는 갈라져 있는 같은 겨레였다. 경쟁 상대였다. 당나라는 이러한 경쟁의식을 부추겨 남북국의 연결을 방해하고 이용함으로써 이익을 취했다.

만일 신라와 발해 사람들이 현실에 안주하고 싶은 마음을 버리고 더 주체적이고 미래 지향적인 자세로 통일 방안을 적극적으로 모색하였다면 우리 역사는 어떻게 달라졌을까? 역사는 똑같은 질문을 오늘날 우리에게도 던지고 있다.

남북국 시대가 열리다

가 볼 곳 사비성, 평양성, 동모산   만날 사람 계백, 김유신, 대조영   주요 사건 백제·고구려 멸망, 발해 건국

'맞다. 바로 이거다. 신라를 이용하면 고구려와 싸울 때마다 골칫거리였던 군수 보급 문제를 해결할 수 있겠지? 물론 고구려가 없어진 삼한이야 허수아비지.' 당 태종은 김 춘추의 제의에 무릎을 쳤다.

━ 신라, 당나라와 손을 잡다

7세기 중반 수십 년간, 삼국 사이에는 숨 가쁜 대결의 역사가 펼쳐지고 있었다. 한강 유역을 차지하면서 기세를 올리던 신라는 백제의 공격으로 곤경에 빠졌고, 백제와 고구려가 주도권을 잡는가 싶더니 신라의 새로운 반격이 준비되고 있었다.

의자왕의 잦은 공격으로 고구려를 찾은 김춘추는 당나라로 발길을 돌렸다. 그리고 나서 당에 도움을 청하였다. 궁지에 몰린 신라로서는 뾰족한 방법이 없었고, 고구려를 꺾을 생각에 골머리를 앓던 당 태종은 김춘추의 제

황룡사 9층 목탑 모형
단층 건물만 가득한 경주 시내에서 높이가 80미터에 이르고 금칠을 입힌 황룡사 목탑의 위엄이 얼마나 대단하였을까? 신라인들은 이 탑을 만들면서 주변 여러 나라의 침입으로부터 보호받기를 소망하였다.

황룡사 터

의에 무릎을 쳤다.

> '맞다, 바로 이거다. 신라를 이용하면 고구려와 싸울 때마다 골칫거리였던 군
> 수 보급 문제를 해결할 수 있겠지? 하지만 순서는 백제가 먼저야. 언제든지 고
> 구려를 도울 수 있으니까……. 물론 고구려가 없어진 삼한이야 허수아비. 그
> 렇게 되면 삼한의 땅 끝까지 우리 차지…….'

고구려와 백제의 협공에서 벗어나려는 신라의 전략과, 고구려를 쓰러뜨
림으로써 동북아시아를 제패하려는 당의 이해관계가 맞아떨어지는 순간이
었다.

나·당 군사 동맹이 성립되고, 나·당 연합군이 먼저 백제를 침으로써 삼
국의 다툼은 막바지를 향해 치달았다.

— 백제, 백강에 지다

660년, 소정방이 이끄는 당의 13만 대군이 이미 산둥 반도를 출발하고 신
라의 김유신이 5만 병력으로 백제의 동쪽 국경을 넘고 있을 때, 이들의 침
략을 예견하고 준비를 주장한 성충은 감옥에 갇혀 있었다.

백제의 의자왕은 훌륭한 정치를 펴 '의롭고 자비로운 왕'으로 칭송받던

부여 정림사지 5층 석탑
백제 문화의 우아한 아름다움이 잘
표현된 탑이다. 백제의 마지막을
지켜보았을 이 탑의 1층 몸체에는
당나라 군사가 장난으로 새긴 백제
정복 기념문이 있다.

| 계백과 황산벌 전투
백제 최후의 순간, 계백(?~660)은
외로운 결단을 내렸다.
가족을 제 손으로 죽이고 결사
항전의 의지만을 남긴 그는
황산벌(충남 연산) 전투에서
결사대 5,000명과 함께 장렬하게
싸우다가 전사하였다.

→ 신라군의 공격로
→ 당군의 공격로
→ 왜군의 공격로

덩저우
소정방의 진격로
탄천(이천)
김유신의 진격로
신 라
사비성 함락(660)
당, 웅진 도독부 설치
웅진성 삼년산성
사비성 황산
백강 전투(663)
금성
계백 전사(660)
황 해
백 제
※백제 부흥
운동을 지원하는
왜의 군대가
파견되었으나,
백강에서 나·당
연합군에게 크게
패하였다.
쓰시마 섬
탈라
후쿠오카 왜

임존성
흑치상지 장군이 군사를 일으키자,
10여 일 만에 병사 3만여 명이
구름처럼 모여들었으며 백제 땅
전역에서 200여 성이 이에 호응하였다.

집권 초기의 모습이 아니었다. 궁궐을 벗어나 민심을 살피고, 신라와의 전쟁을 통해 국력을 빛내며, 옛일에 연연하지 않고 고구려와 동맹을 맺던 결단력 있는 모습은 찾기 어려웠다. 쉴 새 없이 전쟁을 함으로써 민들을 지치게 하였으며, 궁지에 빠진 신라의 격렬한 반격을 불러왔다. 게다가 극단적인 왕권 강화 정책으로 귀족 세력의 반발까지 샀다.

정부가 대책을 세우지 못하고 허둥대는 가운데 백제군은 황산벌을 빼앗기고 백강을 붉은 피로 물들인 채 죽어 갔다. 수도 사비성도 함락되었다. 660년 7월 13일, 보름달이 높이 걸린 가운데 일찍이 보름달 같은 국력을 자랑하던 백제의 도읍 사비성에서는 신라와 당이 전쟁 승리를 축하하는 잔치를 열었다.

그러나 그것으로 끝은 아니었다. 주류성^{충남 한산}과 임존성^{충남 예산} 등 백제의 여러 곳에서 백제를 되살리려는 움직임이 힘차게 일어났다.

백제 부흥 운동은 젊은 장군 흑치상지, 왕족 복신, 승려 도침, 왜에서 돌아온 왕자 풍 등을 중심으로 줄기차게 이어졌다.

― 고구려, 쓰러지다

백제가 무너지자 당은 곧바로 백제 땅에 다섯 도독부를 설치함으로써 영토에 대한 야심을 드러냈다. 신라는 반갑지 않은 일이었지만, 당의 대군이 와 있고 고구려 공격을 앞둔 까닭에 일단 한 발짝 물러나서 뒷날을 도모하기로 하였다.

이듬해인 661년, 신라와 당은 남북에서 고구려를 공격하였다. 기병을 앞세운 당의 대군이 랴오허 강을 건너 물밀듯이 밀려왔고, 신라군은 이를 지원하려고 출발하였다. 그러나 백제 부흥군이 당과 신라의 연결을 끊고 백제 지역에 주둔하고 있는 당군을 위협하자 신라군은 백제 부흥군과의 싸움에 나서야 하였고, 당군만 고구려와 싸우게 되었다. 해를 넘겨 반년간 평양성

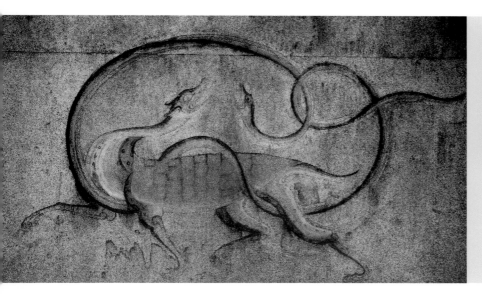

고구려의 현무도와 도깨비 기와
고구려는 군사 강국이었을 뿐만 아니라 문화 대국이었다. 현무도 하나에도 긴장감 속에 넘치는 힘이 담겨 있다.

을 포위한 당군은 고구려의 굳센 방어에 밀려 물러서지 않을 수 없었다.

그러나 거듭되는 전쟁으로 고구려의 국력도 점점 기울었다. 해가 거듭될수록 농토는 더욱 황폐해졌고, 국가 재정은 바닥이 드러났다.

백제 부흥 운동이 좌절되면서 외부로부터 도움도 기대할 수 없게 되었다. 이때 연개소문이 갑자기 죽자 후계자 자리를 놓고 벌어진 권력 다툼은 어느 때보다도 강력한 지도력이 필요한 시점에 고구려의 멸망을 재촉하였다.

당의 고구려 공격에는 권력 계승에서 밀려난 연개소문의 아들이 앞장섰다. 만주를 모두 잃고 평양성으로 물러난 고구려군은 절망적인 상태에 빠졌다.

668년 9월 21일, 고구려는 마침내 쓰러졌다. 만주와 한반도를 호령하며 동북아시아의 패권을 주도하던 고구려의 700년 역사는 끝났다. 그리고 삼국 간의 치열한 다툼도 막을 내렸다.

━ 당 세력을 몰아내자!

백제와 고구려가 멸망하였지만 신라에 온전한 승리의 기쁨이 찾아온 것은 아니었다. 백제 땅, 고구려 땅은 물론이고 신라 땅에서도 당나라 군사만이 승리자로 행세하고 있었다.

고구려가 멸망하자 당은 안동 도호부와 아홉 도독부를 설치하여 직접 지

| 신라의 삼국 통일과 고구려 부흥 운동

매소성(경기 양주) 전투에서 김유신의 아들 원술이 이끄는 신라군은 당의 20만 대군을 격파하여 말 3만여 필을 획득하는 대승을 거두었다. 이어서 벌어진 기벌포(금강 하구) 전투에서는 크고 작은 전투를 22회나 치르는 격돌 끝에 당의 해군을 완전히 꺾었다.

배하려고 하였다. 신라에도 계림 도독부를 설치하여 문무왕을 계림 도독이라고 불렀다. 만주 지역은 물론이고 한반도 전부를 당의 영토로 삼겠다는 뜻을 분명히 한 것이다. 커다란 위기였다.

그러나 상황은 당의 의도대로 진행되지 않았다. 고구려 각지에서 부흥 운동이 빗발치자, 신라는 이를 도우면서 당군을 몰아내기 위한 전쟁을 힘차게 일으켰다. 이에 당은 더 많은 군대를 파견하여 신라를 전면적으로 공격하였다. 그러나 신라는 굴하지 않고 끈질기게 싸워 마침내 당의 군대를 물리쳤다.[676]

이로써 신라는 한반도 중남부를 통일하였다. 삼국 초기에는 뒤쳐진 나라였고, 통일 전쟁의 막바지에는 멸망의 위기에까지 몰렸던 신라가 백제의 전역과 고구려 땅의 일부를 다스리게 된 것이다. 비록 대동강 이남 지역에 한정된 것이지만, 당의 야욕을 물리치고 삼국의 문물이 융합되는 민족사의 새로운 전기를 마련하였다.

— **발해, 고구려의 뒤를 잇다**

한편 한반도 북부와 만주에서는 고구려 부흥 운동이 끊임없이 일어나고 있었다. 당은 고구려의 맥을 끊으려고 보장왕을 비롯한 많은 귀족들을 끌고 갔다. 그래서 당의 영토에 강제로 살게 된 고구려인이 수만 가구에 이르렀다.

발해의 역사는 이렇게 끌려간 고구려인들이 열었다. 고구려의 장군이었던 걸걸중상은 요서의 영주에서 군사를 일으켰다. 그리고 그의 아들 대조영은 당의 대군을 무찌르고 동쪽으로 이동하여 옛 고구려 땅인 동모산을

● 고구려 부흥 운동 중심지
✳ 나·당 격전지

동모산
발해는 고구려 부흥 운동의 값진 열매로서 동모산에서 건국되었다.

고구려 기와와 발해 기와
발해 기와에는 고구려의 미적 감각이
있어, 발해가 고구려를 계승한
나라임을 잘 보여 준다.

중심으로 새 나라를 세웠다.[698]

발해는 고구려 부흥 운동의 값진 열매로서, 고구려와 마찬가지로 중국과 맞서 싸우면서 세워진 나라이다.

이로써 우리 민족은 대동강을 경계로 신라와 발해가 220여 년간 남북으로 대치하는 남북국 시대를 맞이하였다.

나도 역사가

신라와 당이 동맹을 맺는 과정과 그 조건을 조사해 보자.

과거와 현재의 대화

신라의 통일을 과연 우리 민족의 첫 통일로 볼 수 있을까? 그 의의와 한계에 대하여 토론해 보자.

발해, 고구려의 옛 땅을 되찾다

"이제야 조상의 얼굴을 떳떳이 뵐 수 있겠구나. 드디어 고구려의 영역을 모두 되찾고 부여의 풍습을 회복하였노라."

─ 지금은 중국 땅, 지린에서

만주 지린 성에 있는 용담산에 오르면 고구려 사람들이 쌓은 성벽이 보인다. 당시 이곳은 고구려 땅 가장 북쪽에 있는 고구려의 전진 기지였지만, 지금은 이웃 나라 중국의 유원지로 변해 있다. 성벽에 올라서면 지린 시가 훤히 내려다보이고, 부여의 첫 도읍지로 추정되는 동단산이 쑹화 강 가에 오뚝 서서 손짓을 보낸다. 이곳의 남쪽 방향인 요령성 환인현에서 고구려가 건국되었고, 동쪽의 지린 성 둔화 시 동모산에서 발해가 건국되었다.

발해는 건국 후, 만주의 동쪽에 중심을 두고 빠르게 고구려의 영역을 회복해 나갔다. 무왕 때에는 영토가 크게 확장되어 북만주 일대를 장악하였으며, 스스로 고구려를 계승한 나라임을 뚜렷이 하였다.

용담산성
지린 성은 한반도 청동기 문화로부터 시작하여 고구려와 백제의 원류인 부여, 민족의 웅대한 기상이 담겨 있는 고구려, 고구려를 계승한 발해의 숨결이 곳곳에 남아 있는 곳이다. 그러나 지금은 중국 땅, 연구조차 마음 놓고 할 수 없다.

발해의 고민

발해의 급속한 팽창은 주변 나라들을 긴장시켰다. 당은 발해 북쪽의 흑수 말갈을 끌어들이고 신라를 부추겨 이에 대응해 나갔으며, 신라도 국경에 성을 쌓고 발해와의 대결에 대비하였다.

이에 무왕은 흑수 말갈을 먼저 친 다음 당을 직접 공격하였다. 발해는 거란과 손잡고 당을 공격하였으며, 발해의 장문휴가 이끈 수군은 당의 덩저우를 공격하여 순식간에 점령함으로써 간담을 서늘하게 만들었다. 그 뒤 당과 신라가 연합군을 구성하여 발해를 공격하기도 하였으나, 발해의 성장은 거칠 것이 없었다.

무왕의 뒤를 이어 문왕 때에도 영토 확장은 계속되었다. 그러나 발해의 고민 또한 커 가고 있었다. 우선 넓디넓은 면적에 비해 발해의 자연환경은 너무 거칠었다. 모진 추위와 차가운 땅은 농사를 어렵게 하였고, 사냥이나 목축이 발해의 산업에서 중요한 비중을 차지함으로써 늘 물자 부족에 시달려야 했다. 고구려처럼 식량을 생산할 수 있는 든든한 기지를 갖지 못한 것, 그것이 발해의 첫 번째 고민이었다.

발해의 두 번째 고민은 여러 종족을 잘 통합하여 하나 된 나라를 이루어 내야 한다는 것이었다. 넓은 만주 지역에는 여러 종족이 살고 있었다. 그중에서도 뒷날 여진족, 혹은 만주족으로 불리

석등과 막새기와
발해는 수도를 여러 차례 옮겼는데, 그중 가장 오랫동안 수도였던 상경에서는 절터가 많이 발굴되었다. 석등은 웅장하고 힘찬 발해의 건축 기술을, 기와는 고구려의 미감을 유감없이 드러내고 있다.

는 말갈족이 다수를 차지하고 있었다.

이들 중에는 고구려의 지배를 받으면서 어느 정도 고구려 사람이 된 세력이 있었던 반면, 이때 새롭게 정복된 세력도 있었기 때문에 어려움이 더욱 컸다.

▬ 상경으로 도읍을 옮기고 해외 무역에 힘쓰다

756년, 오랜 고민 끝에 문왕은 도읍을 상경으로 옮겼다. 이곳은 만주에 사는 여러 세력의 주된 이동로이자 물자 교류의 중심지였으며, 농사짓기에도 한층 수월한 지역이었다.

상경에 자리 잡은 뒤에는 농업이 발전하고 인구도 크게 늘었다. 또 상경을 중심으로 주요 교통로를 마련하고, 국내외 각지를 연결하는 대외 무역에 더 힘을 쏟음으로써 거친 자연조건이 주는 어려움을 극복해 나갔다.

발해는 거란이나 신라와도 무역을 하였으나, 당이나 일본과의 무역에 큰 힘을 기울였다.

발해의 무역선이 수시로 당을 드나들었으며, 많은 발해 상인들이 당에 머물렀다. 이들의 왕래가 잦아지면서 당의 문화도 활발히 소개되었다.

일본과의 무역도 활발하였다. 초기에는 신라와 경쟁하려고 일본과 외교 관계를 맺었으나, 교류가 계속되면서 경제적 목적이 이를 앞서게 되었다.

▼상경 용천부 제1궁전 터
오랫동안 수도였던 상경은 발해의 번영을 말해 준다. 주작 대로를 중심으로 유교적 이념이 담긴 당나라 수도 장안성을 본떠 질서 정연하게 만들어졌으나, 그 내부는 온돌 장치 같은 고구려의 특성을 보인다.

▼▼발해 치미
도자기 기법으로 만들어진 발해 끝의 망새이다. 기와집의 용마루 끝을 장식하던 이 망새를 통해, 중국까지 널리 알려졌던 발해의 수준 높은 도자기 제작 기술을 알 수 있다.

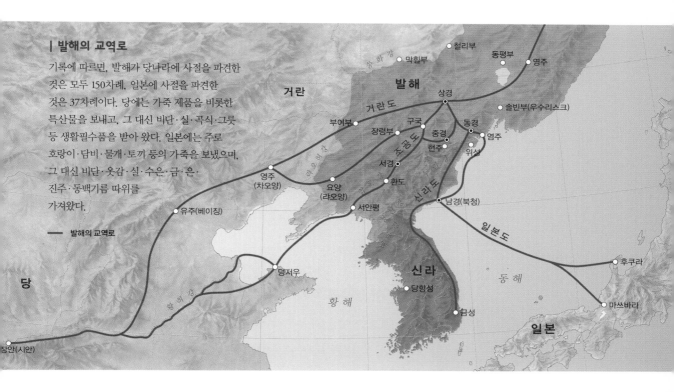

| 발해의 교역로

기록에 따르면, 발해가 당나라에 사절을 파견한
것은 모두 150차례, 일본에 사절을 파견한
것은 37차례이다. 당에는 가죽 제품을 비롯한
특산물을 보내고, 그 대신 비단·실·곡식·그릇
등 생활필수품을 받아 왔다. 일본에는 주로
호랑이·담비·물개·토끼 등의 가죽을 보냈으며,
그 대신 비단·옷감·실·수은·금·은·
진주·동백기름 따위를
가져왔다.

— 발해의 교역로

신라도를 만들어 신라와도 무역 활동을 하였으나 정치적인 대립 때문에
활발하지는 못하였다.

과거와 현재의 대화

다음 글을 읽고 아래 활동을 해 보자.

1997년 12월 30일 오후, 러시아의 블라디보스토크 항에 뗏목 한 척이 들어왔다. 거기에는 한
국인 네 명이 타고 있었으며, 앞 돛에는 발해인들의 존경을 받던 치우 장군의 얼굴이 새겨져
있었다.
이 한국인들은 이제 곧 블라디보스토크에서 울릉도와 독도를 거쳐 제주도 성산포를 잇는
1,239킬로미터 항해를 시작하려고 한다. 그 옛날 동해를 통해 신라, 일본과 교류한 해양 국가
발해의 역사를 되살리기 위하여……
1997년 12월 31일, 돛대 두 개와 키만 장착한 뗏목 발해 1300호가 목숨을 건 항해에 들어갔
다. 추운 날씨와 성난 파도, 칠흑 같은 어둠 속에서도 그들의 항해는 계속되었다. 그러나 거센
북서풍이 그들을 일본 쪽으로 데려갔고, 결국 1998년 1월 23일, 사나운 풍랑과 싸움을 벌이다
일본 도고 섬에서 최후를 맞았다. 하루도 거르지 않고 쓴 항해 일지만을 남기고.

1. 이들이 쓴 항해 일지를 찾아 읽어 보자.
2. 이들이 발해 역사에 관심을 갖고, 이를 되살리기 위해 노력한 이유를 생각해 보자.

덩저우 성

덩저우의 외항 산포리에는 발해의 배가 늘
있었고, 시장에서는 발해의 훌륭한 말들이
많이 거래되었다고 한다. 덩저우에는
발해관이 있었고, 가까이에 신라관도
있었다. 활발히 해외 무역에 종사한
발해와 신라 사람들 사이에는 어떤 일들이
있었을까?

불국사와 석굴암 ③

가 볼 곳 **불국사, 석굴암**　　만날 사람 **신문왕**　　주요 사건 **제도의 정비**

"내 죽거든 동해의 용이 되어 나라를 지키리니, 죽은 뒤 열흘 되는 날 화장하여 동해에 장사 지내라." 삼한을 통일한 문무왕의 유언이다.

― 내 죽어서 동해를 지키는 용이 되리니

681년, 통일 전쟁을 이끌던 문무왕이 세상을 떠났다. "내 죽거든 동해의 용이 되리니, 죽은 뒤 열흘 되는 날 화장하여 동해에 장사 지내라." 이런 유언을 하고……

　신문왕은 아버지 문무왕의 유언에 따라 유골을 동해 대왕암에서 장사 지내고, 절을 완공하여 감은사라는 이름을 붙였다. 그리고 금당 밑에 물길이 연결되는 시설을 만들어 용이 된 문무왕의 영혼이 드나들 수 있도록 하였다.

감은사 탑
통일 직후 신라의
솟아오르는 힘을
감동적으로 표현하고 있다.
삼한 일통의 뜻을 담아
3층으로 한 것은 아닐까?

문무 대왕릉

어느 날 신문왕은 동해 바닷가에서 귀중한 보물을 얻었다. 그것이 바로, 불기만 하면 '적병이 물러가고 병이 나으며, 가뭄에는 비가 오고 장마 지면 날이 개고, 바람이 멎고 물결이 가라앉는다'는 만파식적이었다.

전쟁이 끝난 뒤, 신라는 넘치는 자신감 속에 제도를 정비하였다. 전쟁에서 승리하자 영토는 더욱 넓어졌고, 무기를 녹여 농기구를 만들면서 생산도 크게 늘어났다. 신라 왕실은 이제 모든 파도를 잠재운 잔잔한 바다처럼 평화의 시기가 찾아왔다고 생각하였다.

삼한을 일통하다

신라 사람들은 스스로 "삼한을 일통하였다."라고 주장하면서 옛 백제와 고구려 주민을 포용하는 데 힘을 기울였다.

옛 백제와 고구려 사람을 관직에 등용하였으며 수도를 방어하는 군대를 편성할 때에도 이들을 참여시켰다. 전국 9주는 옛 신라와 백제와 고구려 지역에 3주씩 고르게 배정되었으며, 수도 경주가 한쪽에 치우친 것을 보완하기 위해 새로 설치한 지방 중심지인 5소경도 가야 지역에 하나, 백제 지역에 둘, 고구려 지역에 둘이었다.

삼한 통일을 이루어 낸 왕의 권한은 더욱더 강해졌다. 국왕 직속의 집사부가 설치되고, 집사부의 시중이 왕의 명령을 집행하게 됨에 따라 삼국 시대 귀족들이 모여 나랏일을 결정하던 화백 회의의 기능은 매우 약해졌다.

강력한 신라 왕실의 위엄이 온 나라에 가득한 가운데 현실 세계를 통일한 신라 왕실은 그들이 꿈꾸던 이상 세계를 경주 땅에 성공적으로 건설해 냈다. 그 이상 세계란 부처님 나라, 즉 불국이었다.

| 9주 5소경
전국을 9주로 나누고 5소경을 설치하였다. 이를 통해 신라는 점령한 지역을 차별하지 않았음과 새 나라가 삼한을 통일한 나라임을 동시에 보여 주려고 하였다.

발 해

동 해

신 라

대동강

삭주

명주

한주

북원경(원주)

황 해

중원경(충주)

서원경(청주)

웅주

상주

전주

금성(경주)

남원경(남원)

양주

무주

강주

금관경(김해)

● 9주
○ 5소경

탐라

불국사와 석굴암

통일 100주년이 가까워 오는 8세기 중반, 신라인들은 온 마음과 힘을 모아 민족 문화의 꽃이라 할 수 있는 불국사와 석굴암을 만들어 냈다. 신문왕의 손자인 경덕왕 때의 일이다.

20여 년에 걸쳐 완성된 불국사에 도착하면 부처님의 나라에 이르는 돌계단 33개를 만난다. 계단을 올라 신비스러운 안개가 가득한 자하문을 열면 그 너머 대웅전이 한눈에 들어온다.

대웅전 앞에는 석가탑과 다보탑이 서로 화답하며 마주 보고 서 있다. 석가모니 부처가 진리의 말씀을 전하자 다보 부처가 탑의 모습으로 솟아올라 그것이 진실임을 증명하였다고 하는데, 석가탑의 군더더기 하나 없이 깔끔하고 단아한 아름다움과 다보탑의 섬세하고 친절한 아름다움은 신라 사람들이 추구한 완벽한 아름다움을 잘 보여 준다.

그러나 신라가 과연 부처님의 나라처럼 모두가 평등하게 잘사는 나라였을까? 부처님의 나라를 만들자는 말속에 벌써 그렇지 못한 현실이 담겨 있었던 것은 아닐까?

삼한을 일통하였다며 모두가 한 백성이라고 주장하였지만, 어느 백제인,

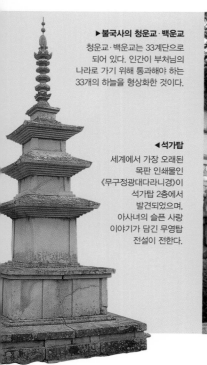

▶ **불국사의 청운교 · 백운교**
청운교 · 백운교는 33계단으로 되어 있다. 인간이 부처님의 나라로 가기 위해 통과해야 하는 33개의 하늘을 형상화한 것이다.

◀ **석가탑**
세계에서 가장 오래된 목판 인쇄물인 《무구정광대다라니경》이 석가탑 2층에서 발견되었으며, 아사녀의 슬픈 사랑 이야기가 담긴 무영탑 전설이 전한다.

다보탑

어느 고구려인도 신라인들이 누릴 수 있는 권리를 다 누리지는 못하였다. 단지 일부만이 신라의 낮은 관직에 오를 수 있을 뿐이었다.

그렇다고 옛 신라인들의 생활이 더 나아진 것도 아니었다. 소수의 귀족들은 평화를 누리며 풍요로운 삶을 살 수 있었지만, 대다수 신라인은 그렇지 못하였기 때문이다.

나도 역사가

경주의 문화재를 소개하는 사이트를 방문해 보자. 그리고 다음 자료를 이용하여 유적과 유물에 얽힌 이야기들을 조사해 보자.

· 국립경주문화재연구소 www.gcp.go.kr
· 불국사 www.bulguksa.or.kr
· 경주시 www.gyeongju.go.kr

▲분황사 탑
통일 전 신라의 원효가 당나라 유학을 포기하고 집필에 몰두하던 분황사. 탑은 9층이던 본래 모습을 잃어버린 지 오래이지만 아는 사람은 느낀다. 탑의 곳곳에 머물던 원효의 그윽한 눈길을.

◀남산 용장사 탑
우리나라 사람들에게 이렇게 큰 종교적 정열이 있었다니! 경주 남산을 찾은 사람들은 절로 입이 벌어지고 만다. 산의 골골마다 바위마다 부처님의 모습이 새겨져 있으니. 산 아래의 경주 시가지에서도 200개가 넘는 절터가 발견되었다.

▼성덕 대왕 신종
장중하면서도 이슬처럼 영롱한 종소리에는 어린 자식을 시주하였다는 어머니의 슬픈 사연이 담겨 있다.

11면관음보살

10대제자

10대제자

본존불

문수보살

보현보살

제석천

범천

사천왕

사천왕

금강역사

금강역사

팔부신중

팔부신중

● **석굴암 본존불**
석굴암의 주인공. 당당한 체구에
근엄한 표정. 동해를 굽어보는
눈길에 신비로움이 그득하다. 완성
이후 한국 불상의 모범이 되었다.

석굴암, 민족 문화의 원형

석굴암의 본래 이름은 석불사로, 돌로 만들어 낸 석굴 사원이다. 석굴이 오직 하나고, 규모도 작다. 그래서 인도나 중국의 석굴 사원을 돌아본 사람들은 석굴암 앞에서 실망감을 드러내기도 한다. 수십, 수백 개의 석굴이 모여 위용을 뽐내는 아잔타나 둔황의 석굴 사원과는 사뭇 다른 모습이다.

그러나 석굴암은 하나로서 충분히 완벽하다. 힘주고 위압할 필요가 없는 신라 장인들의 당당한 자신감의 표현이다.

김대성의 지휘 아래 신라 최고의 장인들이 토함산 중턱에 모였다. 부처님의 세계를 지상에 완벽하게 구현해 낼 수 있을까? 동해의 해돋이를 오롯이 맞이할 수 있는 이곳에 부처님을 모시고 주위에 이를 호위하는 보살, 나한, 천을 배치한다. 원형 배치이다. 부처님의 세계는 모난 것이 없는 원만한 원형. 이는 본존불을 중앙에 둔 둥근 방, 둥근 천장으로 조형화되었다. 부처님 세상은 금강역사, 사천왕 등이 굳세게 지킨다.

건축 기법 면에서 둥근 천장을 육중한 돌로 교묘하게 구축한 것은 세계에서 유례가 없는 뛰어난 기술이다. 나무나 흙이 아닌 육중한 돌로 둥근 천장을 완성한다는 것은, 치밀한 설계와 이를 뒷받침하는 기초 과학이 없이는 불가능한 일이다. 돌을 쌓아 올리며 중간에 동틀돌을 끼워 구조적 안정을 꾀하는 동시에 입체적이고 아름다운 무늬를 만들어 냈다. 완벽한 구조에 대한 자신감이 부족한 현대인이 쉽게 접착제에 의존하는 현실과 비교해 본다면 얼마나 굳건한 장인 정신인가? 마침내 20톤에 이르는 천장 중앙의 뚜껑돌을 얹는 데 성공하며 석굴을 완성했을 때 장인들의 마음은 어떠했을까? 무려 23년(751~774)에 걸친 대역사였다.

예술적 완성도는 어떠한가? 석굴암에 한번 들어가 본 사람들은 너무나 황홀해서 입을 다물지 못한다. 조각들이 숨 쉬는 듯 살아 있다. 본존불의 위엄, 11면 관음상의 수려한 자태, 부처님 제자인 나한들의 고통 어린 얼굴, 금강역사의 근육질 몸. 단단하기로 유명한 우리 화강암에 이렇게 생생한 생명력을 불어넣은 예술가들은 누구인가?

불행히도 오늘날 우리는 석굴암에 들어갈 수 없다. 보존을 위해 유리 벽으로 차단하였고, 습기 제거기가 달려 있다. 통풍이 잘되도록 설계되어 있던 석굴암의 외면은 습기를 차단한다는 이유로 일제 강점기에 시멘트로 꽁꽁 메웠다. 그런데도 석굴암은 조금씩 파손되고 있다. 현대의 단편적이고 오만한 과학이 만들어 낸 파괴이다.

놀랍게도 창건 당시 신라인들은 샘물 위에 석굴암을 앉혔다. 일정한 온도를 유지하는 차가운 샘물로 주변의 수분이 모여 자연스럽게 습기가 제거되었으며, 통풍이 잘되도록 열린 구조로 짜여 석굴 안과 밖의 온도 차 때문에 물방울이 맺히는 현상을 방지하였다.

▶11면 관음상
연꽃을 가볍게 지르밟은 자비의 관음상이 둥글고 부드러운 진리의 세계를 잘 표현해 주고 있다.

▶금강역사상
근육질의 수문장 앞을 지나면서는 티끌만 한 나쁜 생각도 버려야 할 것만 같다.

● 복원 전의 석굴암
일제 강점기에 습기의 침투를 막는다고 시멘트로 꽁꽁 폐쇄하기 전, 석굴암은 개방적인 구조였으며 본존불 밑에는 차가운 샘물이 흐르고 있었다. 그리고 1,000년 세월 동안 온전히 보존되어 왔다. 실험 결과, 놀랍게도 찬 바닥으로 습기가 모여 물방울이 맺혔다.

장보고와 신라의 명암

가 볼 곳 완도, 중국 적산포   만날 사람 장보고   주요 사건 청해진의 설치, 신라의 왕위 다툼

"나, 일본 승려 엔닌, 청해진 대사 장보고 장군께 감사의 말씀을 올립니다. 대사의 돌보심이 아니었던들 어찌 험난한 바다를 건너고 당나라에서 수행할 수 있었으리이까."

▬ 일본의 보물이 된 신라산 물품

일본의 옛 수도인 나라^{나라 현 나라 시}의 도다이지에는 성무 천황의 유품을 보관한 특별 창고인 쇼소인이 있는데, 그곳에 수많은 문서와 국보급 유물이 있다. 그중에 신라산 물품도 많다.

당시 신라의 유기^{놋그릇}는 일본 사람들에게 아주 인기가 많았다. 그래서 영국 사람들이 도자기를 차이나로 부르는 것처럼, 일본 사람들은 유기를 신라라고 했다. 일본의 귀족들은 앞다투어 신라의 명품을 구하기 위해 물건 값을 미리 주면서까지 매입 신청서를 냈는데, 5위 이상의 고위 귀족들만이 신라 물품을 살 수 있었다.

안압지와 나무 주사위(복제품)
안압지와 출토 유물을 통해 신라 귀족의 화려한 생활을 엿볼 수 있다. 주사위의 각 면에는 벌칙이 새겨져 있어 당시의 놀이 문화를 알려 준다.

| 서역에서 온 보물들

삼국 시대에 벌써 서쪽 끝 로마까지 문화가 교류되고 있었다.

❶ 미추왕릉 지구 출토 상감 유리구슬 목걸이
❷ 황남대총 출토 서역의 유리병
❸ 경주 미추왕릉 지구 출토 보검

━━ 황금의 나라, 신라

신라는 이슬람의 지리학자가 그린 세계 지도에도 모습을 나타낸다. 신라를 찾은 이슬람 상인들은 공기 좋고 물 좋고 사람 좋은 신라에 머무르며 떠나고 싶어 하지 않았다는 기록이 있다. 게다가 땅이 기름지고 물자가 넉넉한데, 금은 특히 흔해서 개의 목줄까지 금으로 만들었다고 전한다.

우리가 알고 있는 경주라는 이름은 고려 때 붙은 이름이고, 당시에는 금성이었다. 금성은 바둑판 모양으로 반듯하게 계획되었으며 번화한 도시였다. 방이라고 불린 360개의 구획은 어느 집이든 주소만 있으면 쉽게 찾아갈 수 있을 정도로 질서 정연하였다. 통일 후 도시가 더욱 확대되어 《삼국유사》에는 '인구가 100만 명에 가까웠고, 금을 입힌 집들이 있었으며, 그을음을 막기 위해 숯으로 요리하는 일이 흔했다'는 기록이 있다.

사람들이 많이 모이는 큰 절 주위에는 시장이 섰다. 황룡사 근처의 동시말고도 서시와 남시가 있었는데, 이곳에서 생필품은 물론이고 온갖 세계적인 귀중품이 교환되었다. 최대 너비가 23미터가 넘는 도로에는 많은 물자와 사람을 실은 수레들이 수많은 사람과 뒤섞여 북적거렸다.

괘릉 무인석

8세기 원성왕의 무덤인 괘릉 앞에는 서역인의 모습인 양 부리부리한 얼굴의 무인상이 세워져 있다.

— 장보고의 해상 활동

국제도시 경주의 번영은 신라인들의 활발한 무역 활동이 뒷받침하였기 때문에 가능한 것이었다.

어릴 때 당나라에 건너가 군인으로 이름을 떨친 장보고는 당나라의 신라인들을 연결하여 무역을 주도하였다.

828년, 장보고가 신라로 돌아왔다. 그러고 나서 해적을 소탕하기 위해 완도에 청해진을 설치하자고 신라 정부에 제안하였고, 흥덕왕은 그를 청해진 대사에 임명하였다. 신라인의 뛰어난 조선술과 항해 능력과 1만 병력을 바탕으로 당시 완도는 중국, 신라, 일본을 연결하는 동아시아 삼각 무역의 최고 중심지로 번영하였다.

그러나 동아시아의 해상력을 장악하던 국제적 인물 장보고는 신라 귀족들이 보기에는 한갓 미천한 섬사람일 뿐이었다. 장보고는 신라 말기의 치열한 왕위 다툼 과정에서 이들에게 암살당하였고 청해진은 폐허가 되었다. 신라의 제해권도 상실되었다.

| 왕위 계승도

780년, 혜공왕이 피살되면서 시작된 신라 말기의 왕위 다툼은 150년 동안 20명의 왕을 내는 혼돈을 거듭하였다.

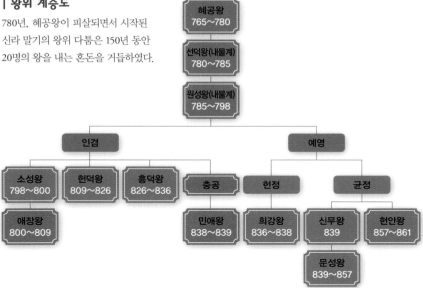

― 골품 제도의 모순과 왕위 쟁탈전

신라인의 삶은 골품제라고 불리는 신분제로 크게 제약되었다. 골품제는 삼국 시대에 신라가 영역을 확대하여 부족장을 중앙 귀족으로 통합하는 과정에서는 일정한 구실을 하였으나, 남북국 시대에는 왕족인 진골 김씨들의 세력 유지 수단이 되어 신라 사회의 발전을 가로막았다. 아무리 뛰어난 인재라도 진골이 아니면 책임 있는 관직에 오를 수 없었다.

장보고는 골품제가 조금씩 흔들리던 신라 말에 등장하였다. 그러나 여전히 높은 골품의 벽에 부딪혀 좌절하고 말았다. 진골들은 나라 운영보다는 왕위를 차지하는 데 더욱 관심을 쏟았다.

780년, 혜공왕의 피살과 함께 시작된 진골 귀족들의 왕위 쟁탈전은 수없이 되풀이되었다. 왕의 평균 재위 기간이 10년이 채 안 되었다. 날로 어지러워지는 정치 상황 속에서 신라의 앞날은 어두웠다.

나도 역사가

《삼국사기》를 통해 장보고가 암살된 구체적 과정을 알아보자.

과거와 현재의 대화

서남해를 무대로 한 신라의 해상 활동 자료를 모아 보자. 그리고 바다를 이용하여 국력을 기를 방법을 생각해 보자.

신라와 발해, 무너지다

가 볼 곳 합천 해인사, 문경 봉암사   만날 사람 최치원, 도선   주요 사건 신라 말의 농민 항쟁, 발해의 멸망

"신라여, 여왕이여, 제발 망해라." 몰락한 농민들은 손에 손에 무기를 들고 항쟁의 대열에 나섰다. "사람답게 살 수 있는 세상에 살고 싶다." 농민들의 봉기를 시작으로 신라는 몰락의 길에 접어들었다.

─ 붉은 바지 부대 농민들

수도 경주의 번영에는 지방 농민들의 피눈물이 배어 있었다. 귀족들이 끝없는 탐욕에 눈이 멀어 넓은 토지를 차지하는 사이에, 농민들은 토지를 잃고 몰락하였다. 노비를 3,000명이나 거느린 귀족이 출현한 반면에 남의 집 노비가 되고 심지어 자식을 팔아 생계를 유지하는 농민도 생겼다.

소수의 사람이 넓은 토지를 소유하고 수많은 노비를 부리게 되자, 자기 땅에서 농사지으며 나라에 세금을 바치는 농민의 수는 더욱 줄었다. 수입이 줄어든 정부는 남은 땅과 사람들에게 더욱 많은 세금을 매겼다. 힘 있는 귀족들도 농민 수탈에 열을 올렸다.

이중 삼중으로 수탈을 당하던 농민들은 고향을 떠나 산으로 숨었으며, 곳곳에서 무리를 지어 도적이 되었다. 그리고 9세기 말 진성 여왕 때가 되자 공공연히 조세의 납부를 거부하고 봉기해 신라 왕조를 위협하는 단계로까지 발전하였다.

왕실을 떠난 민심을 읽지 못하는 경문왕에게는 '임금님 귀는 당나귀 귀'라는 이야기가 따라다녔으며, 896년 진성 여왕 때 신라 서남해안 지방에서 일어난 한 떼의 농민

해인사의 묘길상탑
895년에 세워진 이 탑에서 "나라 안에 농민들의 봉기가 일어나지 않는 곳이 없으며, 굶어 죽은 시체와 전쟁으로 죽은 해골이 들판에 별처럼 흩어져 있다."라는 최치원의 글이 새겨진 벽돌 판이 나왔다. 해인사를 공격한 '도적'을 막다가 죽은 승려들을 추도하기 위하여 만든 탑인데, 그 도적이 바로 몰락한 농민이었다.

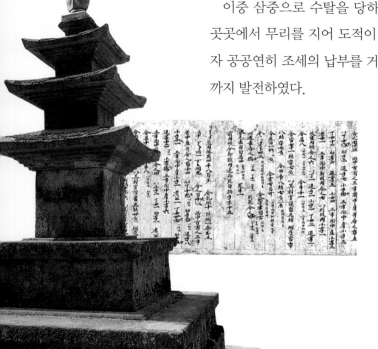

일본의 쇼소인에서 발견된 신라의 민정 문서
촌락의 인구와 토지 면적 등을 3년마다 조사하여 세금을 거두었는데, 나라에서 소와 말뿐만 아니라 뽕나무와 잣나무 수까지 파악하고 있었다.

군은 동쪽으로 진격을 거듭하여 경주 서부 모량리까지 쳐들어갔다. 이들은 단결과 투쟁의 표시로 모두 붉은 바지를 입고 있었다. 이는 이제껏 겪어 보지 못한 가장 치열한 대규모 농민 항쟁이었다.

새 세상을 꿈꾸는 사람들

경주 거리에는 '나무 망국 찰나나제'라는 글귀가 뿌려졌다. 부처님께 정성 들여 공양을 드리면서 외우던 염불 '나무아미타불'을 빌려 사람들은 "신라여, 여왕이여, 제발 망하기를." 하고 빌었다.

조정에 기대를 걸던 사람들도 하나둘 관직을 버리고 조정을 떠났다. 정성껏 마련한 개혁안을 진성 여왕에게 제시하고 개혁을 통한 나라의 재건을 주장하던 최치원은 해인사로 숨었고, 당으로 떠난 유학생들은 경주로 돌아오지 않았다. 도선 같은 이는 아예 신라의 운수가 다하였으며 이제 새로운 곳에서 새로운 나라가 일어날 것이라고 공공연하게 주장하고 다녔다.

새로운 불교 종파인 선종이 크게 일어났다. 선사들은 '문자를 깨치지 못해도 누구나 부처가 될 수 있다'고 가르치며 스스로 평등 사상을 실천함으로써 신라라는 골품 사회를 부정하였다. 미륵이 나타나 새 세상을 열 것이라는 믿음이 널리 퍼지기도 하였다. 자신이 미륵불이자 새 사회의 주인공이라고 주장하는 인물이 나타나 민심을 휘어잡기도 하였다.

새 세상이 다가오기를 염원하는 사람들, 그들은 어느 곳에나 있었다.

떠오르는 지방 세력

신라를 무너뜨리고 새로운 사회를 만들어 갈 또 다른 주역이 지방 사회에서 성장하고 있었다. 그들은 바로 호족이었다.

지증 대사 승탑
지방 곳곳에서 선종의 종파가 일어났다. 선종 9산이 그것인데, 새 종파를 일군 스님들을 기념하여 그들의 무덤인 승탑과 탑비를 만들었다.

도선 대사의 행적을 기록한 비
도선(827~898)은 '산세나 지형이 나라의 운명이나 인간의 길흉화복에 영향을 준다'는 풍수지리설을 내세워 경주를 중심으로 하는 신라의 운명이 다하였다고 주장하였다.

이들 가운데는 중앙의 귀족 출신과 지방의 촌주 출신이 있었으며, 심지어는 그 지역을 지키는 군인도 있었다. 이들은 농민들이 곳곳에서 항쟁을 일으키자 스스로 군대를 모아 자기 지역을 지켰다.

9세기 말에는 항쟁에 나선 농민들을 점차 끌어안고 세력을 확대하여 지방의 독립적인 세력으로 자라났다. 호족들은 자기 자신을 성주·장군이라고 불렀으며, 농민들에게 세금을 거두고 군사까지 동원함으로써 작은 왕국을 이루었다.

호족들이 세력을 길러 점차 독립하면서, '신라'라는 나라는 이름만 남은 꼴이 되었다. 게다가 세력을 기른 호족들이 다른 호족들과 경쟁하고, 여기에 신라를 떠났던 사람들이 가세하면서 신라는 전쟁의 소용돌이 속으로 말려들어 갔다.

━ 해동성국 발해의 몰락

발해의 국력은 눈부시게 성장하여 9세기 선왕 때에 전성기를 이루었다. 중국의 역사가들은 새롭게 동아시아의 강국으로 떠오른 발해를 해동성국으

철불(서산 운산 출토)
지방 호족들의 자화상인가? 아주 새로운 소재인 철을 사용하여 거친 듯 생동하는 힘을 느끼게 한다. 철불은 신라 말 고려 초, 호족들의 활동기에 널리 제작되었다.

도의 선사 부도
"인간은 누구나 부처가 될 수 있다." 선종의 이 말은 진골 귀족이 아니라도 누구나 왕이 될 수 있다는 뜻으로 통하였으니, 지방의 호족들은 선종 사원을 짓고 이를 후원하였다.

로 부르는 데 주저하지 않았다.

넓은 영토를 15부로 나누고 부 밑에는 여러 현을 두었다. 부 중에서도 특히 중요한 다섯 부에는 경을 두었다. 이 5경은 정치, 경제, 문화의 중심지였다.

그러나 9세기 후반부터 국력이 기울더니 당나라가 멸망한 후 급속히 세력을 확대해 나가던 거란에게 멸망당하였다.[926]

발해는 왜 멸망하였을까? 너무나 갑작스러운 멸망이었기에 최근 1,000년간 가장 큰 화산 폭발이었던 백두산 화산 폭발이 원인이었다는 주장도 나오는 가운데, "우리 시조는 발해의 국내가 서로 뜻이 맞지 않는 틈을 타 싸우지도 않고 이겼다."라고 기록한 거란인의 지적이 눈길을 끈다. 발해 내부에 그 번영과 몰락을 설명할 수 있는 열쇠가 있었다.

발해는 고구려 유민들이 다수의 말갈족을 거느리고 출발한 나라이다. 말갈족은 만주의 터줏대감으로 고구려의 지배를 받았으며, 통일 후 신라의 중앙군에도 고구려·백제 출신과 함께 포함되어 있었다. 반은 고구려 사람이 되어 살던 그들을 발해는 왜 완전한 발해 사람으로 만들지

발해 영광탑
현재 중국 지린 성 장백진 교외의 탑산에 완전한 형태로 있다. 13미터 높이의 5층 벽돌 탑으로, 당나라 형식을 띠고 있다.

이불병좌상
두 부처가 나란히 앉아 있어서 이불병좌상이라고 부르는데, 부처 옆에 보살과 승려 모습이 보인다. 법화경에 기초해 석가와 다보를 숭배하였던 7세기 초 고구려 불교의 모습을 보여 준다. 발해의 중심지였던 중국 지린 성에서 발굴되어 현재 일본 도쿄 대학에 보관되어 있는데, 7세기 고구려의 불교 신앙이 발해로 이어졌음을 보여 주는 사례이다. 높이 29센티미터의 석조 불상이다.

백두산
우리가 민족의 영산으로 흠모하는 백두산(장백산) 일대는 말갈족의 발상지이기도 하다. 말갈족은 만주의 중부와 동부 지역에 널리 흩어져 살던 종족을 아울러 일컫는 이름이다.

못하였을까? 신라가 진골 귀족 중심의 골품제를 고집하며 썩어 들어간 것처럼, 발해도 고구려 우월주의에 빠져 말갈족을 끌어안지 못한 것은 아닐까?

그리고 왜 발해와 신라는 남북국의 분열을 통일로 이끌어 내지 못하였을까? 신라의 진골 귀족들과 발해의 고구려계 귀족들이 저마다 자신의 이익을 위해 보수성을 벗어던지지 못하고 중국에 이용당하면서 서로 대립하는 가운데, 만주 땅은 발해의 멸망과 더불어 우리 역사에서 떨어져 나갔다. 이와 함께 그곳 주민들도 우리 역사에서 멀어졌다.

나도 역사가

호족이라는 말의 뜻을 밝히고, 《삼국사기》나 《고려사》에서 호족이라 불리는 사람의 사례를 조사해 보자.

효녀 지은

분황사 동쪽 어느 마을에 지은이 살고 있었다. 그녀는 어려서 아버지를 여의고 어머니와 살고 있었는데, 어머니가 장님이었다. 가난한 살림에 품을 팔아 양식을 얻어다가 어머니를 봉양하느라 서른둘이 되도록 시집도 가지 못하였는데, 흉년이 들어 품팔이도 어렵게 되었다.

그녀는 생각 끝에 스스로 부잣집에 들어가 종이 되기를 청하였다. 몸을 판 대가는 쌀 열 섬이었다. 지은은 쌀을 주인집에 맡겨 놓고, 날이 저물면 집에 와서 어머니에게 밥을 지어 드리고 새벽이면 그 집에 가서 종일 일을 하였다.

며칠이 지난 어느 날, 어머니가 지은을 앉혀 놓고 물었다.

"예전에 거친 음식을 먹을 때는 마음이 편하더니, 요즘은 좋은 쌀밥을 먹어도 창자를 찌르는 듯이 마음이 아프니 어찌 된 일이냐?"

어머니의 호된 질책에 지은은 사실대로 말할 수밖에 없었다.

"나 때문에 너를 종이 되게 하였으니, 내가 빨리 죽는 게 낫겠구나."

모녀는 서로 부둥켜안은 채 한없이 통곡하였다. 울음소리에 길 가던 사람들도 모여들어 함께 슬퍼하였다.

당나라의 신라 소년, 최치원

868년. 전라도 영암 포구에 당나라로 떠나는 배가 머무르고 있었다. 이별의 애틋함을 나누는 사람들 속에 서릿발 같은 훈계로 앳된 아들을 떠나보내는 이가 있었다.

"10년 안에 과거에 급제하지 못하면 내 아들이라고 하지 말아라. 나 역시 아들이 있었다고 하지 않을 것이다. 열심히 공부하여라."

그는 최치원의 아버지 최견일이었다. 당시 최치원의 나이는 겨우 열두 살. 난파의 위험을 안고 이역만리로 떠나는 어린 아들에게 하는 마지막 인사로는 너무 모질지 않았을까?

최치원은 아버지의 뜻을 저버리지 않고 '졸음을 쫓기 위해 상투를 매달고 가시로 살을 찌르며 남들이 백을 하면 천을 하는' 노력으로 6년 만에 외국인을 위한 과거인 빈공과에 합격하였다. 그는 스무 살에 관리가 되었는데, 신라 출신 젊은 관리에게 쏟아진 중국인들의 관심은 쌍녀분 일화를 비롯해 많은 이야기를 남겼다. 뛰어난 문장으로도 이름을 날린 그가 황소의 난 때 쓴 격문은 황소를 놀라 자빠지게 하였다.

그러나 최치원이 고국에 돌아왔을 때 그를 기다리고 있던 것은 6두품의 뼈아픈 신분적 한계였다. 진성 여왕에게 시무 10조와 같은 개혁안을 올렸으나 돌아온 것은 메아리뿐. 지방 관리를 전전하던

대학자 최치원은 해인사에 은둔하여 저술 활동에 전념하였다. 고운(孤雲)이라는 호가 말해 주는 것처럼 그는 신라 하늘을 떠도는 외로운 한 점 구름이었다.

　일찍이 그의 아버지가 유학을 떠나던 어린 그에게 매몰찬 당부를 해야만 하였던 이유도 어쩌면 6두품의 생존 전략이었는지 모른다. 최치원과 함께 최승우, 최언위를 '신라 3최'라고 하는데, 이들은 모두 당나라 과거에 합격한 뒤 신라에 돌아와 개혁을 추구한 지식인이다. 최승우는 후백제를 세운 견훤을 택하였고, 최언위는 신라에서 일하다가 고려 조정에 들어가 죽을 때까지 재상을 지냈다. 만일 여러분이 신라의 6두품으로 태어났다면, 어떤 선택을 하였을까? 또 골품 제도는 신라의 발전에 어떤 영향을 미쳤을지 생각해 보자.

4

다시 하나 된 겨레

열린 서울, 개경

여기 새로 열리는 터전이 있다. 백두대간의 큰 줄기가 웅장하게 펼쳐지다가 잠시 한 호흡을 고르며 다시 일어서는 곳. 솔 내음 가득한 싱그러운 산의 도시, 송악. 고려는 신라의 1,000년 역사를 품고, 백제의 너른 들판을 가로질러 옛 고구려의 기상을 이어받아 하나 된 겨레의 둥지를 이곳에 틀었다. 사방을 감싸는 아늑한 산, 둘레를 적시며 넉넉히 흐르는 강, 그 땅에 활기차게 움직이는 사람들, 이 모두가 새 나라, 새 서울의 모습이다.

개경은 열린 서울이라는 뜻이다. 안으로는 열어 놓아 삼한의 물길 담고 밖으로는 열어젖혀 코리아로 모이니 바야흐로 하나 되고 열리는 참된 서울이로다.

후삼국을 넘어 하나로

가 볼 곳 **충남 논산 개태사**　　만날 사람 **견훤, 궁예, 왕건**　　주요 사건 **후삼국 통일**

후백제의 서울, 완산주 땅에 발을 디딘 왕건은 감격에 겨운 목소리로 삼한이 통일되었음을 선언하였다. "이제 나라를 어지럽힌 무리를 모두 무찔렀다. 백성들은 안심하고 나라를 위해 일하도록 하라."

― 다시 맞서는 삼국

900년, 견훤은 호남 들판에서 백제의 깃발을 다시 들었다. 신라가 삼국 통일을 한 지 어느덧 200여 년이 지난 때였다. 이듬해에 궁예도 철원 땅에 터를 잡고 고구려 부활을 외쳤다. 신라 말부터 나타난 호족들이 세력 다툼을 벌이며 서로 흩어지고 뭉친 끝에 이렇게 정리가 되었다. 그 무렵 신라는 경주 근처를 다스리며 간신히 나라를 유지하고 있었다. 이리하여 다시금 삼국이 맞서는 시대가 열렸다.

　처음에는 후백제의 국력이 가장 돋보였다. 견훤이 신라 장수 출신이어서

견훤 산성(경북 상주)
견훤(867~936)은 원래 상주에서 태어나 신라 장수로 활약하다가 서남해안 쪽으로 세력을 키워 전라도를 주름잡았다.

군사력이 강한 데다가 평야 지대를 차지했기 때문에 경제력도 든든하였다. 이를 바탕으로 중국과 외교 관계를 가장 먼저 맺었다. 견훤은 자주 신라를 공격하였으므로 신라인들은 후백제를 매우 두려워하였다.

궁예 또한 신라 왕족 출신으로 승려가 되었다가 차츰 세력을 키워 나갔다. 처음에는 전쟁터에서 병사들과 생사를 함께하였고, 자신이 세상을 구하는 미륵불이라며 농민들의 마음을 사로잡았다. 얼마 가지 않아 궁예는 후삼국 가운데 가장 넓은 지역을 거느리게 되었다.

─ 왕건, 고려를 세우다

후고구려와 후백제가 세력을 다투고 있을 때 왕건이라는 인물이 나타났다. 그는 송악의 호족으로 궁예를 도와 충청도 지역으로 세력을 넓혔으며, 바다를 통해 나주 지역을 차지하여 후백제의 턱밑을 위협하였다. 이러한 공로로 왕건은 36세에 최고 관직에 올랐다.

왕건의 성장에는 호족들의 뒷받침도 큰 힘이 되었다. 호족들은 같은 호족 출신인 왕건이 자신들의 처지를 잘 이해해 줄 것으로 믿고 많이 도와주었다. 벌써 세력을 키운 궁예가 강력한 왕권을 바탕으로 폭력적인 통치를 하였기 때문이다. 918년, 마침내 왕건은 호족들의 지지를 바탕으로 궁예를 내몰고 왕위에 올랐다. 나라 이름을 고려라 하였으며 후삼국 통일의 뜻을 밝혔다.

왕위에 오른 왕건은 호족들을 끌어들이기 위해 노력하였다. 이들

◀개국사 석등
고려는 국초부터 불교를 중심으로 고려 사람들이 뭉칠 수 있도록 절을 짓고 불교 행사를 자주 열었다.

▶현화사 7층탑
개성 부근에는 유난히 7층탑이 많다. 일찍이 왕건이 "신라가 황룡사 9층탑을 만들어 삼한을 통일하였으니, 나는 개경에 7층탑을 짓고 서경에 9층탑을 지어 삼한의 통일을 이룩하겠다."라고 하였기 때문일까?

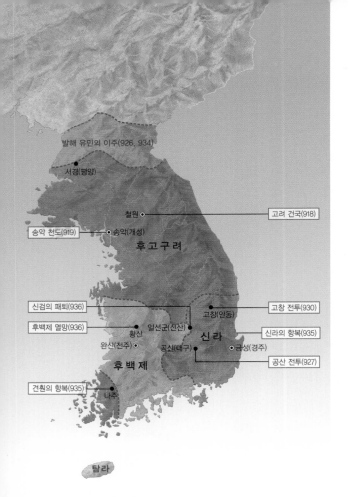

| 고려의 후삼국 통일

호족들이 중앙에서 독립하면서 후삼국 시대가 시작되었다. 따라서 후삼국 사이의 경쟁은 호족들의 지지를 더 많이 받는 쪽의 승리로 이어지기 마련이었다.

- **900** 후백제 건국
- **901** 후고구려 건국
- **918** 고려 건국
- **927** 공산 전투
- **930** 고창 전투
- **935** 신라 통합
- **936** 후삼국 통일

에게 높은 벼슬을 내려 주었으며, 호족들과 친척 관계를 맺거나 왕씨 성을 주는 방법으로 극진하게 대접하였다. 또한 거듭되는 전쟁으로 어려움을 겪던 민중에게 세금을 궁예 때 내던 것의 3분의 2로 줄여 주면서 민심을 자기편으로 돌리려고 애를 썼다.

대결, 견훤과 왕건

후백제는 927년 무렵 전성기를 맞이하였다. 견훤이 이끈 군대가 신라의 국경을 넘어 수도인 경주마저 점령하였으며, 이를 구원하러 온 고려의 대군을 공산^{대구 근처}에서 크게 격파한 것이다. 왕건이 겨우 목숨을 구해 달아날 지경이었으니, 후백제의 승리는 완벽해 보였고 통일 전쟁의 주도권은 후백제에게 넘어가는 듯하였다.

그러나 전쟁에서 진 고려도 만만치는 않았다. 왕건은 신라를 끌어안는 정책을 추구하는 한편, 호족들을 설득하여 고려의 편으로 돌려세우는 데 힘을 기울였다. 그리고 군대를 착실하게 준비하여, 고창^{안동} 전투⁹³⁰에서 후백제군을 크게 무찔렀다. 이번에는 견훤이 가까스로 목숨을 건지고 돌아갔다.

고려가 승세를 잡자 후백제 편에 서 있던 30여 성이 한꺼번에 고려 편으로 돌아섰다. 호족들은 앞을 다투어 고려에 충성을 약속하였다. 대결의 주도권은 이제 고려로 넘어갔다.

통일로 가는 길

935년, 천년 왕국 신라는 스스로 나라를 고려에 넘겼다. 신라 경순왕은 나라를 더는 유지하기 힘들다고 판단하고, 많은 신하와 백성을 데리고 고려로 들어갔다. 후삼국 통일에 한 걸음 바짝 다가서는 순간이었다.

이보다 앞서, 후백제에서는 큰 변화가 일어났다. 견훤에게 왕위를 물려받지 못한 맏아들 신검이 견훤을 금산사에 가두고 왕 행세를 하였으며, 견훤이 고려로 탈출한 사건이 일어난 것이다.

견훤은 고려군의 선봉에 서서 자기가 애써 키운 나라를 무너뜨리려고 길을 나섰다. 일선군^{경북 선산}에서 치러진 아버지와 아들의 비극적 전투는 오래가지 않았다. 싸울 뜻을 잃어버린 장수들이 서둘러 항복하고, 호족들도 왕건의 편에 섰기 때문이다.

마침내 왕건의 고려군은 후백제의 서울, 완산주에 이르렀다. 그리고 나서 왕건은 감격에 겨운 목소리로 삼한이 통일되었음을 선언하였다.⁹³⁶ 아울러 발해의 유민을 받아들여 스스로 민족의 재통일을 이룩하였다.

나도 역사가

왕건과 궁예와 견훤에 대해 조사해 보자. 세 지도자 가운데 왕건이 후삼국을 통일할 수 있었던 이유를 토의해 보자.

과거와 현재의 대화

오늘날 우리가 후삼국 통일로부터 남북 통일에 대해 얻을 수 있는 교훈이 무엇인지 생각해 보자.

나라의 기틀을 다듬고

가 볼 곳 **개성 만월대**　　만날 사람 **최승로**　　주요 사건 **시무 28조 건의**

성종은 '왕이 칼로 나라를 다스려서는 안 되며, 호족 세력을 견제하되 왕이 신하와 함께 나라를 다스리도록 해야 한다'는 최승로의 상소를 옳게 여겼다. 그래서 그가 주장한 대로 나라의 틀을 만들어 나갔다.

━━ 고구려를 향하여

후삼국이 통일되기 직전인 934년, 발해의 세자 대광현이 유민 수만 명을 이끌고 고려로 왔다. 발해를 '친척의 나라'로 여긴 고려는 이들을 적극적으로 환영하였다.

이러한 일은 이때 처음 벌어진 것이 아니다. 926년, 발해가 거란의 침략으로 무너진 뒤, 수많은 사람이 고려의 국경을 넘었다. 일찍이 고구려의 뒤를 잇는다고 주장하던 고려에서는, 서북방과 동북방을 개척하여 새로 성을 쌓고 발해 유민들이 살 수 있도록 하였다. 그리고 서경^{평양}을 북진 정책의 발판으로 삼았다.

통일 전쟁 뒤에도 고려는 꾸준히 북방 영토 개척에 나섰다. 고구려의 옛

평양성 칠성문
고구려 때 처음 만들어졌으며 고려 때 더욱 튼튼하게 지어졌다. 이곳이 바로 고구려의 옛 땅을 찾는 출발점이었다. 통일 전쟁 이후 서북 개척은 청천강 이북으로 확대되어 970년대까지 청천강 이북에 14성을 새로 쌓았다. 이곳에 발해의 유민이나 남부의 사람들을 이주시켜 고려의 새로운 영토로 만들고 거란과 대결하는 기지로 삼았다.
거란과 대결하는 정책이 다른 한편으로는 호족 세력들을 제압하고 왕권을 강화하는 수단이기도 하였다. 실제로 서경의 군대는 반란을 진압하는 데 종종 동원되었다.

땅을 되찾겠다는 의지가 있었는데, 이러한 정책은 거란·여진 등 북방 민족과의 갈등으로 발전하였다.

━ 호족을 잡아야 한다

왕건이 후삼국을 통일하는 마지막 전투에 동원된 군사는 모두 9만여 명이다. 이 가운데 왕건의 직속 군대는 2만 명, 나머지는 모두 호족들이 동원한 군사였다. 이것은 고려가 여러 호족이 힘을 합쳐 세운 나라임을 잘 보여 준다.

한편으로 호족은 참 부담스러운 존재였다. 이들은 왕위를 넘길 때 바로 문제가 되었다. 왕비 29명의 몸에서 난 왕자 25명 가운데 누가 권력을 이어받을 것인가. 그들은 대개 호족의 자식, 손자였던 것이다. 경기도 광주 지역의 호족 왕규는 왕건에게 딸을 열다섯 번째, 열여섯 번째 왕비로 시집보냈는데도 자기 외손자가 왕위에 오르지 못하자 기어이 난을 일으켰다.

치열한 왕위 다툼을 지켜보며 왕이 된 광종은 호족을 억누르지 않고서는 왕이 제대로 정치를 펼 수 없다고 믿었다. 그래서 호족들이 전쟁 통에 불법적으로 소유한 노비를 해방시키도록 하였고,[956] 과거 제도를 실시하여 호족 출신이 아니어도 벼슬에 나아갈 수 있도록 하였다.[958] 호족들도 과거를 통해 벼슬을 하도록 함으로써 왕의 신하로 만들려고 한 것이다. 그리고 거란과 대결하는 정책을 펴면서 강력한 군대를 기르고, 이를 바탕으로 왕권 강화에 반발하는 호족들을 과감하게 내쫓았다.

| 태조 왕건의 부인들

왕건은 수많은 호족과 혼인 관계를 맺었다. 이러한 정책은 왕건이 통일 전쟁을 승리로 이끄는 데 큰 도움이 되었지만, 왕건이 죽자 국가가 무너질 수 있을 만큼 심각한 후유증을 남겼다.

신정 왕후(황보)
신주원 부인(강)
대서원 부인(김)
소서원 부인(김)
광주원 부인(왕)
소광주원 부인(왕)
신혜 왕후(유)
정덕 왕후(유)
흥복원 부인(홍)
장화 왕후(오)
등산원 부인(박)

서전원 부인
월화원 부인
해량원 부인
—지역을 알 수 없는 부인

동양원 부인(유)
성무 부인(박)
월경원 부인(박)
몽량원 부인(박)
예화 부인(왕)
정목 부인(왕)
대명주원 부인(왕)
신명 왕후(유)
의성원 부인(홍)
현목 부인(평)
천안부원 부인(임)
신성 왕후(김)
후태량원 부인(이)

황주
신천 서흥
평산
춘천 강릉
광주
풍덕천
충주
홍성
의성
경주
합천
나주 순천

고려

탐라

* 괄호 안은 성씨

충주 철불

고려 초기까지도 호족들의 힘은 대단하였다. 호족들은 자신의 세력을 과시하려는 듯 강한 이미지의 철을 재료로 불상을 만들었다. 그런가 하면 다양한 모습의 크고 작은 불상을 만들어 지역적 특성을 드러내기도 하였다.

○ 12목

천리장성

영주(안북 도호부)

북 계

서경

동주(안변 도호부)

후기의 3경
서경(평양)
개경(개성)
남경(서울)

황주목

서 해 도

해주목(안서 도호부)

개경

교 주 도

초기의 3경
서경(평양)
개경(개성)
동경(경주)

남경(양주목)

광주목

동 계

양 광 도

충주목

청주목

상주목

홍주목

전주목(안남 도호부)

경 상 도

동경

전 라 도

진주목

나주목

승주목

| 5도 양계

성종 때 설치된 12목은 차츰 5도와 양계로 정리되었다. 도는 일반적인 행정 구역이며, 계는 군사적인 행정 구역이다. 계에는 여진과 거란을 경계하기 위해 군사를 두었다. 이렇게 중앙의 관리가 지방을 실제로 장악해 감에 따라 호족 세력은 약화될 수밖에 없었다.

개성에 있는 성균관

최승로(927~989)는 신라 6두품 출신 유학자로, 유교 이념에 따라 나라를 운영할 것을 건의하였다. 이를 위해 유교 교육을 실시할 수 있는 학교를 설치하고 과거 제도를 강화하도록 제안하였다. 이에 따라 개성에는 국자감, 지방 주요 고을에는 향교가 세워졌다. 성균관은 국자감의 나중 이름이다.

삼가 아뢰옵니다

광종이 죽고 경종이 왕위에 오르자 호족들은 반발하기 시작하였다. 호족들은 광종 때 만든 제도를 무시하였고, 과거 시험에 합격하여 광종을 도와준 벼슬아치들을 죽이거나 내쫓았다. 호족들은 다시금 높은 벼슬을 차지하였고, 전시과라는 이름으로 토지를 등급에 맞춰 받게 되었다. 그들은 예전의 호족이 아니었다. 고려 정치의 틀 안에 벼슬아치로 자리를 잡으면서 전국을 무대로 활동하였다. 이들은 차츰 높은 신분의 특권을 누리는 귀족으로 발돋움하였다. 고려의 지배 세력이 호족에서 귀족으로 변화한 것이다.

나라의 기틀을 다지는 과정에서 여러 차례 다툼이 있었으므로 모두 왕과 신하가 조화롭게 정치를 펼 수 있기를 바라게 되었다. 성종은 왕위에 오르자 신하들에게 나라를 이끌 훌륭한 대책을 올리라고 하였고, 그중 최승로의 시무 28조가 뽑혔다.

불교 행사에 들어가는 비용을 줄이고 민의 생활을 돌보소서.
임금이 신하를 예로써 대할 때 신하가 충성을 다함을 명심하소서.
지방마다 관리를 보내 호족들의 세력을 누르고 민들의 생활을 살피소서.

성종은 '왕이 칼로 나라를 다스려서는 안 되며, 호족 세력을 견제하되 왕이 신하와 함께 나라를 다스리도록 해야 한다'는 최승로의 상소를 옳게 여겼다. 그래서 그가 주장한 대로 나라의 틀을 만들어 나갔다.

귀족 사회의 모습

최승로의 주장에서 핵심은 '왕의 지위는 신하들이 존중하되, 왕도 겸손한 자세로 신하들과 함께 정치하여야 한다'는 것이다. 이러한 생각이 담겨 성종 때 3성 6부제가 만들어졌고, 문종 때에 이르러 중앙 정치 조직이 정비되었다. 고려 최고의 회의 기관인 도병마사는 국가의 중대사를 결정할 때 왕과 신하의 의견이 함께 존중되었음을 보여 준다.

벼슬이 높은 신하들을 대접하기 위해 음서제와 공음전 제도가 만들어진 것도 이 무렵이다. 음서제는 5품 이상 되는 벼슬아치의 자식이 과거 시험을 치르지 않고 벼슬에 오를 수 있도록 한 특혜이다. 공음전도 전시과 제도의 토지와는 달리 나라에 반납하지 않고 자식에게 물려줄 수 있는 토지로서 역시 높은 벼슬아치에게 주어졌다. 귀족 사회의 모습이 물씬 느껴지는 대목이다.

개성 영통사
절은 왕과 귀족들의 소원을 비는 장소였다. 귀족들이 곳곳에 자기 집안의 절을 지어, 개경 주위에 300여 개의 절이 있었다고 한다.

| 고려의 중앙 관제

중서문하성과 중추원의 2품 이상 관리들은 도병마사와 식목도감의 구성원이 되어 국가의 중요한 정책을 합의하였다. 이는 귀족 정치의 특징을 잘 보여 준다.

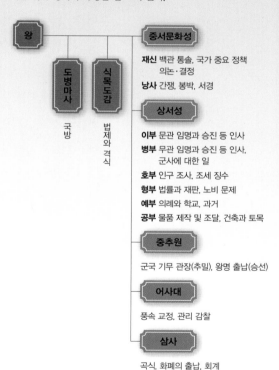

중서문하성
재신 백관 통솔, 국가 중요 정책 의논·결정
낭사 간쟁, 봉박, 서경

상서성
이부 문관 임명과 승진 등 인사
병부 무관 임명과 승진 등 인사, 군사에 대한 일
호부 인구 조사, 조세 징수
형부 법률과 재판, 노비 문제
예부 의례와 학교, 과거
공부 물품 제작 및 조달, 건축과 토목

중추원
군국 기무 관장(추밀), 왕명 출납(승선)

어사대
풍속 교정, 관리 감찰

삼사
곡식, 화폐의 출납, 회계

도병마사 — 국방
식목도감 — 법제와 격식

나도 역사가

고려와 조선의 정치 조직을 비교하여 닮은 점, 다른 점을 찾아보자.

과거와 현재의 대화

우리 학교와 우리 반을 개혁하기 위한 시무 10조를 만들어 보자.

고려, 거란의 침략을 물리치다 ❸

가 볼 곳 서울 낙성대, 평북 귀주성   만날 사람 서희, 강감찬   주요 사건 귀주 대첩

> 서희는 힘주어 말했다. "우리는 고구려의 후손이라는 뜻에서 나라 이름도 고려라 하였다. 오히려 당신들이 고구려 땅에 살고 있으니 땅을 내놓아야 할 것이다."

─ 당당히 말하노라

고려가 새로운 정치 제도를 마련하면서 국력을 정비하고 있을 무렵, 거란^요나라은 북중국과 만주 지역을 차지한 다음, 압록강 부근에 군사 기지를 만드는 등 고려 침략을 본격화하고 있었다. 당시 고려는 발해를 멸망시킨 거란에 강경한 태도를 취했으며, 꾸준히 북진 정책을 추진하고 있었다.

993년 10월, 거란은 80만 대군을 이끌고 고려를 침략하였다. 적장 소손녕이 이끄는 거란군은 고려 국경의 여러 성을 공격하면서, 사람을 보내 항복을 요구하였다. 거란군의 엄청난 수와 질풍 같은 기세에 놀라 고려의 많

| 동북아시아 형세도

당시 국제 정세가 복잡해서 고려는 늘 여러 나라를 상대로 외교해야 했다. 신라가 당, 조선이 명·청만 상대한 것과 달리 고려는 둘 이상의 나라와 관계를 맺었다. 여진족은 금을 건국하고 차츰 세력을 키워 중국의 화북 지방을 차지하였다.

━━ 친선 관계
◄━► 대립 관계

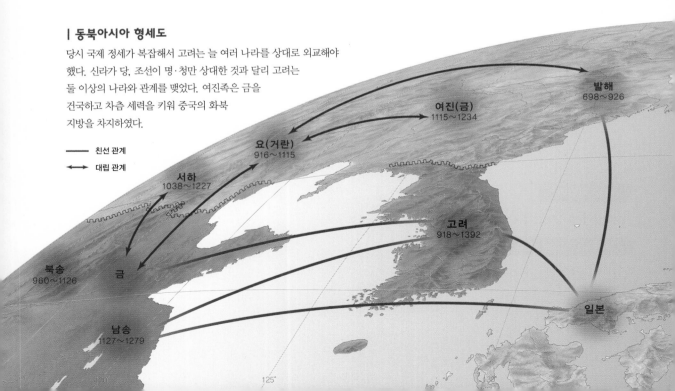

발해
698~926

여진(금)
1115~1234

요(거란)
916~1115

서하
1038~1227

금

고려
918~1392

북송
960~1126

남송
1127~1279

일본

은 관리들은 평양 부근까지 땅을 떼어 주고 항복하자고 하였다. 이때 서희
는 싸워 보지도 않고 항복하는 것은 어리석은 일이라며 거란 장수와 당당
히 담판을 벌였다.

소손녕 고려는 신라의 뒤를 이은 나라인데 왜 우리 땅을 넘보는가?

서 희 무슨 소리인가? 우리는 고구려의 후손이라는 뜻에서 나라 이름도
고려라 하였다. 오히려 당신들이 고구려 땅에 살고 있으니 땅을 내
놓아야 할 것이다.

소손녕 그런데 그대들은 왜 가까이 있는 우리는
외면하고 송나라하고만 사귀는가?

서 희 그것은 여진이 가로막고 있기 때문이다.
압록강 쪽에 도사리고 있는 여진족을 당
신들이 무찔러 준다면, 어찌 그대들과
교류하지 않겠는가?

당시 거란은 고려에 압록강 부근의 땅을 넘기
는 대신 고려가 송나라와 관계를 끊고 거란과
친해지기를 기대하고 있었다. 서희는 이런 속셈
을 꿰뚫어 보고 있었으므로 지혜를 발휘하였다.
거란과의 담판으로 고구려 계승권을 인정받고,
옛 고구려 땅도 회복하였다. 이것이 바로 강동 6
주이다.

— 당할 자, 그 누구냐

첫 번째 전쟁이 끝난 다음 고려와 거란 사이에
는 평화적인 관계가 맺어졌다. 그러나 고려는

| 강동 6주

서희의 담판이 성공하여 거란은 마음 놓고 송나라를 노릴 수 있게
되고, 고려는 소중한 땅을 되찾았다. 강동 6주는 군사적으로 우리
터전을 지키는 길목이고, 경제적으로는 송·거란·여진·고려 간의
무역로로서 아주 중요한 곳이다.

→ 거란의 1차 침입(993)
→ 거란의 2차 침입(1010~1011)
→ 거란의 3차 침입(1018~1019)

귀주성

여기에서 놓치지 말아야 할 것이 있다. 귀주 대첩 때 거란의 10만 군사를 고려군
20만 8,000명이 상대하였다. 고려군의 수가 더 많았다. 흔히 우리 겨레는
적은 수로 외적을 물리친 극적인 슬기로움이 있다고 자랑하지만, 이는 잘못된
생각이다. 뛰어난 장수 한두 명이 있는 것보다는 20만 명 정도의 군사는 구성할
수 있는 나라가 더 강한 나라가 아닌가.

거란에 대한 경계심을 늦추지 않았으며 송과 계속 교류하였다.

이에 거란은 두 차례나 더 고려를 침략하였다. 고려와 송의 관계를 끊어야 거란이 송과의 대결을 유리하게 이끌 수 있다고 믿은 것이다. 1010년에는 고려의 왕위 다툼을 구실로 침략하였으며, 1018년에는 강동 6주를 돌려 달라며 10만 대군을 보내 고려를 침략하였다.

이때 맞서 싸운 고려 장수는 강감찬이다. 강감찬은 압록강 근처 흥화진에서 쇠가죽으로 강물을 막아 적을 크게 무찔렀다. 어깨에 잔뜩 힘을 준 채 밀고 내려오던 거란군은 처음부터 기가 죽고 말았다. 거란군은 어떻게든 개경을 차지하려고 달려들었다. 하지만 고려군은 길목을 지키고 있다가 유리한 지형을 잘 이용하여 번번이 거란 군대를 무찔렀다.

초조해진 거란은 자신들의 힘을 과시하고, 자신들에게 유리한 방식으로 싸움을 치르기 위해 귀주 벌판으로 나아갔다. 여기에 고려군도 당당히 부대를 이끌고 나가 정면에서 부딪쳤다. 그리고 수많은 거란군을 무찔렀으니, 적장은 수천 군사만 이끌고 달아날 수밖에 없었다. <small>귀주 대첩, 1019</small>

━ 코리아라는 이름으로

오랜 전쟁을 끝내고 고려와 거란 사이에 힘의 균형이 이루어지면서 동북아시아에 평화가 찾아왔다. 그러나 고려는 천리 장성을 쌓고 개경 주위에 나성을 쌓는 등 국방력 유지를 게을리하지 않았다. 이것이야말로 고려가 이

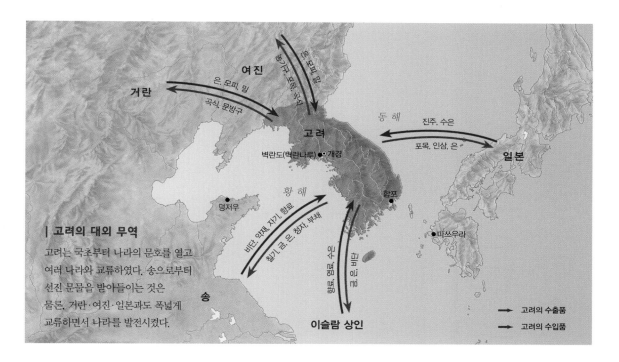

| 고려의 대외 무역

고려는 국초부터 나라의 문호를 열고
여러 나라와 교류하였다. 송으로부터
선진 문물을 받아들이는 것은
물론, 거란·여진·일본과도 폭넓게
교류하면서 나라를 발전시켰다.

→ 고려의 수출품
→ 고려의 수입품

웃 나라와 평화적인 교류를 확대할 수 있었던 힘이기도 하였다.

고려는 외국과 활발하게 교류하고 거래하여 나라 살림을 늘리는 데도 관심을 가졌다. 송과 문화·경제적 교류가 가장 활발하였으며, 거란과 여진은 물론이고 일본과도 교류하였다.

당시 국제 무역항은 예성강 끝자락에 있는 벽란도였다. 그곳은 아름다운 풍경과 북적대는 장사치들로 활기가 넘쳤다. 개경 가까이에 있어서 외교 사신과 나라 안팎의 장사치들이 자주 드나들었는데, 이 가운데는 이슬람 상인도 있었다. 이들은 코리아라는 이름으로 고려를 널리 소개하였고, 고려에 들어와 살다시피 하는 사람도 생겼다.

쌍화점어 쌍화 사라가고 신댄
회회아비 너 손모글 쥐여이다

〈쌍화점〉
고려인들이 널리 부른 노래이다.
한 여인이 만두를 사려고 가게에
갔더니, 주인인 이슬람인이 자기
손목을 잡더라는 이야기인데,
이슬람인이 고려에 와서 살면서
상업 활동을 하였음을 잘 보여 준다.

나도 역사가

서희의 외교 담판에 대한 자료를 찾아보고, 이 상황을 연극으로 꾸며 보자.

흙과 불의 마술 고려청자

● 청자 투각칠보문뚜껑 향로
마치 나뭇잎이 돋아나는 듯
생동감이 느껴지는 몸통에
구멍이 숭숭 뚫린 뚜껑이
있다. 그 틈으로 은은한
향내가 퍼져 나온다.

● 청자연적
붓으로 글을 쓸 때
벼루에 물을 붓는
연적이다. 정수리에
넣은 물이 가슴에서
나오게 만들었다.

우리나라 도자기는 선사 시대 토기로부터 발달하였다. 삼국 시대를 거치면서 불을 다루는 솜씨가 좋아지고, 바탕흙을 달리 쓰면서 도기와 자기로 나누어졌다. 도기는 점토(진흙)로 만든 질그릇으로서 오늘날의 김장독·간장독처럼 옹기·항아리로 발달하였다. 흰 빛깔에 철분을 1~3% 머금은 고운 흙인 고령토를 재료로 한 자기는 고려청자, 조선백자로 나아갔다. 여기에 표면에 바르는 유약도 발달하여 한결 빛나고 윤이 나는 자기가 탄생하였다.

그래서 12세기 전반기에 순청자, 후반기에는 상감 청자 시대

● 청자양각 죽절문 병
대나무 마디 모양으로 입체감 있게 잘 빚어내었다.

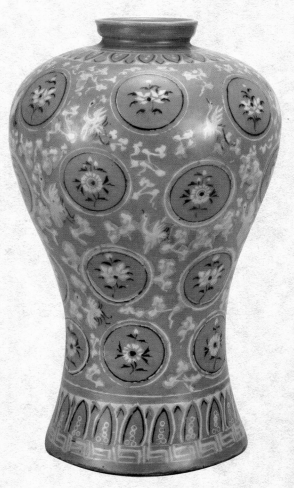

● 청자상감 운학모란국화문 매병
학이 푸른 하늘에 물들어 무늬가 된 듯한 맑고 고고한 멋이 흐드러져 있다.

를 맞이하였다. 순청자는 청자 고유의 고운 빛깔과 다양한 모양새가 매력적인데, 특히 고려청자의 빛깔은 비색(翡色)이라 하여 중국의 비색(秘色)과 구별하여 부를 정도로 돋보인다. 중국 청자가 약간 진하고 어두운 빛깔이라면, 고려청자는 맑은 가을 하늘을 떠올리게 하는 투명하고 고운 빛깔이다.

상감 청자는 표면에 무늬를 새겨 넣는 상감 기법으로 만드는데, 이 기법은 고려가 처음으로 시도해 성공한 것이다. 원래 상감 기법은 청동이나 다른 조각

품에 많이 쓰이고 있었다. 그런데 고려에서는 갓 빚어낸 청자에 무늬를 새기고 흰색, 붉은색 흙을 그 무늬에 밀어 넣어 멋진 무늬를 창조해 냈다. 이 두 가지 색깔의 흙은 가마에 넣어 초벌구이를 한 뒤 유약을 발라 두벌 구이를 하면 마술처럼 변하였다. 흙의 철분이 산소와 결합하면서 흰 흙은 더욱 뽀얗게, 붉은 흙은 검게 되어 푸른 바탕색과 어울리며 아름다움을 더해 주었다.

문벌 귀족과 민중

가 볼 곳 함흥성, 평양 대화궁 터   만날 사람 윤관, 묘청, 김부식   주요 사건 동북 9성 개척, 서경 천도 운동

궁궐에 침입한 자들이 외쳤다. "안에서 나오는 사람이 있으면 모두 죽여라!" 신하들은 도 망가고 왕은 혹시 해를 입지 않을까 하여 이자겸에게 편지를 보냈다. "그대에게 왕위를 넘기겠노라."

━ 여진을 무찌르긴 하였으나

1109년 6월, 여진족이 보낸 사절이 개경에 나타났다. "고려가 새로 쌓은 아 홉 성을 돌려준다면, 우리는 자자손손에 이르기까지 고려를 잘 섬기겠다." 하고 다짐하였다.

고려의 조정에서는 다시 격론이 일어났다. "그 땅은 본디 우리 조상의 땅이다. 하물며 오랫동안 애써 쌓은 성이니 돌려줄 수 없다." 이러한 주장 이 제기되는 한편, "그 땅에서 얻을 것이 무엇인 가? 불필요한 전쟁을 계속하느니 돌려주고 평화 를 누리자." 하는 주장도 있었다.

고려가 여진족을 밀어내고 아홉 성을 새로 쌓 은 것은 2년 전이었다. 여진은 한때 말갈이라 불 리며 고구려와 발해에 복속되어 있었다. 고려는 이들을 경제적으로 도와주면서 국경을 안정시켰 다. 그러나 12세기 초 완옌부가 여진을 통합하면 서 영토 다툼이 심해졌다. 이에 고려에서는 별무

윤관의 9성 중 일부
윤관의 동북 9성 개척은, 조상의 땅을 되찾자는 꿈을 이룬 것이었으며, 귀족의 성장을 억제하고 왕권을 강화하려는 뜻도 담겨 있었다. 윤관(?~1111)은 태조를 도운 공신 윤신달의 후손으로, 과거를 통해 관직에 나섰다. 숙종, 예종 때의 왕권 강화 정책을 앞장서서 이끌었다.

반이라는 대부대를 조직하였다. 그리고 귀족이건 평민이건 모두 전쟁 준비
에 나서 20만 명에 이르는 대군이 편성되었다.

이 부대를 이끌고 천리 장성을 넘어선 이가 윤관이다. 그는 장성을 넘어
여진족을 내몰고 아홉 성을 쌓았으며, 남쪽의 주민 수만 명을 옮겨 살게 하
였다.[1107] 이로써 고려의 국경은 다시 북으로 이동하였다.

— 지금 이대로가 좋다

당시 높은 벼슬을 독차지하던 귀족들은 왕이 앞장서서 여진과 전쟁을 벌이
는 것을 탐탁지 않게 생각하였다. 이들은, 9성을 쌓은 뒤에도 잘못된 전쟁
을 이끈 윤관을 몰아내고 9성을 돌려주어야 한다고 주장하였다. 여진족이
다시는 고려를 침략하지 않겠다고 다짐하자, 귀족들은 9성을 힘들게 지킬
이유가 없다고 주장하였다. 귀족들의 주장에 왕은 결국 물러설 수밖에 없
었으니, 9성을 돌려주고 윤관은 벼슬에서 쫓겨났다.

이들은 전쟁보다는 평화를 원했다. 귀족 중심의 사회 구조가 흔들릴 수
있기 때문이었다. 이들은 왕의 권력이 커질수록 자신들의 지위가 낮아질까
봐 걱정하였다. 그래서 훗날 여진족이 세력을 키워 금나
라를 세우고 고려에 사대 관계를 요구하였을 때도 여진
에게 머리를 숙여서라도 전쟁은 피하자는 주장을 폈다.

청자 기와

당시 귀족들은 높은 벼슬과 넓은 땅을 지니고 권세를 누렸다. 왕실이나 지체 높은 가문과 혼인하여 지위를 높이는가 하면, 벼슬자리를 자손에게 물려주고, 자기들끼리 밀어주고 끌어 주며 높은 벼슬자리를 독차지하였다. 이른바 문벌 귀족의 세상이었다. 값비싼 청자 기와로 집을 지어 살고 금으로 불경을 베껴 쓰는 모습을 당시 개경에서는 어렵지 않게 볼 수 있었다.

── 중미정의 슬픈 아낙

문벌 귀족의 사치스럽고 화려한 생활 뒤에는 민중의 슬픔이 드리워 있었다. 수많은 노비들이 귀족들의 넓은 땅을 경작하였으며, 농민들이 내는 세금의 많은 부분은 귀족들에게 흘러들어 갔다. 농민들은 해마다 자신이 수확한 생산물의 1/10가량을 나라에 냈으며, 자기 고을에서 생산되는 특산물을 따로 마련하여 나라에 바쳤다. 그리고 수시로 나랏일에 불려 나가 대가 없이 일해야만 하였다. 게다가 못된 관리를 만나거나 흉년이라도 들면 온 집안이 굶주림에 떨 수밖에 없었다.

왕이 신하들과 함께 중미정 남쪽 연못에 배를 띄우고 취하도록 마시며 맘껏 놀았다. …… 이 정자를 처음 지을 때 일하러 나오는 백성들은 자기 먹을 양식을 스스로 준비해 와야 하였다. 한 일꾼이 매우 가난하여 음식을 준비하지 못하였으므로 다른 사람들의 밥을 나누어 먹었다. 하루는 그의 아내가 음식을 가지고

| 평범한 농민 가정의 한 해 살이

수입은 최고 쌀 18가마, 지출은 먼저 가족 네 명이 먹고사는 데 필요한 곡식이 적어도 16.8가마였고, 여기에 세금 1.8가마(생산량 중 1/10), 공사 및 특산물 비용 3가마, 다음 해를 위해 남겨 둘 곡식 씨앗과 기타 경비를 합치면 23.8가마가 나온다.
고려 민들은 해마다 다섯 가마 이상 적자가 나서 빚을 지고 있었다. 이를 메우기 위해 험한 땅을 새로 일구거나 가축을 기르려고 노력해야 했고, 그래도 빚을 해결하지 못해 자식을 파는 경우도 종종 있었다.

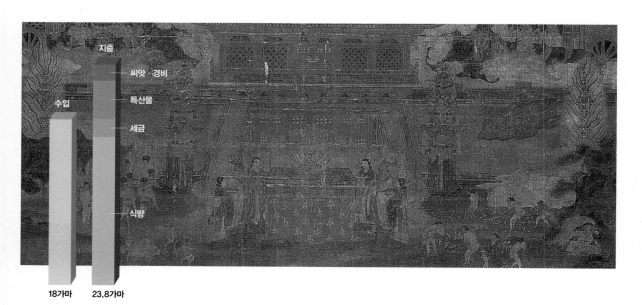

지출
씨앗·경비
특산물
세금
수입
식량
18가마 23.8가마

와서 남편에게 "친한 사람과 함께 드세요." 하였다. 남편이 물었다. "집이 가난한데 어떻게 장만하였는가? 다른 남자와 가까이하여 얻어 왔는가, 아니면 남의 것을 훔쳐 왔는가?" "얼굴이 추하니 누가 가까이하겠으며, 성질이 옹졸하니 어찌 도둑질을 하겠소. 다만 머리카락을 잘라 팔아서 사 가지고 왔소." 아내가 말하며 머리를 보였다. 그 일꾼은 목이 메어 먹지 못하고, 이를 본 다른 사람들도 함께 슬퍼하였다.

─《고려사》〈세가〉 의종 조

서경의 대화궁 터
묘청은 "서경 임원역은 풍수지리를 하는 사람들이 말하는 아주 좋은 땅입니다. 만약 이곳에 궁궐을 짓고 전하께서 옮겨 앉으시면 천하를 다스릴 수 있습니다." 하며 천도를 주장하고, 이를 통해 문벌 귀족 사회를 개혁하고자 하였다.

━ 개경이냐, 서경이냐

왕을 두려워하지 않을 정도로 큰 권세를 누린 문벌 귀족 가문 가운데 경원 이씨 집안이 있다. 특히 이자겸은 인종의 외할아버지이자 장인으로서 막강한 권세를 누렸다.

그는 친척들을 좋은 자리에 두루 앉히고 벼슬자리를 팔아먹기도 하였으며, 스스로 왕이라도 된 것처럼 대우받으려고 하였다. 그 세력이 더욱 성함에 따라 뇌물을 드러내고 챙겼으며, 사방에서 받은 음식과 선물이 넘쳐 났다. 사정이 이렇다 보니, 신하들은 어린 왕보다는 이자겸에게 머리를 조아렸고, 마침내 이자겸은 왕이 되기로 마음먹고 난을 일으켰다.[1126]

결국 이자겸의 난은 진압되었으나 궁궐은 불타 버렸으며, 왕의 권위는 크게 떨어졌다. 개경의 분위기 또한 뒤숭숭하였다. 바로 이때 서경 출신의 사람들이 묘청을 중심으로 힘을 모으기 시작하였다.

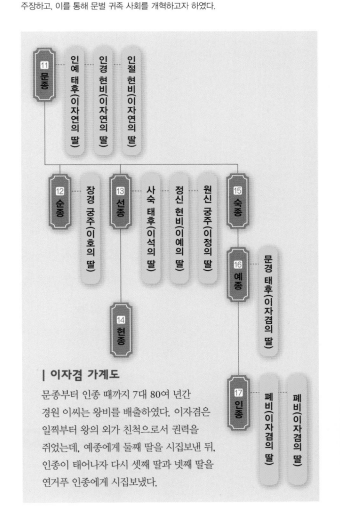

| 이자겸 가계도
문종부터 인종 때까지 7대 80여 년간 경원 이씨는 왕비를 배출하였다. 이자겸은 일찍부터 왕의 외가 친척으로서 권력을 쥐었는데, 예종에게 둘째 딸을 시집보낸 뒤, 인종이 태어나자 다시 셋째 딸과 넷째 딸을 연거푸 인종에게 시집보냈다.

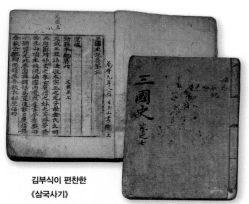

**김부식이 편찬한
《삼국사기》**

서경의 봉기를 진압한 김부식은 바른 정치는 제도의 개혁이 아니라 마음을 바로 쓰는 데 있다고 주장하였다. 작은 나라가 큰 나라를 잘 섬기고, 신하가 임금을 충성으로 섬기며, 임금이 백성을 위한 정치를 한다면, 나라가 잘 운영될 것이라고 하였다. 대표적인 문벌 귀족 가문의 주장이 잘 나타난다. 《삼국사기》는 지금까지 남아 있는 역사책 가운데 가장 오래되었다.

서경 세력은 수도를 서경으로 옮기자고 주장하였으며, 고려가 황제의 나라임을 강조하였다. 왕도 이들과 함께 서경으로 가서 새로운 정치를 펴겠다고 선언하였다. 서경 세력은 문벌 귀족들이 금(여진)의 요구에 굴복한 것을 문제 삼으면서 금 정벌을 주장하였다.

━ 그래도 남는 문제들

서경 세력이 힘을 모으자, 개경의 문벌 귀족들도 뭉쳤다. 이들은 수도를 옮기는 것, 금과의 대결 모두를 반대하였다. 개경 귀족들은 천도보다는 유교 이념에 충실함으로써 사회 질서를 바로잡자고 주장하였다. 아울러, 민생 안정을 내세워 금과 사대 관계를 맺었다. 이에 묘청 등 서경 세력은 봉기를 통해 서경 천도를 강행하려고 하였다.[1135] 개경에서는 김부식이 중심이 되어 발 빠르게 진압군을 모아 서경으로 향하였다.

양쪽의 대결은 싱겁게 끝나는 듯하였다. 진압군이 서경으로 진격하자 서경 세력이 묘청을 죽이고 항복할 뜻을 밝힌 것이다. 그러나 문벌 귀족들의 횡포에 시달리던 민중은 한번 잡은 칼을 놓지 않고 끝까지 이들과 맞서서 1년 동안 더 싸웠다.

서경의 봉기가 제압됨으로써 문벌 귀족에 대한 서경 세력의 도전은 좌절되었다. 폭넓은 제도 개혁을 통해 정치를 혁신하려던 왕의 뜻이 꺾이고, 사회 개혁을 바라던 민중의 꿈도 꺾여 버렸다.

승리한 문벌 귀족들은 여전히 높은 지위를 독차지하고 온갖 특권과 큰 권세를 누렸다. 그러나 해결되지 않은 문제들이 여전히 쌓이고 있었으니, 머지않아 갈등은 한꺼번에 터져 나올 것이었다.

> **나도 역사가**
>
> '고려 귀족의 일생', 혹은 '고려 농민의 한 해 생활'이라는 제목으로 글을 써서 돌려 읽어 보자.

> **과거와 현재의 대화**
>
> 역사 연구도 독립운동으로 여긴 신채호는 묘청의 서경 천도 운동을 최근 1,000년 동안 가장 중요한 사건으로 꼽았다. 그 이유를 알아보자.

누나, 도와줘

손변이 경상도 안찰사로 부임해 갔더니 남매간의 재산 소송이 여러 해 묵혀 있었다. 남동생은 "한 부모에서 태어났는데, 어찌 누이 혼자 재산을 갖고, 동생은 그 몫이 없단 말입니까?" 하고, 누이는 "아버지께서 돌아가실 때 전 재산을 나에게 주고 네가 가질 것으로는 검은 옷 한 벌·검은 관 한 개·신발 한 켤레·종이 한 장만 주셨으니, 이를 어찌 어기겠는가." 하였다.

손변이 "자식에 대한 부모의 마음은 같은데, 어찌 다 자라 결혼한 딸에게는 후하고 어미 없는 어린 아들에게는 야박하겠는가? 어린아이가 의지할 사람은 누이밖에 없으니, 만일 누이와 균등하게 재산을 물려주면 동생을 사랑함이 덜하여 잘 양육하지 않을까 염려한 것이다. 따라서 아버지는 아들이 성장하게 되면 물려준 옷과 관을 갖추어 입고서 상속의 몫을 찾기 위해 탄원서를 제출할 수 있도록 종이를 유산으로 남겨 준 것이다."라고 말하였다.

남매는 서로 부둥켜안고 울었다.

이 이야기를 살펴보면 고려 시대에는 재산을 자식에게 물려줄 때 아들딸 가리지 않고 골고루 나누어 주었음을 알 수 있다. 자식들이 돌아가면서 부모의 제사를 받들었기 때문에 아들이나 맏이라고 해도 재산을 더 받을 이유가 없었다. 딸이 물려받은 노비는 딸이 결혼해도 딸의 소유였고, 딸이 홀로되거나 죽어도 시집의 소유가 되지 않고 친정으로 돌려보내졌다. 남편이 죽으면 재혼한 것은 물론이고, 이혼한 여자가 새 가정을 꾸릴 수도 있었다.

이렇게 고려 시대의 여성들은 대체로 조선 후기의 여성보다는 나은 처지에서 생활하였다.

탑돌이와 밸런타인데이

고려 시대에 불교가 융성하였음은 잘 알려진 사실이다. 연등회, 팔관회 등 국가적인 행사와 더불어 사찰별로, 개인별로 소원을 비는 의식도 많았다. 그 가운데 탑돌이라는 행사도 있다. 원래 탑 주변을 돌면서 스님과 신도들이 부처님의 공덕을 기리는 것이었지만, 마을 사람들의 참여가 늘어나면서 차츰 민속놀이가 되었다.

이때 동네 처녀, 총각도 모두 나와 서로 눈길을 주고받았는데, 일찍이 신라에 탑돌이 때문에 상사병에 걸린 사람이 있을 정도로 감정을 자유롭게 표현한 모양이다. 조선 시대 기록에도 탑돌이가 매우 문란해졌다며 비판하는 구절이 있는 것을 보면, 탑돌이의 전성기였던 고려 시대는 더 말할 나위가 없을 것 같다.

이 탑돌이는 대보름날이나 초파일에 많이 치렀으며, 이때 만나 평생을 약속하는 이들도 적지 않았다. 게다가 연애가 무척 자유스러워서 조금 문란하다 싶은 정도였다.

다소 고리타분한 유교 예법의 흔적이 남아 있던 1970~1980년대, 서양에서 들어온 밸런타인데이는 아주 신기한 것이었다. 여자가 먼저 남자에게 사랑의 초콜릿을 전한다는 사실은 젊은 남녀를 흥분시키기에 충분하였다. 오늘날에는 2월 14일이 청소년들에

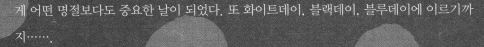

게 어떤 명절보다도 중요한 날이 되었다. 또 화이트데이, 블랙데이, 블루데이에 이르기까지……

그런데 이렇게 중요한 날의 유래에 석연치 않은 점이 있다. 2월 14일로 알려진 성 밸런타인의 축일이 사실은 13일이라는 주장이 오래전부터 있었다. 서양 달력이 여러 차례 바뀌다 보니 14일이 되어 버렸다는 것이다. 게다가 성 밸런타인은 남녀 짝짓기에만 매달린 사람이 아니라 엄연히 성직자였으며, 로마 시대에는 남녀가 짝을 만나는 날이 따로 있었다고 한다. 또 그 시절에는 초콜릿이 없었으니, 선물로 줄 수도 없는 형편이었다는 것이다.

하지만 밸런타인데이는 초콜릿 주는 날로 둔갑해 버렸고, 우리나라는 한 해 초콜릿 판매량의 1/3이 2월 12~14일에 판매된다고 한다.

1,000년을 내려온 탑돌이의 풋풋하고 가슴 설레는 전통, 남녀 간의 자유로운 만남은 다 어디로 가고 우리 청소년들이 국적 없는 초콜릿 잔치에 돈을 쓰게 되었는지 깊이 생각해 볼 일이다.

5

귀족
사회를
넘어서

충주성의 깊은 밤

세계 최강 몽골군이 쳐들어왔다. 곳곳의 삶터가 파괴되고 우
리 누이들은 비참하게 끌려가니 온 나라가 슬픔으로 가득 찼
다. 이때 충주성의 깊은 밤을 하얗게 지새우는 사람들이 있
었다. 언제 어떻게 몽골군이 쳐들어올지 모른다는 불안한 마
음, 무기도 양식도 바닥난 절박함. 마지막 남은 용기마저 삼
켜 버릴 것 같은 깊은 밤. 막강한 몽골군을 상대로 변변한 무
기도 없이 맞서 싸우는 일은 정말로 불가능해 보였다. 그러
나 이들은 두 차례나 몽골군을 막아 냈다. 놀랍게도 이들은
한때 사람이 아니었다. 짐승만도 못한 대접을 받던 노비, 천
민이었다. 이들의 눈물겨운 전쟁은 고려만 지켜 낸 것이 아
니다. 천 길 낭떠러지에 선 우리 역사를 보듬어 낸 것이다.

무신이 권력을 잡다

가 볼 곳 강원도 춘천 청평사 터   만날 사람 최충헌   주요 사건 무신의 난

"장군, 사 사 살려 주시오." 한뢰가 다급하게 정중부에게 매달렸다. "이놈, 한뢰야, 네가 그렇게 무신을 무시하고도 살아남을 줄 알았더냐? 여봐라, 뭣을 하는 게야. 문관은 씨를 남기지 말아라!"

― 칼로 잡은 권력

1170년, 고려 역사를 뒤흔든 사건이 일어났다. 의종 24년 8월 그믐날 밤 보현원에서 정중부, 이의방, 이고 등 무신들이 하룻밤 사이에 수많은 문신 귀족을 죽이고 권력을 움켜쥐었다. "문관의 관을 쓴 자는 아무리 벼슬이 낮아도 모조리 죽여라!" 이 명령에 따라 9월 초하루까지 이어진 정변은 의종을 쫓아내고 무신이 최고 권력자 자리에 앉는 것으로 마무리되었다. 그때부터 꼭 100년 동안 무신들이 주름잡는 세상이 되었다.

문신과 무신(공민왕 무덤의 석상)
높은 관리들은 문신과 무신으로 나뉘었다. 왕의 왼쪽에는 문신이, 오른쪽에는 무신이 줄을 지어 섰다. 그래서 양반이라는 말도 생겼다. 고려의 문벌 귀족은 대부분 문신이었고, 이들은 무신에 비해 가문이 좋았다. 문신 석상이 무신 석상보다 한 층 위에 있는 것에서 보이듯이 고려 전기에는 문신의 지위가 훨씬 높았다.

이자겸의 난, 묘청의 서경 천도 운동을 겪으면서 왕권은 더욱 약해졌다. 의종은 왕위에 오르면서 나름대로 개혁을 시도하였지만 쉽지 않았다. 형편없이 약해진 왕권으로 세상을 바꾸기란 불가능해 보였다. 그저 날마다 문벌 귀족과 잔치를 벌이며 흥청거렸다.

이런 가운데 무신들의 불만이 커졌다. 같은 지배층이지만 문벌 귀족과 차별이 매우 심하였던 것이다. 대개 문신보다 신분이 낮아 벼슬의 등급이 같은 문신에게도 머리를 조아려야 했고, 군사 지휘권도 없어서 문신의 지시를 받아야 하였다. 서희, 강감찬 등은 모두 문신 출신이다. 게다가 못된 문신들이 무신들의 수염을 태우거나 뺨을 때리는 등 자존심을 건드리니, 무신들의 쌓인 불만이 터져 나올 만도 하였다.

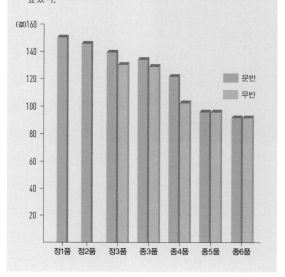

| 난을 부른 무신 차별

무신은 2품 이상의 관리가 될 수 없었다. 게다가 같은 등급의 관리라 해도 토지 지급 액수가 달랐다. 그나마 문신 귀족이 무신과 군인들에게 내려 줄 땅을 다 차지하거나 가로채는 바람에 무신들의 불만이 매우 높았다.

(결) 문반 / 무반

정1품 정2품 정3품 종3품 종4품 종5품 종6품

━ 군인들이 앞장서다

사실 정변을 처음 일으켰을 때에는 성공을 자신할 수 없었다. 문벌 귀족이 워낙 강한 데다 정변 자체가 치밀한 계획하에 일어난 게 아니었기 때문이다. 그러나 예상 밖으로 군인들이 잘 움직여 주었다. 군인전을 제대로 받지 못한 장교가 많았고, 농민 출신 군인들은 문벌 귀족에게 무신들보다 큰 불만을 일찌감치 품고 있었다.

고구려 고분벽화 중 수박희
군인들은 평소에 수박희를 통해 무예를 익힌 것으로 보인다. 발을 주로 사용하는 택견과 더불어 전통 무예 중 하나로서 손으로 공격하는 것이 특징이다. 이 수박희 도중에 한뢰가 나이 든 무신의 뺨을 때린 것이 무신의 난의 계기가 되었다.

앞서 묘청의 서경 천도 운동을 진압한 문벌 귀족은 그전보다 막강한 힘을 지니게 되었다. 그들의 땅 늘리기와 세금 걷기를 막을 세력은 없었다. 그 탓에 고통을 짊어진 민중에게 무신의 난은 개혁을 이룰 기회였다. 그래서 군인들이 문벌 귀족을 공격하는 데 적극 앞장선 것이다. 고통으로 얼룩진 민중의 목소리를 이 무렵 군인들이 대신 냈다고나 할까? 결국 무신의 난이라기보다는 군인의 난이었던 셈이다.

━━ 흔들리는 무신 정권

무신의 난은 순식간에 성공을 거두었다. 그러나 세력을 되찾으려는 문벌 귀족의 반발이 만만찮았다. 지방에서 군사를 장악하고 있던 귀족 집안 출신들이 군사를 일으켜 무신 정권을 공격하였다. 그리고 귀족들과 가까웠던 사원에서도 승병을 꾸려 무신들을 공격하였다.

문벌 귀족들을 물리친 다음에도 정권은 안정되지 못하였다. 무신들은 정권을 독차지하기 위하여 경쟁자들을 제거하기도 하였다. 이 과정에서 무신들 사이에 치열한 대결이 벌어졌고, 결국 많은 군사를 거느린 힘 있는 장수들만 살아남을 수 있었다.

무신들 사이의 치열한 경쟁에서 마지막에 승리한 사람은 최충헌이다. 그는 무신 사이에서는 꽤 알아주는 높은 집안 출신으로, 상장군인 아버지 덕에 음서로 벼슬살이를 시작하였다. 그는 천민 출신인 이의민이 권세를 누리는 것을 늘 못마땅하게 생각하였다. 그래서 남몰래 세력을 길렀다가 이의민을 죽이고 권력을 잡았다.

그는 강력한 군대를 길러 왕을 넘어서는 권세를 누리면서 자기 손으로 두 왕을 내쫓고, 네 왕을 추대하였다. 그의 아들인 최우가 자리를 이어받아 60여 년 동안 최씨 무신 정권이 이어졌다.

최충헌 묘지석
최충헌(1149~1219)은 자기 집에 앉아 문무 관리를 임명하는 글을 써서 왕에게 보고하였다. 왕은 말없이 고개만 끄덕이고, 높은 벼슬아치들은 그저 지켜볼 따름이었다.

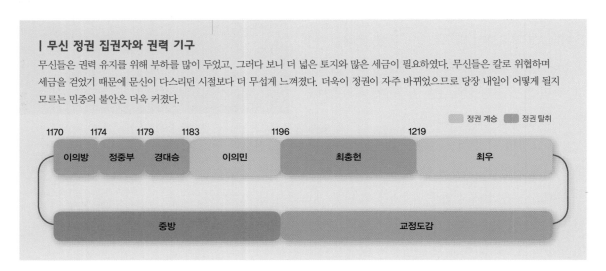

| 무신 정권 집권자와 권력 기구
무신들은 권력 유지를 위해 부하를 많이 두었고, 그러다 보니 더 넓은 토지와 많은 세금이 필요하였다. 무신들은 칼로 위협하며 세금을 걷었기 때문에 문신이 다스리던 시절보다 더 무섭게 느껴졌다. 더욱이 정권이 자주 바뀌었으므로 당장 내일이 어떻게 될지 모르는 민중의 불안은 더욱 커졌다.

정권 계승　정권 탈취

1170	1174	1179	1183	1196	1219
이의방	정중부	경대승	이의민	최충헌	최우

중방	교정도감

― 지키지 않은 약속

최충헌은 권력을 잡자마자 과감한 개혁을 부르짖었다. '권력자가 뺏은 땅을 원래 주인에게 돌려줄 것, 세금을 공정하게 걷을 것, 탐관오리를 처벌할 것' 등 최충헌의 봉사 10조는 고려 사회의 문제점을 정확히 짚어 내고 있었다.

그러나 얼마 못 가서 민중의 기대가 실망으로 바뀌었다. 최충헌은 반대자들을 확실하게 진압하고는 자기 뜻대로 나라를 다스렸다. 정치적으로는 교정도감이라는 기구, 경제적으로 넓은 농토, 군사적으로는 도방과 삼별초 같은 사병 집단을 이용하여 권력을 지켜 나갔다.

그런가 하면 자기를 호위할 병사를 정부군보다 더 날랜 군사로 만들고 후하게 대접해 주었다. 게다가 농민들의 땅을 마구잡이로 빼앗고, 문벌 귀족의 땅도 차지하여 자신의 농장을 만들었다.

문벌 귀족들은 물러났지만, 상황은 오히려 더 악화되고 있었다. 민중의 딱한 처지를 이야기하면서 많은 사람들이 개혁을 내걸었지만, 결국 아무것도 이루어지지 않았다. 이제 민중이 일어날 차례였다.

| 최씨 정권의 농장 분포도

최충헌은 자기가 한 약속을 지키기는커녕 헌신짝처럼 저버렸다. 농민들에게 땅을 돌려주어도 부족할 지경인데 오히려 여러 지방의 기름진 땅과 농장을 독차지하였다.

나도 역사가

무신의 난으로 문벌 귀족이 물러나는 과정을 무신과 민중의 처지에서 각각 이야기해 보자.

이 땅에서 천민을 없애자

가 볼 곳 개성 송악산, 경북 청도 운문사   만날 사람 김사미   주요 사건 농민·천민의 항쟁

"왕이나 귀족, 장수와 재상의 씨가 따로 있지 않다. 때가 오면 아무나 할 수 있는 것이다. 우리라고 해서 어찌 힘든 일에 시달리고 채찍질 아래에서 고생만 하며 지내야겠는가?"

― 일어서는 사람들

농민들의 불만은 높아 가고 있었으나, 날마다 이어지는 권력 다툼으로 무신들은 분열하고 있었다. 그들은 까마득히 올려다보던 문벌 귀족이 아니라 평민 출신, 심지어는 천민 출신의 권력자였다. 더욱이 농민들은 더 물러설 곳이 없을 정도로 생활이 어려웠다.

저항의 횃불을 처음 밝힌 곳은 서경이었다. 서경 유수 조위총이 무신 정권에 대항하여 1174년에 봉기하자 수많은 민중이 스스로 일어섰다. 조위총

| 12~13세기 농민과 천민의 항쟁
묘청의 서경 천도 운동에 참여한 민중은 무신의 난 이후 곳곳에서 그동안 잘못된 사회의 문제들을 해결하기 위해 봉기하였다.

"나의 고향을 현으로 승격하고 수령을 두어 무마하더니 곧바로 군대를 동원하여 토벌하고 내 어머니와 처를 잡아 가두니, 그 뜻이 어디에 있는가? 싸우다가 죽을지언정 결단코 항복하여 포로가 되지는 않을 것이요, 반드시 서울로 쳐들어갈 것이다."

《고려사》에 기록된 망이·망소이의 편지

이 죽고 봉기가 진압된 뒤에도 서경의 민중은 흩어지지 않고 곳곳에서 정부군을 괴롭히며 싸움을 이어 갔다.

메마른 들판의 불길처럼

서북쪽에서 시작된 항쟁은 곧바로 남쪽으로 퍼져 나갔다. 무신 정권의 횡포가 전국적으로 진행되고 있었기 때문이다.

먼저 봉기한 곳은 충청도와 전라도 일대였다. 농민들은 고을 단위로 봉기해 관청에 쳐들어가거나, 세금을 빼앗는 향리나 수령을 혼내 주었다. 농민군은 문벌 귀족의 집과 다를 바 없이 화려한 절을 공격하였으며, 부자들의 집도 공격 대상으로 삼았다. 어떤 곳에서는 목적을 이룬 뒤에도 해산하지 않고 험한 산을 무대로 장기간 활동하기도 하였다.

이러한 움직임이 경상도 지역으로 뻗어 나가면서 그 규모와 활동 방식에도 큰 변화가 나타났다. 운문산을 무대로 활동한 김사미와 초전에서 봉기한 효심이, 동해안 일대에서 활동하던 농민군들을 모아 큰 부대를 이루었다.

이들은 저마다 경주 부근의 여러 고을을 공격하여 관리들을 죽이고, 부자들을 공격하였다. 또한 서로 힘을 합쳐 중앙에서 파견한 정부군을 여러 차례 물리치기도 하였다. 세력이 아주 강하였을 때 이 부대의 군사가 1만여

경북 청도의 운문사
김사미는 운문사를 무대로 활동하였다. 운문산을 넘으면 경주나 울산으로 연결되어, 봉기한 농민군들이 쉽게 손을 잡을 수 있었다. 이 절은 오늘날 비구니가 수도하는 장소로 널리 알려져 있다.

명에 이르렀다.

─ 짐승만도 못한 놈

서북 지방에서 농민들의 항쟁이 본격적으로 진행될 무렵, 공주의 명학소에서 봉기가 있었다.[1176] 망이·망소이를 앞세운 이들이 여러 고을을 공격하여 못된 관리들을 혼내 주고, 관청의 창고를 헐어 어려운 사람들에게 곡식을 나누어 준 것이다. 명학소에서 일어난 봉기군은 여러 차례 정부군을 격파하면서, 한때 충청도 지역의 대부분을 차지하고 경기도를 거쳐 개경으로 진격하려고 하기도 하였다.

노비의 항쟁도 뒤를 이었다. 전주에서는 관청 소속 노비들이 봉기해 못된 관리를 쫓아내고 40일이 넘게 고을을 완전히 차지하였다. 이렇게 울분과 설움을 토해 낸 데는 고려의 신분 제도 탓이 컸다.

이들은 고려 사회의 밑바닥에 속하는 신분이었다. 향·부곡·소는 일반 행정 구역보다 천하게 여겼으며, 세금 부담이 훨씬 큰 곳이었다. 농사를 짓고 특산물도 만들어 바쳐야 하는 처지였다. 더욱 힘든 쪽은 노비였다. 죽고 사는 것이 주인 손에 달려 있으며 '말하는 짐승' 취급을 받은 이들의 비참함은 이루 말할 수 없었다.

| 고려의 신분 제도

고려 시대의 신분은 크게 지배 계급과 피지배 계급으로 나뉜다. 지배 계급에는 왕을 비롯한 귀족들이 높은 자리에 있었고, 하급 관리나 장교·시골 향리 등이 중간층을 이루었다. 피지배 계급의 대부분은 양인으로 농민·상인·수공업자가 있었는데, 이들 가운데 향·부곡(농업)·소(수공업)에 거주하는 사람은 차별 대우를 받았다.

노비의 상속을 기록한 문서(송광사 노비첩)
천민의 대부분은 노비였다. 남자는 '노(奴)', 여자는 '비(婢)'라 불렸으며 관청에 딸린 공노비(관노비)와 개인 소유인 사노비로 나뉘었다. 사노비는 자손 대대로 몸 바쳐 일하며, 주인의 뜻대로 사고팔리며 상속되는 신세였다. 남자 노비의 몸값은 베 100필, 여자 노비의 몸값은 베 120필이었다. 이 값은 당시의 말 값보다도 쌌으니, '짐승만도 못한 인간'이라는 말이 어울릴 지경이었다.

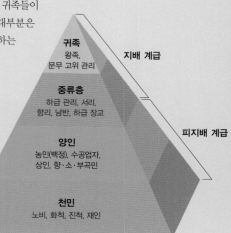

귀족
왕족,
문무 고위 관리

지배 계급

중류층
하급 관리, 서리,
향리, 남반, 하급 장교

양인
농민(백정), 수공업자,
상인, 향·소·부곡민

피지배 계급

천민
노비, 화척, 진척, 재인

― 삼한에서 천민을 없애자!

이렇게 분위기가 뜨겁게 달아오르자 무신 정권의 중심지였던 개경에서도 노비들의 대규모 항쟁이 추진되었다. 그 주역은 당시 집권자였던 최충헌의 사노비 만적이었다. 만적은 "왕이나 귀족, 장수와 재상의 씨가 따로 있지 않다. 때가 오면 아무나 할 수 있는 것이다. 우리라고 해서 어찌 힘든 일에 시달리고 채찍질 아래에서 고생만 하고 지내야겠는가?" 하고 외치며 동지를 모았다.

그리고 나서 치밀한 계획을 세워 거사 날에는 저마다 주인을 죽이고 노비 문서를 불태운 다음, 다 함께 궁궐에 뛰어들기로 하였다. 이 계획에 개경의 노비 수천 명이 참여하였다. 그러나 사전에 이를 고자질한 자가 있어 뜻을 이루지 못하고 말았다. 붙잡힌 노비들은 발에 돌이 매달린 채 강물에 던져졌다. 그러나 그 뒤에도 여러 곳에서 노비의 봉기가 있었고, 개경에서 또 다른 봉기가 추진되기도 하였다.

농민과 천민의 항쟁이 최후의 승리로 이어지지는 못하였다. 그러나 이들의 항쟁이 이어지면서 지방관의 수탈이 줄어들고 향, 부곡, 소와 같은 특수 행정 구역이 거의 사라지는 등 성과가 있었다.

나도 역사가

만적과 관련된 내용을 찾아 읽고, 만적의 난을 연극으로 꾸며 보자.
(예 : 1막–노비의 생활, 2막–만적, 뜻을 품다, 3막–만적의 연설, 4막–슬픈 최후 등)

몽골과 맞선 고려 사람들 ③

가 볼 곳 강화 고려궁 터, 충주 산성   만날 사람 김윤후   주요 사건 몽골과의 전쟁

노비군이 미리 알아차리고 말하였다. "몽골군이 쳐들어왔을 때는 먼저 달아나 고을을 지키지도 않더니, 어찌하여 몽골군이 약탈해 간 것을 우리에게 뒤집어씌우려 하는가?"

고려에 들이닥친 폭풍

최씨 무신 정권이 안정되어 갈 무렵, 나라 밖에서는 세계사를 뒤흔든 변화의 바람이 일고 있었다. 13세기에 들어 몽골 초원에서 빠르게 성장한 몽골이 막강한 군사력으로 세계를 지배하려고 하였다.

중국을 노리고 들어가던 몽골은 한편으로 고려와 함께 거란을 협공하였다. 거란을 무찌른 뒤 몽골은 고려에 지나치게 많은 선물을 바치라고 요구하였다. 고려의 반응이 탐탁지 않자 몽골은 사신을 보내왔는데, 그가 돌아가던 길에 압록강 근처에서 죽임을 당하였다. 이에 몽골이 고려를 침입하였으니, 그것이 기나긴 전쟁의 시작이었다.[1231]

질풍같이 쳐들어오는 몽골군의 기세에 다급해진 고려의 최씨 무신 정권은 서둘러 화해하려고 하였다. 몽골은 다루가치라는 감시관을 두어 고려를 요리할 작정으로 화해에 응하였다. 최씨 정권은 일단 급한 불을 껐을 뿐, 결코 항복할 뜻이 없었다. 그렇다고 해서 몽골을 이길 자신이 있었던 것도 아니었다. 당시 권력자 최우는 도읍을 강화도로 옮겨 버티기로 마음먹었다.

끝까지 싸우리라

고려 정부가 강화도로 피신을 가자 몽골은 더욱 거세게 고려를 공격하였고, 닥치는 대로 부수고 불태우고 사람들을 끌

몽골 기마병
몽골은 말과 활의 힘으로 세계를 정복하려고 하였다. 말은 사람보다 몇 배나 빠르다. 몽골 사람들은 네 살 때부터 말을 타기 시작하였으니, 말 다루는 재주가 뛰어날 수밖에 없다. 게다가 몽골 사람들의 시력은 거의 4.0이다. 좋은 눈으로 상대를 정확히 겨냥하여 활시위를 당기는 것이다. 정확성과 기동력은 곧 전투력이었다.

고 갔다. 한 해에만 고려 인구의 거의 1/10에 이르는 20만여 명이 몽골에 끌려가기도 하였고, 강원도 춘천에서는 성을 지키려고 한 300여 명이 끔찍한 주검으로 발견되기도 하였다.

비록 몽골에 밀리는 처지였지만 고려의 저항은 끈질겼다. 1차 침입 때 몽골은 평안도 귀주성을 공격하였다. 포차를 동원하여 성벽을 파괴하고, 성벽에 구멍을 뚫고 마른 풀을 쌓아 불을 지르는 등 온갖 방법을 동원하였다. 하지만 고려군의 저항이 강력하여 별 성과가 없자 몽골은 귀주성을 포기하고 남쪽으로 말 머리를 돌렸다. 이때 몽골군 장수는 이런 말을 남겼다고 한다. "내 평생에 이렇게 거세게 저항하는 군대는 처음이다."

2차 침입 때에도 빛나는 싸움이 있었다. 총사령관 살리타가 이끄는 몽골 부대가 처인성^{경기도 용인}을 거쳐 충청도로 내달릴 참이었다. 살리타는 처인성을 야트막한 흙성에 불과하다며 가벼이 여겼다가 그곳에서 날아온 화살을 맞고 죽었다. 죽기를 각오하고 싸우는 고려 사람들은 세계를 누비며 호령하던 몽골 최고의 장수를 쓰러뜨려 극적인 승리를 거두었다.[1232]

─ 전쟁 속에 누린 평화

몽골에 맞선 싸움은 고려의 운명을 건 승부였다. 이 중요한 싸움은 당연

금속 활자 (《직지심체요절》)

세계 최초의 금속 활자가 이 시기에 만들어졌다. 송나라에서 책을 수입하기 어려워지자 고려가 스스로 많은 책을 펴내기 위해 금속 활자를 만들었다고 한다. 팔만대장경이 이 시기에 만들어진 것은 잘 알려진 사실이다. 고려청자의 전성기도 이때이다. 가장 어려운 시절에 아름다운 청자가 만들어진 것을 어떻게 보아야 할까?

히 왕과 최씨 정권이 앞장서고 민중이 단결된 모습으로 함께할 때 더욱 힘을 떨칠 수 있었을 것이다. 그러나 실제로는 지배층이 제 몫을 하지 못하였다. 강화도로 피신하면서 최씨 정권이 민중에게 한 말은 고작 산이나 섬으로 가 알아서 숨으라는 것이었다. 전쟁을 치르는 동안 중앙에서 출동한 군대가 몽골군과 정면 대결을 벌인 적은 거의 없었다.

고려의 지배층은 그저 강화도에 피신해 있을 뿐이었다. 강화도는 뱃길로 육지와 쉽게 연결되므로 세금을 걷는 데 지장이 없었고, 잘 훈련된 호위병들이 지켜 주는 가운데 개경 못지않은 호화로운 생활을 하고 있었다. 다음은 그들이 저버린 육지의 민중이 맨몸으로 몽골군과 싸우던 시절의 한 모습이다.

> 최우가 자기 집안사람과 신하들을 불러 잔치를 열었는데, 비단으로 산더미같이 장막을 만들고 가운데에 그네를 매었다. 온갖 꽃으로 장식하고 은 단추와 자개를 붙였다. …… 이윽고 악공들이 호화롭게 단장하고 풍악을 연주하니 거문고, 북, 피리 소리가 천지를 울렸다. 최우는 악공에게 은 덩어리를 주고, 기생·광대들에게도 비단을 내려 주었다. 그 비용이 엄청나게 많이 들었다.
>
> ─《고려사절요》, 고종 33년 5월

강화 고려궁 터

강화 남문

| 왕의 피난처, 강화도

강화도는 육지와 가까우면서도 물살이 거세 훌륭한 피난처였다. 조선 시대에도 종종 이곳으로 피난하였다.

승천부(개풍)

임진강

한강

중성

내성

▲ 문수산

강화도

외성

정족산성

▲ 마니산

강화 산성

처절하고도 빛나는 싸움

그렇다면 누가 나서서 몽골과 싸웠을까? 몽골이 침략해 올 때 여러 곳에서 활동하던 도적 떼가 전투에 나서겠다고 고려 정부에 뜻을 알렸다. 그들은 대부분 가난에 찌들어 산적이 된 사람들이었다. 그런가 하면 충청도의 충주성은 두 차례나 몽골군을 막아 냈는데, 당시 지휘관이던 김윤후는 노비 문서를 불태워 노비들의 사기를 돋우었다고 한다. 충주성의 또 다른 기록을 보자. "충주성에 몽골군이 쳐들어오자 관리들은 모두 달아나 버렸고, 노비와 일반 민중만이 힘을 합하여 물리쳤다." 전쟁 막판에 벌어진 삼별초의 항쟁도 많은 민중이 참여함으로써 빛날 수 있었다.

버겁기만 한 몽골과의 전쟁은 무려 40여 년 동안 계속되었다. 여섯 차례의 침략 전쟁, 실제로는 열한 차례의 침입. 몽골과 이토록 오래 싸운 나라가 없고, 그나마 독립을 유지한 나라는 거의 없었다. 고려가 비록 항복하였어도 고려라는 이름을 지킬 수 있었던 것은 민중이 보여 준 눈물겨운 투쟁 덕분이었다.

나도 역사가

몽골과 싸울 당시 충주성에 있는 병사라고 가정하고 최후의 일기를 써 보자.

누가 나무에 숨결을 담을 수 있겠는가

6·25 전쟁이 한창이던 1951년, 경남 가야산 하늘에 전투기가 날고 있었다. 가야산에 숨어 있는 공산군을 공격하기 위해 절을 폭파하라는 명령을 받은 것이다. 명령을 받은 공군 편대장 김 중령은 몹시 망설였다. 잘은 모르지만 불교에서 귀하게 여기는 유물이 있는 곳을 폭격한다는 것이 마음에 걸렸다. 결국 그는 비행기를 돌렸고, 명령 불복종으로 처벌을 받았다. 하마터면 인류의 값진 문화유산이 흔적도 없이 사라질 뻔하였다. 그가 살려 낸 것이 바로 팔만대장경과 해인사 건물이다. 팔만대장경은 고려 때 몽골이 침략해 오자 부처의 힘으로 이를 물리치려는 소망을 담아 만들어졌다. 일찍이 거란 침입 때 대장경을 만들어 그들을 물리쳤다고 믿었는데, 그 대장경을 몽골군이 태워 버렸기 때문에 다시금 대장경 사업을 하게 되었다.

팔만대장경은 고려 사람들이 온갖 정성을 기울여 만든 걸작이다. 불경은 곧 부처님의 말씀이라 하여 글자 하나를 새길 때마다 절을 세 번 하였다고 한다. 그러니 틀린 글자가 나오겠는가. 글자를 새기는 데 적어도 500여 명이 동원되었을 텐데도 서체가 거의

● 해인사 전경
가야산에 안긴 해인사는 우리나라 3대 사찰 중 하나이다. 전남 승주군 송광사는 훌륭한 승려를 배출한 승보 사찰.
경남 양산시 통도사는 부처의 사리를 모신 불보 사찰, 해인사는 귀중한 경전을 보관한 법보 사찰이다.

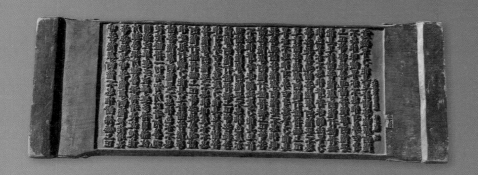

같아서 마치 한 사람이 새긴 듯하다는 것도 놀랍다.

팔만대장경은 그 내용도 최고의 것이다. 인도에서 중국, 거란, 여진, 일본에 이르는 여러 나라의 불교 경전을 두루 모으고 살펴 체계적으로 정리하고 다듬었다. 게다가 지금은 중국, 일본에서 찾아볼 수 없는 귀중한 경전이 담겨 있어 인류 문화의 소중한 부분인 불교 사상을 알뜰하게 보관하고 있는 셈이다.

▶ 장경각 입구
이것도 계산하였을까? 매일 오후 3시면 이 광경을 볼 수 있다. 우연이라면 기막힌 우연이요, 계산한 것이라면 그 자체가 예술인 건물이다. 경판이 보관된 장경각은 조선 시대 것이지만, 이것도 대단한 건물이다. 창문이 아래위로 나 있어 통풍이 잘되고 아침저녁으로 온도 차가 거의 나지 않는다. 바닥에 숯을 깔아 습기를 막고, 경판 사이에도 틈이 있어 바람이 잘 통한다. 신기하게도 이곳에는 수백 년 동안 생쥐 한 마리 들락거리지 않았고, 거미줄이 생긴 적도 없다고 한다.

권문세족이 활개 치다

가 볼 곳 전남 진도, 개성 경천사 터   만날 사람 배중손, 홍다구   주요 사건 삼별초 항쟁, 권문세족의 횡포

"조정에서 의논하기를 우리나라에 원나라의 성(행정 관청)을 두어 원과 똑같이 다스린다고 합니다. 400년 왕업을 하루아침에 끊는 일은 마땅한 처사라고 할 수 없을 것입니다."

─ 결코 항복할 수 없다

몽골과 맞선 전쟁이 끝나자 강화도로 피난을 떠났던 왕실이 개경으로 돌아왔다. 그러나 그들을 기다리고 있는 것은 강력한 몽골군이었으니, 이들은 모든 고려군을 해산하도록 명령하고, 고려를 제멋대로 지배하려 들었다.

하지만 강화도에서 삼별초를 이끌던 배중손은 해산을 거부하고 몽골에 맞서 싸우기로 결정하였다. 최씨 정권의 호위병으로서 문신들을 억누르던

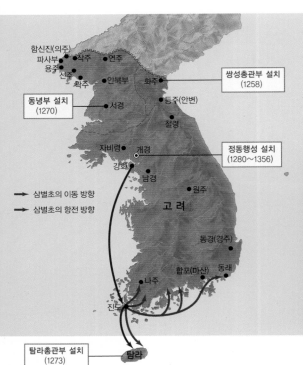

함신진(의주)
파사부
용주
삭주   연주
신주
확주   안북부   화주
                              쌍성총관부 설치
                              (1258)
동녕부 설치   동주(안변)
(1270)   서경
                철령
자비령● 개경○
                              정동행성 설치
강화●   **(1280~1356)**
       남경
         ●원주
      고 려

→ 삼별초의 이동 방향   동경(경주)
→ 삼별초의 항전 방향
                합포(마산) 동래
            나주
         진도
탐라총관부 설치
(1273)   탐라

| 원의 간섭과 삼별초의 항쟁

강화도에서 진도, 제주도로 근거지를 옮겨 가며 3년 넘게 이어진 삼별초의 항쟁을 진압한 원은, 앞서 고려 북부에서처럼 제주도에도 자신들의 통치 기관을 두고 그 지역을 직접 다스렸다. 그 뒤 일본을 정벌하려고 개경에 정동행성을 두었는데, 정벌에 실패한 뒤에도 그대로 남아 고려의 내정을 간섭하였다.

제주 항파두리성

그들에게 개경으로 돌아가는 것은 죽음을 의미하였다. 그들은 무기고를 열어 몽골과 싸우기를 원하는 이들 모두에게 무기를 골고루 나누어 주었다. 그리고 1,000여 척의 배에 무기와 군사를 가득 실은 다음 진도를 근거지로 몽골과 전쟁을 계속하였다.

진도로 옮겨 간 삼별초는 여러 섬을 틀어쥐고 바다를 완전히 통제하였다. 여기에는 주변 여러 고을 민중의 봉기가 큰 힘이 되었다. 훗날 진도가 진압군에 의해 파괴된 뒤에도, 제주도로 근거지를 옮기면서 여러 해 동안 몽골군에 맞서 싸웠다.^{1270~1273}

━ 원님(몽골) 덕에 나팔 분다

삼별초 항쟁이 제압되자, 원^{몽골}은 고려를 자신의 침략 전쟁에 끌어들이려고 하였다. 그들은 일본을 침략하기 위해 배를 수백 척 만들게 하고, 고려의 민중을 전쟁에 동원하였다. 또한 고려의 영토를 빼앗았으며, 고려의 정치 제도를 제멋대로 뜯어고치고 해마다 수많은 재물을 빼앗아 갔다.

왕실도 예외는 아니었다. 고려 왕은 반드시 원나라 공주와 결혼해야 하였다. 왕의 이름도 원나라에 충성한다는 뜻에서 충선왕, 충렬왕, 충목왕 등 '충' 자를 앞에 붙였다. 나라 꼴이 말이 아니었고 민중의 삶은 갈수록 어려워졌다.

이렇게 고려의 시름이 깊어 갔지만 모두가 불행한 것은 아니었다. 홍다구처럼 몽골의 침략에 협력하거나, 왕이 원나라에 있을 때 함께 생활한 사람들은 대부분 높은 벼슬을 얻고 큰 권세를 누렸다. 몽골어를 잘하는 사람도 당연히 대접을 받았으며, 원에 보낼 매를 키우는 사람들 중에서 벼락출세를 하는 사람도 있었다.

이들은 자기들끼리 혼인 관계를 맺거나 그전부터 권세를 누리던 문무 관리 집안과 혼인을 맺음으로써 고려 후기의 지배 세력 중 하나로 등장하였다. 기존 권력 집단과 새로 등장한 친원 세력을 통틀어 권문세족이라 한다.

경천사지 10층 석탑
우리나라 탑은 대체로 3층, 5층, 7층, 9층 등 홀수 층으로 지어졌다.
그런데 이 탑은 10층인 데다가 탑의 모양도 사뭇 다르다. 몽골의 영향을 받아 지은 것이다.
이와 비슷한 것이 탑골 공원에 있는 원각사지 10층 석탑이다.

이보다 더 좋을 수는 없다

권문세족은 고려 전기의 문벌 귀족과는 여러모로 달랐다. 문벌 귀족은 음서제라는 특혜가 있었지만, 출세하려면 실력을 보여야 했기에 음서보다는 정상적인 과거 시험을 보는 경우가 많았다. 이에 비해 권문세족은 좀 더 쉽게 벼슬에 나아가도록 자식들을 음서를 통해 출세시키려고 하였다. 당연히 유교적 도덕과는 거리가 멀었다.

권세를 이용하여 땅을 늘리는 데 욕심을 가진 것은 문벌 귀족과 마찬가지였지만 권문세족이 훨씬 더 무리하게, 때로는 불법적으로 땅을 차지하였다. 무신 정권 때부터 흐트러진 토지 제도를 권문세족이 모조리 무너뜨렸다. 그들은 괜찮은 땅을 노렸다가 제멋대로 민중에게서 빼앗고, 땅 주인을 몽둥이로 때려 가며 빼앗는 일도 있었다.

이들에게 원나라는 은혜로운 존재였다. 고려 사람 모두가 간절히 원의 간섭에서 벗어나고 싶어 했지만, 이들은 태도를 분명히 밝히지 않았다. 출세를 거듭하여 높은 자리에 올라서고 넓은 땅을 거느린 이들은 세상이 바뀌기를 바라지 않았다. 심지어 고려를 원나라의 한 성으로 만들어 아예 몽골 사람으로 살아가자고 말한 이도 있었다.

고려 불화 〈아미타래영도〉
극락 세계에 있는 아미타 부처가 중생을 맞이하는 내용이다. 수은에 녹인 금으로 검은 비단에 그린 것으로 화려함과 섬세함이 돋보인다. 권문세족은 자신의 행복을 빌기 위해 개인 사찰에 이러한 그림을 걸어 두었다고 한다.

나도 역사가

권문세족을 피고로 가정하고 그의 죄를 논하는 판결문을 써 보자.

과거와 현재의 대화

고려의 친원 세력과 현대의 친일 세력을 비교해 보자.

끌려가는 여인들

충렬왕과 왕비(제국 공주)가 양가의 여자를 뽑아 원나라 황제에게 바치려고 하였다. 홍규의 딸도 그중에 뽑혔다. 홍규는 권세가에게 뇌물을 바치기도 하였지만 딸을 빼낼 수 없었다. 그는 한사기에게 "내 딸 머리카락을 잘라 버리려고 하는데, 어떻겠는가?" 하고 물었다. …… 제국 공주가 이 말을 듣고 노하여 홍규에게 혹독한 형벌을 내리고 그의 재산을 모두 빼앗아 버렸다. 제국 공주는 그 딸에게 머리를 자른 이유를 캐물었다. 딸이 아버지는 모르는 일이며 자기 스스로 한 일이라고 하였다. 제국 공주는 그녀의 머리카락을 휘어잡아 땅에 처박고는 쇠로 만든 채찍으로 마구 때렸다.

이곡이 원나라에 가 있을 때 원나라 어사대에 우리나라 처녀를 요구하는 것을 중지하여 달라고 상소하였다.

"고려 사람들은 딸을 낳으면 곧 감추고, 오직 탄로 날 것을 우려하여 이웃 사람들도 볼 수 없다고 한다. 사신이 중국에서 올 때마다 서로 돌아보며 말하기를, '무엇 때문에 왔을까? 처녀를 잡으러 온 것은 아닌가? 아내와 첩을 데려가려고 온 것은 아닌가?' 한다. 얼마 뒤 고을의 관리가 사방으로 흩어져 집집마다 뒤지고 다니는데, 만약 여자를 감춘 것을 알면 그 이웃까지도 잡아들이고 그 친족을 가두고 매질하고 고통을 주어 찾아내고야 만다. 그리하여 한번 사신이 오면 나라 안이 소란하여 닭이나 개마저 편안할 수 없다. 이러한 일이 1년에 한두 번이나 2년에 한 번씩 있는데, 처녀의 수가 많을 때는 40~50명에 이른다. 선발되면 그 부모나 일가 친척들이 한데 모여 밤낮으로 슬피 울었다. 국경의 헤어지는 곳에 이르러서는 옷자락을 붙잡고 발을 구르며 넘어져서 길을 막고 울부짖다가 슬프고 원통하여 우물에 몸을 던져 죽는 자가 있고, 스스로 목매 죽는 자도 있으며, 근심 걱정으로 기절하는 자도 있고, 피눈물을 쏟아 눈이 먼 자도 있다. 이러한 예는 이루 다 기록할 수 없을 정도로 많다."

이를 본 황제가 그 뜻을 받아들였다.

개혁의 고빗길에서

가 볼 곳 **개성 만월대 터**　　만날 사람 **공민왕, 신돈, 최영**　　주요 사건 **전민변정도감 설치, 홍건적과 왜구 격퇴**

> "이제 전민변정도감을 설치하고, 논밭과 노비 문제를 바로잡을 터이다. 기한 내에 자기 잘못을 시정하는 자는 과거를 묻지 않을 것이다. 그러나 기한을 넘긴 자는 모두 처벌할 것이다."

― 고려를 되살리자

원이 간섭한 지 80여 년에 이르던 14세기 중엽, 원의 세력은 크게 약해지고 있었다. 원 황실의 사위로, 원에서 왕이 되어 돌아온 공민왕이 즉위할 무렵의 일이다. 원의 간섭 때문에 제대로 뜻을 펴지 못하던 다른 왕들과 달리 공민왕은 처음부터 좋은 조건에서 출발하였다.

공민왕은 즉위하면서부터 개혁을 시작하였다. 몽골풍 옷과 머리 모양을 벗어던졌다. 원의 힘을 배경으로 권세를 누리던 친원파를 제거하였다. 그리고 원의 간섭으로 바뀐 정치 제도와 왕실 용어를 원래대로 돌려놓았다. 원에 빼앗긴 땅은 군대를 동원하여 되찾았고, 원 세력을 쫓아 북방으로 군대를 밀고 들어갔다. 이 과정에서 넓은 영토를 되찾았다.

― 개혁의 깃발, 그러나

즉위 14년, 공민왕은 신돈이라는 이름 없는 승려에게 모든 권력을 주었다. 권문세족과 관련 없는 참신한 인물을 내세워 개혁의 고삐를 다잡은 것이다. 신돈은 전민변정도감이라는 관청을 만들어 토지와 노비 문제를 바로잡으려고 하였다.

신돈은 땅을 많이 갖고 있는 사람들을 일일이 조사하려고 하였다. 그리고 권문세족이 함부로 빼앗은 땅을 원래 주인에게 돌려주고, 권문세족의 등쌀에 못 이겨 노비가 된 사람들을 원래 신분인 평민으로 만들어 주려고

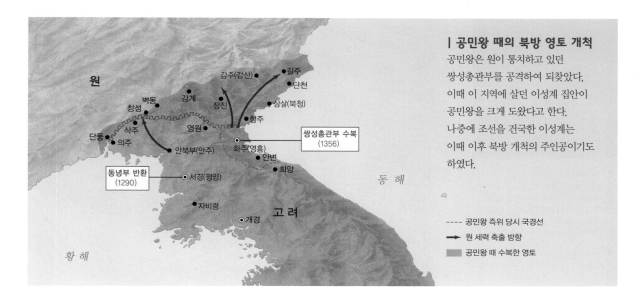

| 공민왕 때의 북방 영토 개척

공민왕은 원이 통치하고 있던 쌍성총관부를 공격하여 되찾았다. 이때 이 지역에 살던 이성계 집안이 공민왕을 크게 도왔다고 한다. 나중에 조선을 건국한 이성계는 이때 이후 북방 개척의 주인공이기도 하였다.

---- 공민왕 즉위 당시 국경선
➡ 원 세력 축출 방향
▨ 공민왕 때 수복한 영토

하였다.

개혁이 눈에 띄는 성과로 드러나자 민중은 성인이 나타나셨다며 신돈을 우러러보았다. 원래 제 것은 아니었지만, 하루아침에 많은 재산을 내놓게 된 권문세족은 신돈에게 대대적인 공세를 퍼붓기 시작하였다.

결국 신돈은 권력에서 밀려난 뒤 세상을 떠났고, 토지와 노비는 다시 권문세족의 것이 되었다. 농민들의 생활도 옛날로 돌아가고 말았다. 신돈이 물러난 지 3년, 고려를 개혁하려던 공민왕도 내시의 손에 의문의 죽임을 당하였다. 공민왕의 개혁 실패로 사람들은 고려 체제를 그대로 둔 채 진정한 개혁을 이룰 수 있을지 의심하기 시작하였다.

▬ 북쪽 홍건적, 남쪽 왜구

공민왕의 개혁은 뜻밖의 일로도 시련을 겪었다. 북쪽의 홍건적과 남쪽의 왜구가 고려를 여러 차례 침략해 온 것이다. 오랫동안 몽골의 간섭으로 많이 약해진 터였기에 고려는 이들과의 싸움이 힘에 부쳤다.

홍건적은 몽골이 약해진 틈을 타 일어난 중국 한족 반란 세력이다. 그들 가운데 일부가 몽골의

개성에 있는 궁궐 터
고려를 마지막으로 바로잡으려고 한 공민왕은 처음에 보여 준 개혁적인 모습과 정치의 뜻을 차츰 잃고 방황하였다. 공민왕의 개혁이 좌절되면서 고려의 힘은 크게 기울었고, 그것은 결국 멸망으로 이어졌다.

▲ **최영의 무덤(경기 고양)**
최영(1316~1388)은 '금 보기를 돌같이 하라'는 아버지의 유언을 평생 동안 잘 지킨 것으로도 유명하다. 홍산 전투에서 입술에 화살을 맞아 피투성이가 되어서도 침착하게 적을 무찔러 용맹을 떨쳤다.

▶ **왜구의 노략질**
당시 해적인 왜구는 대담하고도 잔인하기로 이름나 있어 바닷가에 사람이 살지 못할 정도였다고 한다. 광해군 때 펴낸 《신삼강행실도》에 있는 그림이다.

반격에 밀려 고려로 뛰어든 것이다. 1차 침입은 그런대로 막아 냈으나 2차 침입 때[136]는 두 달도 안 되어 개경을 내줄 정도로 밀리기도 하였다.

왜구는 주로 쓰시마 섬에 사는 해적이었다. 그전에도 심심찮게 우리 바닷가를 넘보던 이들은 공민왕이 죽은 다음에 더욱 심하게 고려를 휘젓고 다녔다. 바닷가만 노략질한 게 아니었다. 강화도까지 올라와서 개경을 노리는가 하면 내륙 깊숙이 지리산까지 쳐들어왔다.

결국 외적에 맞서려는 민중의 의지와 최영, 이성계 같은 훌륭한 장수가 힘을 합쳐 외적의 침략을 막아 냈다. 그러나 갈 길이 먼 고려로서는 중요한 개혁의 기회를 놓치고 있었다.

━ 신진 사대부, 고려를 살릴 것인가

공민왕이 죽고 권문세족의 위세가 되살아나면서 고려는 운명을 다해 가고 있었다. 개혁이 절실하게 필요한데, 개혁을 거부하는 세력인 권문세족이 다시 권력을 잡았기 때문이다.

개혁을 거부하는 세력은 이들만이 아니었다. 타락한 절도 마찬가지였다. 승려들은 도를 닦기보다는 땅을 늘리는 데 열중했고, 장사와 이자 놀이에까지 손을 대었다.

하지만 고려 사회 한쪽에서는 공민왕이 권문세족과 대결하면서 길러 낸

새로운 정치 세력이 자라나고 있었다. 이들은 대부분 높은 관직을 가진 귀족 집안이 아니었다. 넓은 땅을 갖고 있어서 개혁을 반대할 만한 세력도 아니고, 원과 관련도 없었다.

오히려 이들은 대개 자기 능력만으로 관직에 진출한 신진 세력이었고, 원의 간섭에서 벗어나고 토지 제도를 개혁하는 것이 고려가 살길이라고 믿었다. 유교 도덕을 바탕으로 현실 비판적인 모습을 보였다. 그래서 두 차례에 걸친 공민왕의 개혁에 적극적으로 참여한 것이다.

신진 사대부, 이들을 일컫는 말이다. 이들은 과연 고려를 살릴 것인가?

나도 역사가

고려 말의 모습을 역사 신문으로 꾸며 보자. (예: 공민왕의 개혁, 홍건적과 왜구의 침략 등)

이규보의 시험 준비

이규보는 무신 정권 때 재상 벼슬을 지냈으며, 고려 후기를 통틀어 글솜씨가 가장 빼어났다. 팔만대장경을 만들 때 간절한 소망이 담긴 문장을 남겼고, 《동국이상국집》의 〈동명왕편〉에서는 고구려 주몽의 힘찬 기상을 가슴 벅차게 그려 내었다. 그러나 고려 최고의 문장가 이규보도 과거를 4수 끝에 합격할 정도로 공부하는 데 어려움이 많았다.

이규보는 경기도 여주 사람으로, 그의 아버지 때부터 집안이 개경에서 살았다. 시골 출신이 출세하려면 과거에 합격하여 벼슬에 오르는 것이 최선이었다. 다행히 그는 어릴 때부터 신동 소리를 들을 정도로 총명하고 글을 잘 지었다. 열네 살이 되자 당시 명문 사립 학교인 9재 학당에 들어갔다. 고려 시대 국립 대학인 국자감보다 이름이 높은 곳이었다. 이 학교를 세운 최충이 재상을 지냈으며 수많은 벼슬아치가 이 학교에서 배출되었다. 이곳에서는 시험 경향도 쉽게 알 수 있었고, 곳곳에 진출한 선배들이 이끌어 주기 때문에 출세도 빨랐다.

좋은 학교 출신이고 글솜씨도 빼어난 이규보는 과거에 쉽게 붙을 것이라고 믿었다. 그러나 열여섯 살에 치른 첫 시험(사마시)에서 보기 좋게 떨어졌다. 그 자신이 믿을 수 없는 결과였다. 2년 뒤에 다시 본 시험에서도 떨어지고 3수를 해도 떨어지자 그는 스스로 실망하여 술에 취한 채 시를 지으며 시름을 달래었다. 스물두 살에 도전한 네 번째 시험에서도 떨어질까 봐 조마조마해 하던 그가 꿈을 꾸었다.

꿈속에서 한 노인이 "자네는 꼭 장원할 것이니, 염려하지 말게." 하였고 이규보는 과연 1등으로 합

격하였다. 알고 보니, 그 노인은 규성(奎星)이라
는 별이었다고 한다. 이규보의 원래
이름은 이인저이다. 그런데 꿈에 나
타난 규성이 합격을 알려 주었다
하여 이름을 규보(奎報)로 바꾸었다.
세 번 떨어진 다음에 보는 시험이니, 이
규보의 소망은 무척 간절하였을 것이다. 오죽하
면 이름까지 바꿨으랴!

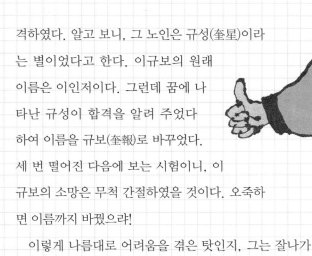

　이렇게 나름대로 어려움을 겪은 탓인지, 그는 잘나가
는 천재로만 살지는 않았다. 무신 정권에 아부하여 출세하려
는 모습도 보였지만, 한편으로는 가난하게 살아가는 민중을 가엾
게 여기며 따뜻한 시선을 잊지 않았다.

　세 번이나 연거푸 시험에 떨어졌을 때, 그는 쓰라린 마음에 술에 취
하지 않고는 못 배길 정도였다. 하지만 이러한 시련은 그에게 쓴 약이
되었다. 만약 신동, 천재 소리를 듣던 이규보가 아주 쉽게 시험에 붙고 바
로 벼슬에 올랐다면 저 잘난 멋에 이웃을 돌아보는 마음씨를 갖지 못하였을 것이다. 더욱이 그에게
다가오는 어려움을 이겨 낼 꿋꿋한 정신은 길러 내지 못하였을 것이다. 이규보의 젊은 시절은 실패
를 딛고 일어서는 도전 정신, 주위의 힘든 사람들을 돌아보는 배려 등을 일깨운다.

6

유교적
이상 국가를
꿈꾸며

계획 도시,
한양

한양이 백제에 이어 다시 조선의 도읍지가 되었다. 당시 한
양의 중심은 지금의 종로구 일대로, 한양은 종로를 네 산이
둘러싸고 있는 분지 지형이다. 산들을 연결하여 도성을 쌓
고 큰 문과 작은 문을 네 개씩, 즉 4대문과 4소문을 지었다.
궁궐을 지은 뒤 궁궐의 왼쪽에는 왕실의 조상을 모시고(종
묘), 오른쪽에는 땅과 곡식의 신을 모셨다(사직).
도성으로 들어가 보자. 도성의 정문인 남쪽 대문의 본래 이
름은 숭례문이고, 동대문의 이름은 흥인지문이다. 무슨 뜻
일까? 이 이름들은 모두 조선 건국을 주도한 대표적 유학자
정도전이 지었는데, '인'과 '예' 같은 유교 덕목에서 따온 것
이다. 조선 건국 세력의 꿈은 이 땅에 유교적 이상 국가를
건설하는 것이었다.

새 나라 조선이 서다

가 볼 곳 한양, 위화도   만날 사람 정도전, 정몽주, 이성계   주요 사건 위화도 회군, 사전 혁파, 한양 천도

"명과 싸워서는 안 됩니다." 이성계는 출병에 반대하였다. 왕명을 어길 수 없어서 요동을 향해 갔지만, 결국 말 머리를 돌렸다. 그러고 나서 우왕과 최영을 몰아내고 정권을 잡았다.

— 정도전과 이성계의 만남

1383년 가을, 유배에서 풀려난 정도전은 북쪽으로 발길을 돌렸다. 여러 날 만에 도착한 곳은 함흥, 이곳에서 그는 이성계의 막사를 찾았다.

"훌륭합니다. 이 군대면 무슨 일인들 못 하겠습니까?"

고려 사회에는 대개혁이 필요하다고 주장한 신진 사대부 정도전, 전쟁터에서 여러 차례 공을 세웠지만 변방의 장수 자리를 벗어나지 못한 이성계, 두 사람의 만남은 이렇게 시작되었다.

정도전은 개혁을 추진하다가 권문세족의 미움을 사 여러 해 동안 유배 생활을 하였다. 유배지에서 고통받는 농민들의 생활을 날마다 지켜보며, 개혁을 꼭 성공시켜야겠다는 마음가짐을 새롭게 하였다.

◀◀ 이성계(1335~1408)
왜구와 홍건적을 크게 물리쳐 민중의 기대를 받았으며, 조선 왕조의 첫 임금이 되었다.

◀ 정도전(1342~1398)
지방의 향리 가문에서 태어나 과거를 통해 중앙 정계에 진출하였다. 개혁 정책을 추진하다 귀양살이를 하기도 하였다.

정도전은 최영과 이성계야말로 개혁에 앞장설 수 있는 인물
이라고 생각하였다. 두 사람 모두 홍건적과 왜구를 격퇴
하면서 민들의 영웅으로 떠올랐고, 나라의 장래를 걱
정하는 마음 또한 깊었기 때문이다.

정도전은 결국 이성계를 선택하였다. 최영은 명
문가에서 태어나 왕에게 딸을 시집보낼 만큼 권세
있는 인물이었다. 그보다는 변방의 이름 없는 가문
에서 태어나 자신의 능력 하나로 성장한 이성계가
개혁에 더 적극적일 것이라고 믿었기 때문이었다.

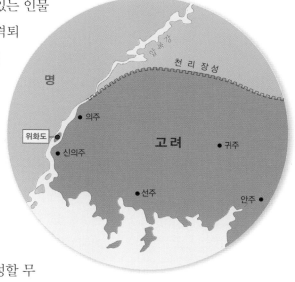

━ 말 머리를 돌려라

신진 사대부들이 이성계를 중심으로 다시 세력을 형성할 무
렵, 명에서 사신을 보내왔다. 그들은 고려가 원에서 되찾은 쌍성총
관부를 돌려 달라고 요구하였다. 그렇게는 할 수 없는 일, 많은 사람들이
분노하였다.

우왕과 최영은 전쟁을 결의하였다. 그리고 나서 이성계에게 군대를 이끌
고 요동으로 가 명과 싸우라고 명령하였다. 그러나 이성계는 전쟁에 반대
하였다. 명과 싸워서는 이길 수 없다고 생각하였기 때문이다.

왕명을 어길 수 없어서 요동을 향해 갔지만, 이성계는 결국 위화도에서
말 머리를 돌려 개경으로 돌아왔다. 그리고 나서 우왕과 최영을 몰아내고
정권을 잡았다. 위화도 회군, 1388

정권을 잡은 이성계와 신진 사대부들은 곧바로 토지 개혁을 단행하였다.
권문세족이 가지고 있던 농장을 해체하고, 신진 사대부들에게 토지를 고루
나누어 주었다. 그리고 문란하던 조세 제도도 손보아 농민 생활을 안정시
켰다. 개혁은 농민과 사대부들의 지지를 받았다. 이에 자신을 얻은 정도전,
조준 등은 개혁을 완수하려면 이성계를 왕으로 추대해야 한다고 주장하였
다. 하지만 정몽주는 '개혁은 나라를 바로 세우기 위한 것일 뿐'이라며 고려
에 대한 충성심을 끝까지 지키려고 하였다. 결국 정몽주는 죽임을 당하였
고, 고려의 운명도 끝이 났다.

| 위화도

압록강 한가운데에 있는 이 섬은
이성계가 왕명을 받들어 고려의
국경을 넘었지만 명의 영토에
들어가지는 않은 절묘한 곳이었다.
여기에서 이성계는 군대를 돌려
정권을 장악할 계획을 세웠다.

선죽교

이성계 쪽으로부터 고려를 무너뜨리고
함께 잘살자는 제안을 받은
정몽주(1337~1392)는 "이 몸이 죽고 죽어
일백 번 고쳐 죽어, 백골이 진토 되어
넋이라도 있고 없고, 임 향한 일편단심이야
가실 줄이 이시라."라는 시로 거절하였다.
그리고 나서 이곳에서 죽음을 맞았다.

나라 이름을 조선으로

정몽주가 죽자 이성계의 즉위를 대놓고 반대하는 이는 없었다. 결국 1392년 이성계는 왕위에 올랐다. 두세 번 사양하는 형식을 취하였으나, 이 일은 짜인 각본을 따른 것이었다.

이성계는 왕이 된 뒤 나라 이름을 그대로 고려라 하고, 고려의 제도와 관습을 존중하겠노라고 선언하였다. 고려 때의 관리들에게도 전처럼 나와서 일해 달라고 요청하였다.

그런데 이성계의 요청을 따르는 관리들은 많지 않았다. 그대로 관직에 머무른 사람도 있었지만, 많은 사람들이 관직을 버리고 고향으로 돌아갔다.

이때 개성 두문동으로 옛 고려의 관리 100여 명이 들어갔는데, 이들이 마을 밖으로 나오도록 위협하면서 불을 질렀더니, 타 죽으면서도 아무도 나오지 않았다. '한번 들어가면 좀처럼 나오지 않는다'는 뜻의 '두문불출'이라는 말은 여기서 유래하였다.

이성계는 얼마 지나지 않아 나라 이름을 조선으로 바꾸었다. 그 옛날 하늘의 자손인 단군이 세운 단군 조선과 유교 윤리에 따라 이상적인 정치를 폈다는 기자 조선을 계승하겠다는 뜻이다.

또 새 왕조가 유구한 역사와 개혁성을 갖추었음을 과시한 것이었다.

기자조선 단군 조선과 위만 조선 사이에 중국의 기자가 조선으로 건너와 나라를 다스렸다고 하는 시기. 현대의 한국사 연구에서는 기자 조선을 부정하고 있으나 조선 건국 시기 유학자들 사이에는 기자 조선이 실제로 있었다는 믿음이 널리 퍼져 있었다.

새 도읍지, 한양

이성계 일파는 새로운 나라를 세웠으니 도읍을 옮기는 것이 당연하다고 생각하였다. 그래서 계룡산을 비롯하여 여러 곳을 후보지로 정한 다음, 일일

▼수창궁 용 머리 돌조각상

이 조각상은 이성계가 즉위식을 가진 고려 궁궐 수창궁에 있었는데, 지금은 북한의 고려박물관 앞뜰에 옮겨져 있다. 수창궁에 불이 난 뒤 복원되지 않았기 때문이다.

▶평양의 기자 사당(숭인전)

고려 시대에 기자(箕子)를 제사하기 위해 만든 사당이다. 숭인전 옆에는 단군을 모시는 사당인 숭령전이 있다. 중국 사신이 들어올 때 반드시 단군 사당에 들러 참배하도록 하였다.

이 장단점을 따졌다.

새 나라의 도읍지로 최종 결정된 곳은 한양이었다. 산세가 좋아 적을 막기에 유리하고, 가까이에 강이 있어 조세 운반에 좋으며, 국토의 가운데에 있다는 점이 높이 평가된 것이다. 게다가 고려 때부터 남경^{한양}이 새 도읍지가 될 것이라는 예언도 있었으니, 도읍을 옮기면 불안한 민심도 가라앉을 것이라고 생각하였다.

궁궐을 짓고 도성을 쌓는 일은 수십만 명의 민이 동원되는 엄청난 공사였다. 이때 동원된 민들은 필요한 식량과 도구를 스스로 부담하여야만 했다. 공사는 민들에게 고통스럽기 짝이 없었다. 이때 민들의 원성을 담은 노래가 아직도 전한다.

남산에 돌 캐러 가노라면

정 남은 게 없네.

나도 역사가

조선의 건국 과정을 다룬 다음의 영상 자료를 구해 시청해 보자. 그리고 나서 각각 정도전과 정몽주 편에 서서 스스로 변호하는 글을 써 보자.

KBS 역사의 라이벌 '위화도 회군, 최영과 이성계' · '왕자의 난, 이방원과 정도전'

유교의 가르침을 바탕으로

가 볼 곳 6조 거리　　　만날 사람 정도전, 이방원　　　주요 사건 왕자의 난, 사병 혁파, 호패법 실시

조선은 건국 이후 정도전 같은 재상들을 중심으로 정치가 이루어졌다. "이 나라가 이씨의 나라이냐, 정씨의 나라이냐?" 불만을 품은 이방원은 군사를 일으켜 세자와 정도전을 죽이고 정권을 잡았다.

― 정도전이 꿈꾼 나라

새로운 나라를 세운 사대부들은 새 나라에 걸맞은 제도를 만드느라 분주하였다. 그 주역이었던 정도전은 불교를 이론적으로 비판하면서 유교의 가르침대로 새 나라의 여러 제도를 만들고 운영할 것을 제안하였다.

정도전은 '임금은 하늘이 만들어 준다'고 주장하였다. 그 하늘은 바로 민들의 마음이었다. 그래서 그는 민들의 마음이 떠나면 왕을 바꿀 수도 있다고 주장하였다. 조선의 건국이 옳은 일이었음을 밝힌 것이다.

"신하 된 자들은 마땅히 임금을 하늘처럼 섬겨야 하지만, 임금은 늘 민을 위한 정치를 하도록 노력하여야 한다. 이를 위해서는 민심을 잘 알고 있는 재상을 찾아 그에게 정치를 맡겨야 한다." 이는 많은 사대부들의 생각이었

함흥에 있는 이성계의 궁궐
이성계가 왕좌에서 물러난 뒤 생활하던 곳이다. 하루아침에 어린 왕자와 개국 공신을 잃은 태조는 분노하여 자기 출신지인 함흥으로 돌아갔다. 태종은 되풀이해서 차사를 보내 한양으로 돌아올 것을 청했다. 그러나 그는 돌아오지 않고 애꿎은 차사만 죽여 심부름을 간 사람이 소식이 없거나 좀처럼 회답이 안 오는 경우를 가리키는 '함흥차사'라는 말이 생겨났다.

다. 그래서 건국 직후에는 신권을 강조하는 정도전 같은 재상들이 정치를 주도하였다.

이에 왕실 일부에서는 이 나라가 "이씨의 나라이냐, 정씨의 나라이냐?" 라고 말하며 불만을 터뜨리기도 하였다. 특히 건국 과정에서 가장 공이 컸던 태조의 다섯째 아들 이방원의 불만은 거셌다. 그는 결국 군사를 일으켜 세자와 정도전을 죽이고 정권을 잡았다. 그가 바로 뒷날 왕위에 오른 태종이다.

── 왕권을 세우라

왕위에 오른 태종은 가장 먼저 왕권을 강화하려고 하였다. 이를 위하여 왕족이나 공신들이 개인적으로 거느리고 있던 군대를 없애라고 명령하였다. 저항이 만만찮았지만, 결국 사병은 없어지고 군대를 장악한 왕의 권력은 강해졌다.

그리고 재상들의 지위를 약화하기 위한 제도 개혁이 이루어졌다. 재상들이 모여 나라의 중요한 정책을 결정하던 의정부의 기능을 크게 약화하였다. 그 대신 왕이 직접 크고 작은 나랏일을 결정하고, 6조가 왕명을 집행하도록 하였다. 이제 왕의 권력을 흔들 수 없게 된 것이다.

왕권이 안정되자, 민에 대한 통제도 강화해 나갔다. 먼저 지방을 8도로 개편하고, 고려 때까지 수령이 파견되지 않던 곳에도 수령을 파견하였다. 수령은 왕의 대리인이었고, 수령에 대한 도전은 왕에 대한 도전과 똑같이 처리하였다.

남자는 16세부터 호패를 차도록 하는 법도 시행하였다. 사람들이 고향을 떠나 함부로 돌아다니지 못하게 하려는 조치였다. 이를 통해 사회를 안정시키고 세금을 철저하게 거두어들이려고 한 것이다.

── 임금에게 충성, 부모에게 효도

왕권 강화를 위한 노력과 함께 '임금에 충성하고 부모에 효도하며, 사회 질서를 잘 지키라.' 하는 내용의 유교 윤리를 보급하기 위한 정책도 펼쳤다.

집집마다 가묘를 설치하도록 권장하여 조상에 대한 효도를 강조하였으

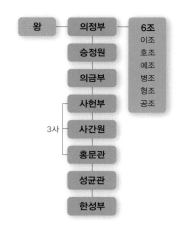

호패
신분에 따라 호패를 만드는 재료와 호패에 적는 내용이 달랐다. 양반은 벼슬 등급에 따라 상아, 사슴 뿔, 회양목으로 만들어 벼슬과 이름을 새겼다. 양인은 보통 나무에 이름, 주소, 얼굴빛까지 적었다. 노비는 여기에 더해 주인의 이름, 나이, 키, 심지어 점이 얼굴의 어디에 있는지까지 자세히 적어야만 하였다.

│ 조선의 중앙 정치 기구
조선의 중앙 정치 기구의 특징은 언론 기관인 3사를 두었다는 점이다. 이를 통해 조선은 왕권과 신권의 조화와 균형을 유지하려고 하였다.

왕	의정부	6조
	승정원	이조 호조 예조 병조 형조 공조
	의금부	
3사 {	사헌부	
	사간원	
	홍문관	
	성균관	
	한성부	

▲사당

조상을 모셔 놓고 제사를 지내던 집안의 사당이다. 태종은 즉위와 함께 관리들의 집마다 가묘를 설치하도록 지시하고, 가정에서 지켜야 할 유교 윤리를 적은 《주자가례》를 보급하게 하였다.

▶강릉 향교

조선 시대의 중등 교육 기관인 향교의 모습이다. 학생 정원은 각 군현의 인구에 비례하여 책정되었다.

며, 유교의 제사 의식을 따르도록 하였다. 유교 윤리에 벗어나는 언행을 보인 사람들은 국가에서 처벌하기도 하였다.

이와 함께 교육 기관을 정비하여 유학 교육을 실시하였다. 고을마다 향교가 설치되었고, 서울은 네 곳에 학당이 만들어졌다. 또 나라의 수재를 모아 교육하는 성균관이 따로 세워졌다. 이 교육 기관들에서는 학생에게 유학의 경전을 비롯하여 역사와 문학을 가르쳤다.

이렇게 교육 기관이 확대되고 유학 교육이 활발하게 이루어진 것은, 고려 시대와 달리 과거에 합격하지 않고서는 관직에 나가기가 힘들었기 때문이다.

그 결과 수많은 학생이 과거 준비에 몰두함으로써 왕을 충성으로 섬기려는 마음가짐을 갖춘 관리를 선발할 수 있었다. 그리고 유교 윤리를 더 많은 사람들에게 전할 수 있었다.

과거와 현재의 대화

옛날 학교에서는 무엇을 공부하였을까? 그 과목을 조사하여 오늘날의 것과 비교하여 보자. 그리고 학교는 무엇을 하는 곳이어야 하는지 생각해 보자.

아직도 장가를 들다니

"남자가 여자의 집으로 장가를 드니, 부인이 지아비를 어려워하지 않고 집안의 법도가 서지 않는다. 이는 낙후된 풍속이다."

조선의 개국 공신인 정도전이 우리나라의 혼례 풍속에 대해 비판한 글이다. 정도전이 고쳐야 할 낡은 풍습으로 지적한 것은 바로 장가가는 풍습. 아니, 그렇다면 우리의 전통은 '시집가는' 것이 아니라 '장가가는' 것이었단 말인가?

조선 중기까지도 우리의 결혼 풍습에서 '시집가기'와 '시집살이'보다 '장가가기'와 '처가살이'가 좀 더 익숙하였다. 유교적 이상 사회를 꿈꾼 조선 왕조는 이러한 혼례 전통을 고치려고 노력하였다. 유교에서 말하는 법도란, 평등한 질서가 아니라 위아래를 명확히 하는 것이다. 임금과 신하, 양반과 상민이 평등할 수 없는 것처럼 남자와 여자가 결코 평등한 관계일 수는 없었다. 세종은 왕실이 모범을 보여야 한다고 여겨 자신의 딸인 숙신 옹주의 혼인을 최초의 친영례로 치렀다. 친영례는 여자가 남자 집, 즉 시집을 가서 곧바로 '시집살이'를 하는 것이다.

그러나 이렇게 노력하였어도 수천 년 내려온 전통은 쉽사리 바뀌지 않았다. 여전히 장인 장모 집, 즉 장가를 들어 자식이 장성할 때까지 사는 경우가 일반적이었다. 대유학자였던 율곡 이이도 외가인 강릉의 오죽헌에서 태어나 여섯 살이 될 때까지 그곳에서 성장하였다.

'장가가기'에서 '시집가기'로 바뀐 것은 임진왜란을 지나면서 남자 중심의 체제가 강화되는 17세기 후반부터였으니, '시집가는' 풍습은 우리의 긴 역사를 보면 오히려 생긴 지 얼마 안 된 전통이라고 할 수 있다.

훈민정음을 만들다 ③

가 볼 곳 집현전　　만날 사람 세종, 최만리　　주요 사건 공법 실시, 《농사직설》 편찬, 훈민정음 반포

최만리는 '한자를 사용하지 않고 새 문자를 만드는 것은 오랑캐나 하는 짓'이라며 한글 창제에 반대하였다. 세종은 이러한 주장을 물리치고 훈민정음을 반포하였다. '민이 나라의 근본이니, 민의 생활을 편리하게 하는 것', 이것이 군주의 도리라고 생각한 것이다.

━ 태평성대를 열다

태종은 셋째 아들인 세종에게 왕위를 물려주면서 이런 말을 하였다. "모든 악업은 내가 지고 간다. 너는 태평한 시대를 열어라." 태종의 염원대로 세종 대는 우리나라의 전 왕조에서 가장 빛난 시기로 기억된다. 세종은 한국인이 가장 존경하는 인물로 꼽히기도 한다.

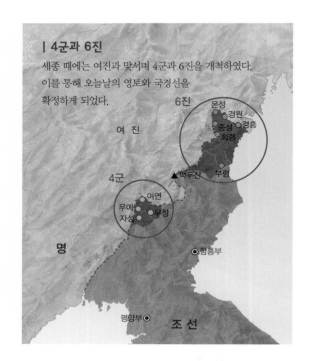

| 4군과 6진
세종 때에는 여진과 맞서며 4군과 6진을 개척하였다. 이를 통해 오늘날의 영토와 국경선을 확정하게 되었다.

세종은 신하들의 목소리에 귀를 기울였다. 독단적으로 일을 처리하지 않고 웬만한 일은 "집현전에 물어보라." 하였다. 왕과 관리들이 함께 학문에 대해 토론하는 경연을 자주 열었다. 세종 대에는 왕권과 신권이 조화를 이루면서 정치적 안정이 이루어졌다.

한편, 통일된 국론과 태종 대에 이루어 놓은 경제력을 바탕으로 국경을 개척하였다. 함경도와 평안도 북부 지역에 있던 여진족을 북방으로 밀어내고 4군 6진을 설치하였다. 그리고 남부 각 도의 사람들을 이주시키는 사민정책을 실시하여 이 지역을 실질적인 우리 영토로 만들었다. 압록강에서 두만강으로 이어지는 선을 국경으로 확

정한 것이다.

　무엇보다 중요한 것은 우리의 글인 훈민정음의 창제이다. 아름다운 활자인 갑인자가 만들어지고 각 분야에서 다양한 출판문화물이 쏟아져 나왔다. 놀라운 과학 기술의 집약체인 《칠정산》도 만들어졌다. 경복궁에서는 혼의·간의 등으로 천체를 관측하였고, 한성의 곳곳에 해시계가 있었으며, 측우기로 전국 각지의 강우량을 측정하였다. 15세기 전반 한성의 문화 수준은 세계에서 독보적이었다.

측우기
우리나라 기후는 봄 가뭄이 심해서 과거에는 강우량이 한 해의 풍흉을 결정하였다. 정확한 강수량을 측정하기 위하여 세계 최초로 측우기가 만들어졌다. 측우기로 잰 강우량 기록이 거의 없어졌지만 1770년 이후의 기록은 남아, 현재까지 200년 이상의 연속 관측이 이루어졌다. 이는 세계 최장 기록으로 귀중한 자료가 되고 있다.

━　민은 나라의 근본

세종은 민본 정치를 구현하려고 하였다. '민이 나라의 근본'이라는 생각은 민이 내는 세금으로 국가를 유지하고 운영하여야 하는 중앙 정부에 가장 중요한 개념이다. 특히 성리학을 기본 이념으로 삼은 조선 왕조로서는 유교적 이상 정치인 왕도 정치를 실현하는 데 꼭 필요한 생각이었다.

　세종이 민생을 위하여 실시한 정책 중 가장 핵심적인 것은 공법의 시행이다. 공법은 농민들이 내는 세금을 합리적으로 거두려는 제도로, 토지의 질을 6등급으로 나누고 한 해의 풍흉을 9등급으로 나누어 반영하는 것이다. 이 정책의 시행을 반대하는 신하들에게 세종은 여론 조사를 명하였다. "찬성하는 사람도 반대하는 사람도 다 백성을 위한다고 하는데, 그럼 백성들에게 직접 물어보라." 관리에서부터 일반 농민에 이르기까지 17만 명이 참여한 이 여론 조사는 찬성 9만 8,657명,

요역에 동원된 농민들
조선 시대에 인구의 대다수를 차지하는 농민들이 나라에 져야 할 부담은 무거웠다. 전세를 내고, 16세부터 60세까지는 역을 담당하였다. 군역과 함께 성곽·도로·다리 등을 짓거나 고치는 요역도 농민들의 큰 짐이었다. 게다가 지방 특산물을 바치는 공납의 부담까지 있었으니, 농민들은 땀 흘려 일해도 끼니를 걱정하는 삶에서 벗어날 수가 없었다.

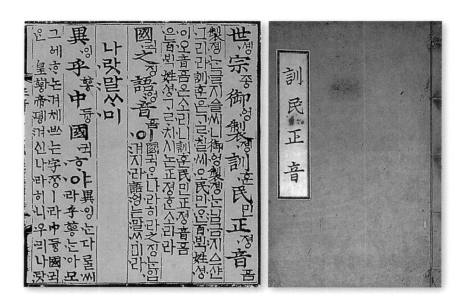

반대 7만 4,149명으로 판가름이 났다.

한편 측우기가 발명되어 각지의 강우량이 측정되었다. 또 농사가 발달한 지역의 농법과 기술이 수집되어 《농사직설》이라는 책이 만들어지고 전국에 보급되었다. 수령들에게는 농사철에 요역하는 일이 없도록 지시하였다.

━ 민본 정치의 꽃, 훈민정음

> 나랏말씀이 중국의 말과 달라, 한자와 잘 통하지 아니하여
> 어리석은 백성이 자신의 뜻을 제대로 펴지 못하는 이가 많으니라.
> 내 이를 불쌍히 여겨 새로 스물여덟 자를 만드니
> 사람마다 쉽게 익혀 늘 씀에 편안하게 하고자 함이라.
>
> ―《훈민정음》

세종이 즉위한 지 28년이 되던 1446년 9월, 훈민정음이 반포되었다. 세종은 관리들도 훈민정음을 익혀 사용하고, 죄수들의 조서나 판결문뿐만 아니라 국왕이 내리는 문서인 교서도 한자와 훈민정음을 함께 쓰도록 하였다. 사대사상에 젖은 일부 관리들은 이를 극렬하게 반대하였다. 특히 최만리는 '한자를 사용하지 않고 새 문자를 만드는 것은 오랑캐나 하는 짓'이라고 주장하였다. "지금 문화적으로 가장 앞선 곳은 중국이고, 중국의 문화를 배우

려면 한자를 알아야 한다." "쉬운 새 문자를 배워서도 원하는 대로 살 수 있다면, 누가 한자를 배우고 누가 유교 경전을 공부하겠는가."

세종은 이러한 주장을 물리쳤다. 만일 이때 우리글이 만들어지고 널리 보급되지 못했다면, 우리는 아직도 중국 문자를 빌려 쓰는, 문화적으로 미숙한 민족에 머물렀을 것이다.

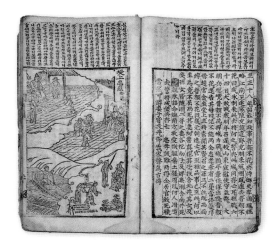

《삼강행실도》
유교 윤리를 한글과 그림으로 표현한 책이다. 세종은 한글 창제를 반대하는 최만리에게 '내가 이 책을 번역하여 민들에게 반포하면 어리석은 지아비와 지어미라도 쉽게 내용을 알 수 있을 것이니 충신, 효자, 열녀가 쏟아져 나올 것'이라고 하였다.

― 민을 가르치기 위한 문자

훈민정음으로 지은 최초의 글은 〈용비어천가〉이다. 이는 조선 왕실을 찬양하는 노래로, '조선 왕조가 하늘의 도움으로 세워졌으며 왕들이 모두 성인처럼 훌륭하니, 영원히 나라에 충성을 다하라'는 뜻을 담고 있다.

'임금에게 충성하는 민 만들기', 이 또한 훈민정음의 창제 이유 중 하나이다. 그래서 붙은 이름이 '민을 가르치기 위한 문자'라는 뜻의 '훈민정음'이다. 당시는 오늘날처럼 민주주의가 발달하지 못하였고, 세종은 사람들 간의 서열이 분명한 왕조 국가의 최고 통치자였다. 왕실이 국가와 거의 동일시되는 시기였다.

민들은 한글을 쉽게 익혀 나갔다. 문자를 익힌 민들에게는 자신의 내면을 표현하는 문화적 수단, 자신의 정치적 견해를 피력할 수 있는 저항의 수단이 생겼다. 관리들이 잘못을 저질렀을 때, 심지어 왕이 잘못을 저질렀을 때에도 벽보를 만들어 곳곳에 붙였다. 이에 놀란 연산군은 한글의 사용을 금지하기도 하였다.

나도 역사가

훈민정음 사용에 반대한 최만리의 주장을 더 조사해 보자. 그리고 그에 대해 반대하거나 찬성하는 의견을 정리해 보자.

과거와 현재의 대화

민본 정치와 오늘날 민주 정치의 공통점과 차이점을 생각해 보자.

우리의 하늘은 우리가 본다

《七政算內篇卷上
大元至元十八年歲次辛巳為元
上考往古下驗將來皆距立元為算周歲消長
百年各一秒隨時推測不用為元
一其諸應等數隨時推測不用為元
天行諸率
周天三百六十五度二十五分七十五秒
周天分三百六十五萬二千五百七十五分
半周天一百八十二度六十二分八十七秒半
周天衆限九十一度三十一分四十三秒太
周應三百一十四萬一千一百七十五分》

●《칠정산》
《칠정산》에서 한 달의 길이를 29.530593일로
잡았는데, 이는 오늘날의 29.530588일과 거의
같다. 《칠정산》이 만들어진 1442년에 자기 땅을
기준으로 한 천문 관측 및 시간 측정 방법을
가진 민족은 세계에서 중국과 이슬람 지역,
조선뿐이었다.

세종 4년 정월 초하루의 일이다. 기상 관측을 맡은 서운관에서 이날 일식이 일어날 것이라고 예보하였다. 오후가 되어 예정대로 일식이 진행되자, 왕과 신하들은 소복 차림으로 일식을 무사히 치르기 위한 예를 올렸다. 그런데 식이 끝난 뒤, 예보가 15분 늦었다는 이유로 담당 관리가 곤장으로 맞았다.

여기에서 우리는 당시 사람들이 하늘을 어떻게 생각하였는지 엿볼 수 있다. 천문 현상은 하늘의 뜻을 담고 있기 때문에, 그것을 파악하는 데 조금도 소홀함이 없어야 하였다. 더욱이 하늘의 명령, 곧 천명을 받은 자가 통치자가 되고, 그것으로부터 땅의 질서가 시작되기 때문에 아주 중요한 것이었다. 재상이 천문학을 연구하는 서운관(관상감)의 최고 책임자가 되는 까닭도 여기에 있었다. 이렇게 공들여 천문 과학을 연구하는 데서 한 걸음 더 나아가 조선은 우리 나름의 역법을 만들어 냈다. 그때까지 중국의 역법을 받아 쓰던 조선이 우리 실정에 맞는 역법, 《칠정산》을 만든 것이다. 《칠정산》은 간의, 혼천의, 앙부일구, 자격루 등 열다섯 가지 천문 관측 기기를 이용하여 한성을 기준으로 한 날짜와 시간을 계산해 낸 덕에 만들어질 수 있었다. 《칠정산》은 한글과 더불어 민족의 자주성을 과시한 큰 자랑거리이다.

●앙부일구
조선 시대에 쓰던 해시계. 세종이 천민 출신 과학자인 장영실에게 명하여 만들었으며 중국에도 없던 발명품으로 유명하다. 오늘날 서울의 종로 1가 혜정교와 종로 4가 종묘 앞에 크게 만들어 세우고 오가는 이들이 시간을 알 수 있도록 했으니, 최초의 공중 시계이다.

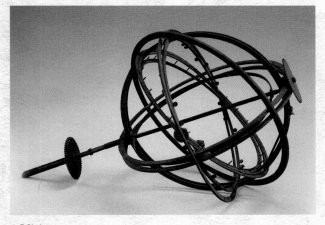

● 혼천의

천체의 위치와 운행을 측정하는 데 쓰인 기기. 1443년에 장영실이 제작하였다. 아침·저녁·밤에 정남쪽에 오는 별과 천체의 적도 좌표를 관측하고, 해·달·별의 운행을 추적하는 데 쓰였다.

● 서운관 관천대

천문을 관측하는 곳으로 첨성대라고 불렸다. 이 시설은 천문이나 지리, 기후와 관련된 일을 맡고 있던 서운관에 있었다. 세종 16년에 설치된 것으로 보이며, 현재 서울 종로구 현대 사옥 앞에 있다.

● 자격루

자동으로 시간을 알려 주는 장치가 있는 물시계. 이것도 장영실이 만들었다. 자동으로 종, 북, 징을 쳐서 시간을 알려 주었다. 세종 때 만든 자격루는 모두 소실되어 지금은 남아 있지 않다. 사진의 자격루는 1536년에 만든 것으로 덕수궁 뜰에 있다.

조선판 성인식, 관례와 계례

어른이 된다는 것은 무엇일까? 만 스무 살, 단지 나이만 찬다고 되는 것은 아닐 것이다. 1종 운전면허를 딸 수 있다거나 선거권을 갖고 정당에 가입할 수 있다거나 하는 몇몇 자격을 얻는 것만도 아닐 것이다.

　동서양, 시대를 막론하고 무사히 자라 성인이 된 것을 축하하고 그 의미를 새기는 의식이 있다. 우리나라도 삼한 때부터 '청년의 집'에 들어가서 고행의 과정을 통과하면 성인으로 인정하는 풍습이 있었다. '관례'라고 하는 전통 성인식은 고려 때 시작되어 조선 시대에 일반화된 것으로 알려져 있다.

　유교에서는 우리네 인생의 통과 의례로 '관혼상제', 네 가지를 든다. 관례는 그중 첫 번째 것이다. 정확히 말하면, 남자는 관례를 여자는 계례를 치른다. 어른이 되었다는 상징으로 남자는 상투를 틀고 관을 씌워 주며, 여자는 쪽을 찌어 비녀를 꽂아 준다. 과거에는 대체로 15~20세에 의식을 치렀

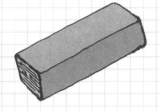

다. 지금처럼 성년을 스무 살로 정해 두지 않은 까닭은, 집안 사정도 있었지만 철이 일찍 들고 늦게 드는 개인차를 인정하였기 때문이다. 여자는 주로 혼사를 앞두고 의식을 치렀다.

관례는 보통 정월에 좋은 날을 받아 집안의 행사로 치렀다. 학식이 높은 손님을 초청해 주례를 부탁하며, 초가례·재가례·삼가례·가관례·초례·명자례순으로 진행하였다.

관례를 치른 아이는 일단 성인으로서 인정받았기 때문에 그에 따른 책임과 의무가 함께 주어졌다. 따라서 관례를 치르고 나면 대부분 한 단계 성숙해진 모습과 의젓해진 행동을 보이게 마련이었다.

수많은 '애어른'과 '어른 애'가 판을 치는 지금, 식구가 한자리에 모여 성년이 된 주인공을 위해 가벼운 관례와 계례를 치르는 것은 어떨까? 손님도 초청하여 '어른이 된 책임' 등 덕담도 들으면서 조상들의 지혜를 되새겨 보는 것도 좋을 듯싶다. 현재 매년 5월 셋째 주 월요일이 '성년의 날'로 정해져 있다.

❶ 초가례~삼가례
초가례에서 삼가례까지는 성인으로서의 몸가짐, 부모에 대한 효, 타인에 대한 사랑을 갖출 것을 축사로 당부한다.

❷ 가관례
주례자가 상투를 틀고 관을 씌워 주며 "이제는 어른이 되었으니 아이의 마음을 버리고 어른의 마음을 지녀라." 같은 축사를 덧붙이는 가관례를 행한다.

❸ 초례
주례자가 술을 권하며 "술은 맛이 있고 향기도 좋다. 알맞으면 몸에 좋지만, 지나치면 실수를 하게 되니 절제해서 마실 줄 알아야 한다." 하고 가르친다. 이를 초례라고 한다. 이때부터 비로소 술을 마실 수 있는 자유를 얻는다.

❹ 명자례
초례가 끝나면 이제까지 부르던 이름과 다른 이름인 '자(字)'를 지어 주는 명자례를 행하였다. 자는 훌륭한 인물이 되라는 바람을 담기도 하였다. 정도전의 자는 종지(宗之)였는데, '모든 면에서 으뜸'이 되라는 뜻이다.

7

대의와 명분이 중시된 사회

세상에
마음을 빼앗기지
않아야 하건만

"성균관이나 향교는 번잡한 도시에 있어서 앞으로는 번거로운 학칙에 얽매이고 뒤로는 세상에 마음을 빼앗기기 쉬우니, 어찌 서원과 비교할 수 있겠는가?" 다른 교육 기관이 있는데 왜 굳이 서원을 세우느냐는 물음에 대한 이황의 답이었다. 실제로 이황은 도산 서원을 세울 때 더 좋은 경치를 찾아 몇 번이나 옮기는 번거로움을 마다하지 않았다.

이황은 나라에서 서적과 노비 등을 지원받아 선비들이 공부에만 열중할 수 있도록 하는 관행을 만들었다. 이러한 이황의 노력에 힘입어 서원은 조선의 대표적인 교육 기관으로 자리 잡게 되었다.

그러나 붕당의 대립이 격화되고 서원이 급격히 늘어나면서 교육 기관으로서의 위치가 약화되어 갔다. 서원은 중국이나 우리나라의 유명한 유학자에게 제사 지내는 사당을 두었는데, 그곳에 자기 붕당의 인물을 경쟁적으로 모시거나 자기 문중의 조상을 모시는 일까지 벌어졌기 때문이다.

도적이 의적이 되는 세상

가 볼 곳 **청령포, 사육신 무덤**　　　만날 사람 **홍길동, 임꺽정**　　　주요 사건 **임꺽정의 난**

수양대군이 조카를 몰아내고 왕이 되자, 많은 관리들이 '신하는 두 임금을 섬기지 않는다'며 관직을 버리고 숨어 버리거나 목숨을 걸고 새 왕을 몰아내려고 하였다. 반역 사건이 여러 차례 일어나고, 그때마다 수많은 사람이 목숨을 잃었다.

── 세종 대왕 때는 태평성대였을까

"신이 듣자오매, 죽은 경성부사 김후의 처가 토산에 사는데, 떼도둑 40여 명이 밤을 타고 갑자기 와서 포위하고 칼을 뽑아 든 놈, 몽둥이를 가진 놈이 김후의 처첩과 노비들을 협박하여 재산을 빼앗고 계집종을 때려죽이기까지 하였습니다."

— 《세종실록》 26년

"평안도에 도적이 많아 대성산에 떼 지어 모여서 갑옷을 입고 병기를 가지고 공공연히 다니면서 약탈하고 있다. 감영의 관리나 아전들과 내통하여, 관청에서 이들을 체포하고자 하나 먼저 도망하여 피하니……."

— 《세종실록》 28년

우리 민족의 글인 훈민정음이 창제되고 민본 정책이 펼쳐진 세종 대에도 나라 곳곳에 도적이 들끓고 있었다. 세종 8년에는 서울의 관청과 민가에 불을 지르는 사건도 일어났다.

들끓는 도적이란 누구인가? 바로 민이다. 중앙 정부가 민본 정치를 강조하고 조세 제도를 고쳐도 농민들의 생활은 크게 개선되지 않았다. 세종이 공법을 실시했지만, 양반 지주의 기름진 토지는 낮은 등급으로, 가난한 농민의 척박한 토지는 높은 등급으로 매겨지기 일쑤였다. 중앙 정부에서 만든 좋은 제도도 실제로 조세를 거두는 지방 관리들이 변질시키는 경우가 많았다. 조선 시대에는 이를 피하기 위해 지방관을 임명할 때 연고지를 피한다거나 임기제를 두는 등 제도적 장치를 마련하였으나 투명한 정치를 이루기는 어려웠다.

— 신하로서 왕을 바꿀 수 없건만

세종이 죽고 그의 큰아들인 문종이 왕이 되었다. 병약하던 문종은 2년 만에 죽었고, 그의 어린 아들인 단종이 왕위에 오르자 왕권은 약해졌다. 이에 세종의 둘째 아들인 수양대군이 어린 조카를 내몰고 왕위를 빼앗았다. 그가 바로 세조다.

조정은 세조의 왕위 찬탈에 반대가 많았다. "신하로서 왕을 바꿀 수 없다." "신하로서 두 임금을 섬기지 못한다." 이런 말과 함께 관직을 버리고 숨는 사람, 목숨을 걸고 세조를 몰아내려는 사람도 있었다. 여러 차례 반역 사건이 일어났고, 그때마다 여러 사람이 목숨을 잃었다.

반대 세력을 제거하는 데 성공한 세조는 왕권 강화를 위하여 강력한 정책을 펼쳐 나갔다. 퇴직 이후에도 토지를 보유하도록 하던 과전을 현직에 있

강원도 영월의 청령포
단종이 유배되었다가 사약을 받고 죽은 곳이다. 아직도 이곳에는 단종의 죽음에 얽힌 슬픈 사연이 많이 전한다.

성삼문의 무덤
사육신들의 저항은 신하들을 억누르고 국왕 중심으로 정치를 이끌어 가려는 세조의 정치 운영에 대한 반발의 성격도 있었다.

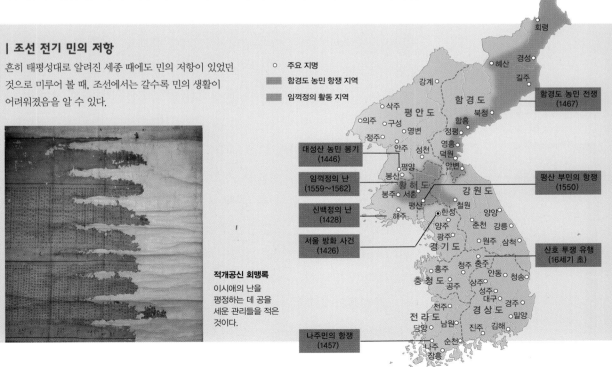

| 조선 전기 민의 저항

흔히 태평성대로 알려진 세종 때에도 민의 저항이 있었던 것으로 미루어 볼 때, 조선에서는 갈수록 민의 생활이 어려워졌음을 알 수 있다.

○ 주요 지명
■ 함경도 농민 항쟁 지역
■ 임꺽정의 활동 지역

회령
경성
혜산
길주

강계

함경도
북청
삭주 평안도 함흥
의주 구성 영변 정평
정주 안주 성천 영흥
덕원
봉산 평양 안변

함경도 농민 전쟁
(1467)

대성산 농민 봉기
(1446)

임꺽정의 난
(1559~1562)

신백정의 난
(1428)

서울 방화 사건
(1426)

황해도 강원도
봉주 서흥
평산 철원
해주 양양
한성 춘천 강릉
양주 삼척
광주 원주
경기도

평산 부민의 항쟁
(1550)

산호 투쟁 유행
(16세기 초)

홍주 청주 충주
충청도 안동 청송
공주 상주 성주
전주 대구 경주
경상도 밀양
전라도 진주 김해
담양 남원
순천
나주
장흥

적개공신 회맹록
이시애의 난을 평정하는 데 공을 세운 관리들을 적은 것이다.

나주민의 항쟁
(1457)

을 때만 보유하도록 하였다. 호적 조사로 인구를 철저히 파악하여 세금을 더 확보하였다. 나라의 창고는 가득해졌으며 왕권은 강화되었다.

그러나 이러한 정책으로 손해를 본 관료와 지주층의 반발도 만만찮았다. 함경도의 세력가였던 이시애는 조정에 맞서 난을 일으켰다. 이 난에는 늘어난 세금 부담으로 불만이 높던 농민들도 적극 가담하였다. 난은 대규모 봉기로까지 확대되었다.

━━ 훈구 대신들의 세상

세조는 사대부들의 지지를 받지 못하였을 뿐 아니라 민들의 불만을 사고 있었다. 나랏일은 왕과 한명회를 비롯한 몇몇 대신을 중심으로 운영되었다. 이들은 세조가 왕위를 빼앗고 이를 지켜 내는 데 공을 세운 사람들이었다. 이들은 많은 땅과 노비를 받았고, 세조 때는 물론이고 그가 죽고 난 다음에도 오랫동안 높은 관직을 나누어 맡았다. 이들을 훈구 대신이라고 불렀다.

훈구 대신들은 점차 왕에 버금가는 권세를 누렸으며, 이들을 비판하는 사람들은 관직에서 쫓겨났다. 이들은 중앙의 막강한 권세를 이용하여 백성을 강제로 끌어다가 개간한 땅을 자신의 농장으로 삼기도 하였다. 훈구 대신들이 지방에서 이러한 일을 벌이자, 피해를 받게 된 지방 사대부들이 크게 반발하였다.

훈구 대신들은 연고가 있는 지방 수령과 짜고 공물을 정해진 양의 몇 배로 거두어들이는 일까지도 서슴지 않았다. 군역 제도도 점차 흐트러졌다. 힘 있는 사람, 돈 있는 사람들은 대부분 군역에서 빠져나갔기 때문이다. 그들의 몫이 남은 이들에게 집중될 것은 뻔한 일이었다.

생활이 어려워져 세금을 낼 능력이 없는 농민들은 몰래 고향을 떠날 수밖에 없었다. 어떤 이들은 깊은 산에 들어가 화전을 일구었고, 어떤 이들은 사람이 찾지 않는 섬으로 떠났다. 또 어떤 이들은 도적이 되었다.

━━ 홍길동과 임꺽정

연산군 때에는 홍길동이라는 도적이 나타나 뭇사람의 입에 오르내렸다. 홍

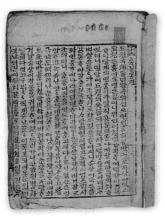

《홍길동전》
허균이 지은 최초의 한글 소설 《홍길동전》의 주인공. 홍길동은 실존한 인물이다.

| 임꺽정의 활동 영역

임꺽정(?~1562)
임꺽정 부대는 가난한 백성들의 재물에는 손을 대지 않았으며, 빼앗은 재물을 백성들에게 나누어 주기도 하였다. 임꺽정은 죽은 뒤에도 오랫동안 지배층에게는 두려운 존재로, 민들에게는 정의로운 영웅으로 묘사되었다. 1920년대에 홍명희는 입으로 전하는 이야기들을 모아 소설 《임꺽정》을 썼다. 사진은 1928년 11월부터 신문에 연재된 소설 《임꺽정》이다.

길동은 관리 복장을 갖추고 대낮에 관청을 드나들었고, 수령을 윽박질러 관청의 재물을 빼앗기도 하였다. 고급 관리에게 뇌물을 바친 뒤 버젓이 돌아다니기도 하였다.

명종 때에는 임꺽정이라는 더 큰 도적이 일어나 황해도 일대에서 여러 해 동안 활동하였다. 신분 차별에 불만을 품은 천민과 생활이 어려워진 농민으로 구성된 임꺽정 부대는 황해도 구월산을 근거지로 삼아 양반을 공격하고, 관청을 습격하였다. 심지어 왕에게 보내는 진상 공물을 빼앗기도 하였다.

다급해진 조정에서는 황해도 농민들의 세금을 줄이는 한편, 서울의 최정예 부대를 파견하여 이들을 제압하려고 들었다. 하지만 서울에서 내려간 토벌대는 도적을 잡기보다는 백성을 약탈하기에 더 바빴다. 그러자 백성들이 더욱 임꺽정을 싸고돌았다. 그를 잡는 데 무려 3년이나 걸린 것도 그 때문이었다.

임꺽정의 활동을 기록한 사관은 "조정이 재물을 밝히지 않고 수령 또한 이러한 사람을 임명한다면, 칼을 잡은 도적은 송아지를 사서 농촌으로 돌아갈 것이다. 그저 군사를 거느리고 체포하기만 하면, 수없이 도적이 일어나 다 붙잡지 못할 지경에 이를 것이다." 하였다.

나도 역사가

홍길동과 임꺽정을 다룬 소설을 구해서 읽어 보자. 이와 같은 소설이 널리 읽힌 까닭을 소설이 발표된 때의 상황과 관련지어 토론해 보자.

사림이 정치의 중심에 서다

가 볼 곳 조광조 추모비, 하회 마을　　만날 사람 조광조, 이황　　주요 사건 사림의 성장, 붕당의 형성

사림은 '나랏일이 몇 사람의 뜻에 좌우되어서는 안 된다'고 주장하였다. "널리 여론을 모으고, 유교의 가르침을 잘 새겨 정치해야 한다." 하고 목소리를 높였다. 그리고 그동안 나랏일을 맡았던 훈구 대신들을 공격하기 시작하였다.

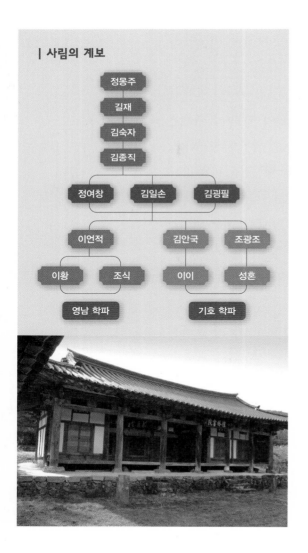

| 사림의 계보

정몽주
길재
김숙자
김종직

정여창 — 김일손 — 김굉필

이언적 — 김안국 — 조광조

이황 — 조식 — 이이 — 성혼

영남 학파　　기호 학파

김종직을 모신 예림 서원(경남 밀양)
김종직(1431~1492)은 항우에게 왕위를 빼앗긴 초나라의 의제를 조문하는 글을 지은 적이 있다. 훗날 훈구 세력은 이것을 세조가 왕위를 빼앗은 것을 비난한 글로 지목하였다. 사림을 제거하는 명분으로 삼은 것이다.

훈구와 사림

사회적 저항이 거세었지만 훈구 대신들은 여전히 큰 권세를 누렸다. 하지만 이들이 권력을 독차지하는 동안 새 정치를 바라는 세력도 자라고 있었다.

변화는 성종의 즉위와 함께 시작되었다. 성종은 훈구 대신을 견제하려고, 그동안 관직에 나오지 않던 이름 있는 재야의 학자들을 두루 등용하였다. 그리고 이들의 활동을 최대한 보장하였다. 이때 김종직을 비롯한 재야의 유학자들이 관직에 나왔는데, 이들을 사림이라고 한다.

이들은 세조가 단종을 내몰고 왕이 될 때에도 개입하지 않았으며, 부당하게 재물을 모으려고 하지도 않았다.

거리낄 것 없는 사림 세력은 훈구 대신들을 향하여, 그리고 왕을 향하여 정치는 도덕적이어야

한다고 주장하였다. 그리고 그렇지 못하였던 과거의 정치를 비판하였다. 훈구 대신들이 재물을 끌어모으는 데 유리한 조세 제도의 개혁도 주장하였다.

오랫동안 권세를 누린 훈구 대신들이 순순히 물러설 리 없었다. 이들은 성종이 죽은 뒤 대대적인 공세를 펴 수많은 신진 관리들을 한꺼번에 제거하였다. 네 차례에 걸쳐 일어난 사화의 시작이었다.

━ "정치는 왕과 대신들만 하는 것이 아니다"

한꺼번에 수많은 사림들이 죽임을 당하였지만, 사림들의 기개는 꺾이지 않았다. 오히려 경기와 충청 지방을 중심으로 이들의 뜻을 존중하는 선비들이 점차 늘어났다.

대의와 명분을 중시하였으며, 바른 정치를 꿈꾸던 이들에게 오래지 않아 기회가 찾아왔다. 온갖 폭정을 일삼던 연산군이 쫓겨나고 중종이 새로운 왕으로 즉위한 것이다.

새 왕을 추대하여 공신이 된 이들도 대부분 훈구 세력이었다. 새 왕이 된 중종은 기세등등한 이 훈구 대신들로부터 벗어나 제대로 된 정치를 하고 싶었다. 그래서 재야의 이름 있는 선비를 등용하려고 하였다. 조광조를 비롯한 많은 사림이 그 뜻에 따라 관직에 나섰다.

사림은 '나랏일이 몇 사람의 뜻에 좌우되어서는 안 된다'고 주장하였다. 그 대신에 "널리 여론을 모으고, 유교의 가르침을 잘 새겨 정치하여야 한다." 하고 목소리를 높였다. 비난의 화살은 그동안 나랏일을 맡던 훈구 대신들에게 집중되었다. 도덕 정치를 내세운 조광조와 사림 세력은 왕의 권력도 제한하려고 하였다.

그러나 대신들을 견제하던 사림의 비난이 왕을 향하자, 왕은 사림에 대한 지지를 거두어들였다. 그리고 훈구 대신들과 함께 사림을 탄압하였다.

━ 훈구 세력이 물러나다

사림을 대표하던 조광조는 귀양 보내졌고, 그곳에서 결국 죽음을 맞았다. 그러나 그가 한성을 떠나던 날 그를 위로하려는 수많은 사람들이 길을 가득 메웠다. 수레를 막고 절을 하는 사람도 무수히 많았다. 그만큼 새로운

조광조의 영정과 추모비

조광조(1482~1519)가 귀양길에 오를 때 '지나가던 모든 사람이 옷깃을 여미고 절을 하였다'는 기록이 있다. 그만큼 민심을 얻은 인물이었지만 훈구파의 반격에 무너지고 말았다. 추모비는 조광조가 귀양살이를 한 전남 화순에 있다.

정치에 대한 바람이 컸기 때문일 것이다.

사림들의 뜻은 왕과 훈구 대신의 공격으로 다시 꺾였다. 하지만 조광조의 죽음은 새로운 시작일 뿐이었다. 왕과 훈구 대신들이 옛 방식을 고집하였지만 "정치는 왕이나 소수 대신들만 하는 것이 아니다."라는 주장은 점차 힘을 얻었다.

뭇사람들의 입은 무쇠를 녹인다고 하였던가. 점차 왕이든 높은 벼슬의 대신들이든 사림의 눈치를 보지 않을 수 없게 되었다. 왕이 멋대로 정치하기도, 대신들이 부정과 비리를 저지르기도 점차 힘들어졌다. 사림 세력의 관직 진출도 활발해졌다. 대의와 명분을 내세우며 사대부들의 여론을 바탕으로 한 사림 정치가 본격적으로 자리를 잡게 되었다.

훈구 대신들의 시대가 끝난 것이다.

▬ 동인과 서인, 붕당의 형성

훈구 대신들이 사라지면서 정치는 예전과 다르게 운영되었다. 높은 관직에 있는 자가 결정하고, 관직이 낮은 자는 그저 따르기만 하는 정치는 점차 사

부용정
광주 지역에서 향약이 처음 실시된 곳이다. 유교 정치를 추구하던 사림은 고을마다 향약을 만들어 운영하였다. 사림이 모여 유교 윤리에 따른 규칙을 만든 것이다. 지방의 유력한 사림이 향약의 간부로 임명되었으며, 농민들은 자동적으로 가입되었다. 그런데 사림이 향약을 내세워 농민을 지배하였으니, 왕이 임명한 수령보다 더 큰 권세를 휘두르는 경우도 많았다.

안동의 하회 마을
지방의 사림들은 개발이 안 된 지역을 중심으로 물을 끌어들여 일구고 농민들에게 소작을 주어 지주로서 자신의 경제적 기반을 확대해 나갔다. 양반 지주와 소작 농민, 이들의 신분 차이는 사진에 보이는 것처럼 주거 공간에도 그대로 드러났다.

라졌다.

언론을 담당하는 관청의 활동이 전보다 훨씬 더 자유로워져서, 관직이 낮아도 나랏일을 비판할 수 있게 되었다. 사대부들의 여론을 수집하여 정책에 반영하는 경우도 많아졌다. 올바른 정치가 무엇인지 찾으려는 학문적 연구도 활발하게 전개되었다.

이런 가운데 지역적으로 가깝고, 학문적 성향이 비슷한 사람들끼리 집단을 이루어 보조를 맞추게 되었다. 선조 때에 이르러 영남 출신의 사림은 동인으로, 충청과 경기 출신의 사림은 서인으로 모였다. 붕당이 만들어진 것이다.

이제 조정은 동인과 서인, 둘로 나뉘어 서로 비판하고 견제하면서 정치를 운영하였다. 그러나 점차 당파의 이익을 나라의 이익보다 앞세우거나, 권력을 잡기 위한 경쟁으로 나랏일을 그르치는 경우도 나타나기 시작하였다.

이황(1501~1570)
동방의 주자라 불릴 만큼 우리나라 성리학을 체계화한 인물이다.

나도 역사가

조광조가 실천하고자 한 정치는 어떤 것이었을까? 조광조에 대한 자료를 정리하여, 나라의 정치를 개혁하기 위한 상소문을 작성해 보자.

일본의 침략에 맞서 싸우다

가 볼 곳 부산진, 행주산성   만날 사람 이이, 김성일, 이순신   주요 사건 임진왜란

일본이 심상치 않다는 소식이 전하였다. 이때 통신사로 일본을 살피고 온 김성일은 함께 갔던 황윤길과는 달리 "두려운 것은 섬나라 도적이 아니라 민심이다. 민심을 잃으면 성과 무기가 무슨 소용이 있겠는가?" 하며 전쟁 준비에 반대하였다.

━━ 10만 군사를 기르자

1583년 어느 날, 국방을 책임지고 있던 이이가 왕을 찾았다.

> 나라가 오랫동안 태평하다 보니 군대와 식량이 모두 준비되어 있지 않아, 오랑캐가 변경을 소란하게만 하여도 온 나라가 술렁입니다. 지금대로라면 큰 적이 침범해 왔을 때 어떤 지혜로도 당해 낼 수 없을 것입니다.
>
> ─《선조실록》

이이(1536~1584)
사임당 신씨의 아들로도 유명한 이이는 사회 문제를 해결할 다양한 개혁 조치를 주장하였다.

그는 이렇게 말하면서 국가는 항상 전쟁 준비를 갖춰 두어야 한다고 주장하였다. 마침 북쪽에서 여진족과 크고 작은 전투가 있던 터이라, 이이의 주장은 제법 진지하게 검토되었다. 이이는 10만 군사를 길러 외적의 침략에 대비하자며 구체적인 방안을 내놓기도 하였다.

얼마 뒤 일본에서 심상치 않은 소식이 전하였다. 120여 년간 분열되어 있던 일본이 통일되었고, 머지않아 조선을 침략할지도 모른다는 것이었다.

조정에서는 일본에 사신을 보내 이를 조사하도록 하였다. 그러나 두 사신의 의견이 달라 조정은 당황하지 않을 수 없었다. 황윤길은 일본의 침략 가능성이 높으니 서둘러 전쟁에 대비할 것을 주장하였으나, 김성일은 침략 가능성이 높지 않다며 이에 반대하였다. 토론은 큰 성과 없이 끝났고, 조정에서는 급한 대로 몇 가지만 준비한 채 한 해를 보냈다.

1년 뒤 조총을 비롯한 신무기로 무장한 일본군이 조선을 침략하였다.^{1592, 임진왜란} 20만이 넘는 대군이었다.

─ 김성일을 위한 변명

일본군이 부산 앞바다에 나타난 뒤, 부산진과 동래성이 순식간에 짓밟혔다. 얼마 지나지 않아 한성이 위협받게 되자 조정에서는 김성일을 잡아들이고 왜적을 막을 군대를 급히 편성하도록 하였다.

죄인의 복장으로 한성으로 향하던 김성일은 다시 경상도로 돌아갔다. 김성일에 대한 명령이 바뀌었기 때문이다. 그는 군량과 군대를 모아 적을 막는 일에 최선을 다하였으며, 결국 그곳에서 죽음을 맞았다.

죄를 묻는 것보다 나라를 구하는 일이 급하다고 생각한 탓일까? 그것만은 아니었을 것이다. 김성일이 "두려운 것은 섬나라 도적이 아니라 민심이다. 민심을 잃으면 성과 무기가 무슨 소용이 있는가?" 하며 황윤길을 비판하였을 때 많은 사람들이 고개를 끄덕였기 때문이다.

일찍부터 '오랑캐가 쳐들어오니 군대를 길러야 한다'며 세금을 올리고 농민을 징발하며 언론을 봉쇄하는 일이 많았다. 하지만 김성일과 그가 속한 동인은 '나라가 부유해지면 민의 생활이 어려워진다'면서 '정치란 민생을 안정시키는 것'을 중심에 두어야 한다고 생각하였다.

─ 바다에는 이순신, 육지에는 의병

관군이 일본군에 무너지면서 나라 전체가 큰 어려움에 빠졌다. 이러한 가운데 왕과 조정은 평양으로, 다시 의주로 피난을 떠났다. 수많은 사람들이 일본군의 손에 죽었고, 나라 곳곳이 일본군에 짓밟혔다. 하지만 조정에서는 명의 구원을 학수고대할 따름이었다.

그런데 바로 이때, 일본군을 무찔러 위기에 빠진 나라를 구할 사람들이 나타났다. 바로 이순신이 이끈 수군과 고향과 나라를 지키기 위하여 일어선 의병이다.

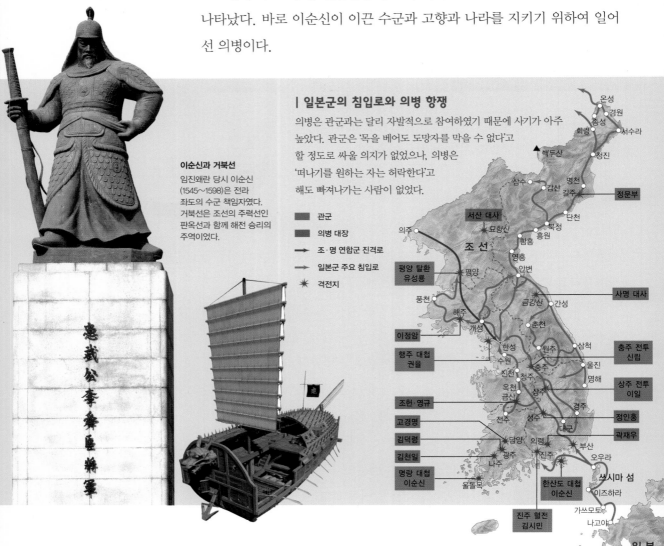

이순신과 거북선
임진왜란 당시 이순신(1545~1598)은 전라좌도의 수군 책임자였다. 거북선은 조선의 주력선인 판옥선과 함께 해전 승리의 주역이었다.

| 일본군의 침입로와 의병 항쟁
의병은 관군과는 달리 자발적으로 참여하였기 때문에 사기가 아주 높았다. 관군은 '목을 베어도 도망자를 막을 수 없다'고 할 정도로 싸울 의지가 없었으나, 의병은 '떠나기를 원하는 자는 허락한다'고 해도 빠져나가는 사람이 없었다.

- 관군
- 의병 대장
- → 조·명 연합군 진격로
- → 일본군 주요 침입로
- ✳ 격전지

온성
경원
종성
서수라
회령
청진
백두산
삼수
갑산
명천
길주 / 정문부
단천
북청
함흥
흥원
영흥
안변
서산 대사
묘향산
의주
조 선
평양 탈환
유성룡
평양
풍천
해주
개성
금강산
간성 / 사명 대사
춘천
삼척
원주 / 충주 전투 신립
이정암
한성
수원
중주 / 울진
영해
행주 대첩
권율
진천
청주
상주 / 상주 전투 이일
옥천
금산
상주
경주
조헌·영규
전주
성주
대구 / 정인홍
고경명
담양
의령 / 곽재우
김덕령
광주
진주
부산
김천일
나주
오우라
명량 대첩
이순신
울돌목
한산도 대첩
이순신
쓰시마 섬
이즈하라
진주 혈전
김시민
가쓰모토
나고야
일 본

이순신은 전쟁이 일어나기 전부터 철저하게 준비하고 있었다. 그리고 나서 일본군이 쳐들어오자 바다 곳곳에서 일본 함대를 무찔렀다. 일본군은 이순신의 함대만 보면 달아날 지경이 되었다. 이제 황해안으로 무기와 식량을 실어 나르며 조선 전체를 지배하려던 일본의 계획은 이루어질 수 없게 되었다.

수군이 승리하면서 전쟁의 분위기도 점차 바뀌었다. 특히 곳곳에서 자발적으로 일어나 일본군과 싸운 의병의 활동이 눈부셨다. 의병은 소부대로 활동하면서 일본군의 무기와 식량의 보급을 막아 일본군을 어려움에 빠뜨렸다. 그리고 관군과 협력하여 진주성과 행주산성에서 큰 승리를 이끌어 내기도 하였다.

통신사 행렬
전쟁이 끝난 뒤 조선은 일본과 외교 관계를 끊었으나, 일본에 새로 들어선 도쿠가와 막부는 국교 재개를 간절히 희망하였다. 조선은 왜란 때 끌려간 포로 7,000여 명을 돌려받은 뒤 외교 관계를 다시 열었다. 1607년부터 조선은 일본에 통신사를 파견하였고, 그 이후 약 250년간 일본과 평화 관계를 지속하였다.

─ 전쟁이 남긴 것

전쟁은 명의 대군이 조선에 도착하면서 새로운 모습을 띠었다. 명군과 일본군이 두 차례 전투를 치른 뒤 휴전 회담을 시작하였기 때문이다.

하지만 전쟁이 끝난 것은 아니라서, 곳곳에서 일본군과 전투가 벌어졌다. 일본군과 전쟁을 치르랴, 수많은 명군을 먹여 살리랴, 우리 민중이 겪은 고통은 말할 수 없이 컸다. 게다가 명군의 약탈과 행패도 적지 않아, "왜놈은 얼레빗, 되놈은 참빗"이라는 말까지 생겼다.

1597년에는 일본이 휴전 회담을 깨고 다시 쳐들어왔다. 그러나 조선도 그사이 군비를 갖춰 육지와 바다에서 승리를 거두었다. 패배한 일본군은 도요토미 히데요시의 죽음을 핑계로 이듬해에 모두 철수하였다.

7년에 걸친 전쟁으로 온 나라는 폐허가 되었고 숱한 사람이 죽었다. 하지만 전쟁을 막지도, 전쟁 동안 민중을 보살피지도 못한 왕과 조정은 건재하였다. 조정에서는 일본의 침략을 비난하였을 뿐, 아무도 책임을 지지 않았다.

나도 역사가

임진왜란 때 활약한 의병장 중 한 명을 정해 행적을 조사해 보자.

"전하, 이 글은 볼 수

● **오대산 사고**
실록이 만들어지면 두 벌을 베껴 한 벌은 서울의 춘추관에, 한 벌은 충주 사고에 보관하였다. 그러다가 두 벌만으로는 영구히 보존하기 어렵다고 생각하여 두 벌을 더 베끼고 성주와 전주에 사고를 새로 지어 그곳에 보관하였다. 이 네 벌의 실록이 임진왜란 때 모두 불타 없어질 뻔한 적도 있다. 전쟁이 끝난 뒤에는 실록을 더 안전하게 보관하기 위하여 오대산, 태백산, 묘향산, 정족산으로 사고를 옮겼다.

오랜만에 사냥에 나선 태종이 젊은 시절을 떠올리며 힘차게 달리다 그만 말에서 떨어졌다. 아프기도 하고 망신스럽기도 한 태종이 맨 먼저 찾은 사람은 사관이었다. 그는 사관의 손을 잡고 "오늘 일은 쓰지 말아 주게." 하고 부탁하였다. 훗날 《태종실록》에는 태종이 쓰지 말아 달라고 부탁한 이야기까지 고스란히 실렸다. 이런 일이 어떻게 가능했을까?

조선 시대의 왕은 죽을 때까지 자신에 대한 기록을 볼 수 없었다. 그래야 사관들이 권력의 눈치를 보지 않고 사실을 제대로 기록할 수 있다고 생각하였기 때문에 제도적으로 제한한 것이다. 사관들은 이렇게 올곧은 붓으로 왕의 행동뿐 아니

없사옵니다"

● 실록

《조선왕조실록》은 한문본으로 1,893권, 한글 번역본으로도 320쪽 정도의 책으로 무려 413권이나 되는 방대한 역사 기록이다. 한글로 번역하는 데만 학자 3,000여 명이 동원되고 25년이라는 긴 시간이 걸렸다. 《조선왕조실록》은 세계기록유산으로 등록된 우리의 자랑스러운 역사 기록물이다.

● 시디롬으로 만들어진 실록

《조선왕조실록》의 한글 번역본은 1996년에 시디롬으로 제작되어 조선 시대로 가는 타임머신 구실을 하고 있다. 방대한 분량 때문에 전문가가 아니면 활용하기 어려웠던 이 세계적인 보물이 누구나 이용할 수 있는 책상 위의 보물로 다시 태어난 것이다.

라 나라 안팎의 정치, 경제, 사회, 문화 등 모든 내용을 기록하였다. 그것이 왕마다 몇 권의 책으로 정리되어 있으니, 바로 《조선왕조실록》이다.

실록은 우리 민족의 수난과 함께하였다. 임진왜란 중에는 실록이 모두 불타 없어질 뻔하기도 하였다. 실록 보관소인 사고 네 곳 중 세 곳의 실록이 사고와 함께 불타 버렸고 남은 것은 전주 사고에 보관된 실록 한 벌뿐이었다. 그러나 전주에도 왜군이 들이닥치면서 전주 사고마저 불에 타고 말았다. 이 위기의 순간에 실록을 구한 사람은 전주 부근 태인이라는 고을의 이름 없는 유생, 안의와 손홍록이다. 두 사람의 노력이 없었다면, 실록이라는 소중한 문화유산을 지킬 수 없었을 것이다.

북벌이냐, 북학이냐

가 볼 곳 삼전도, 남한산성　　만날 사람 광해군, 소현 세자, 봉림 대군　　주요 사건 인조반정, 병자호란

차가운 북풍이 몰아치는 가운데 조선의 왕은 침략자를 향하여 세 번 절하고 머리를 아홉 번 조아리는 항복 의식을 치렀다. 언 땅에 머리를 박은 인조의 이마가 짓이겨져 붉은 피가 흘러내렸다. 이를 지켜보던 봉림 대군은 "이 치욕을 반드시 갚아 주겠다." 하고 다짐하였다.

명분이냐, 실리냐

수많은 사람이 죽고 농토의 대부분이 황폐해진 나라를 전쟁 전 상태로 복구하는 것은 참으로 힘들었다. 그런데 이번에는 북쪽에서 새로운 전쟁의 기운이 닥쳤다. 여진족이 세력을 길러 후금을 세웠으며, 명이 이를 제압하겠다고 나선 것이다.

　전후 복구에 온 힘을 기울이던 광해군은 이 전쟁에 끼어들고 싶지 않았다. 하지만 군대를 보내라는 명의 요구에 거절할 명분이 마땅치 않았다. 조정에서는 여러 차례 토론을 벌였고, 결국 광해군은 명의 요청대로 군대를 파견하기로 결정하였다. 하지만 전쟁에 말려들지 않으려는 광해군의 뜻은 전쟁터에 나선 조선 장수가 곧바로 항복하는 것으로 나타났다.

투항하는 강홍립
왼쪽은 1619년 압록강을 건넌 강홍립 휘하 원정군이 후금군과 대치하는 장면이다. 오른쪽은 강홍립이 청 태조 누르하치에게 항복하는 장면이다. 강홍립은 자기가 거느린 군사와 함께 누르하치의 융숭한 대접을 받았다. 정조 때 간행된 《충렬록》에 실려 있다.

명에서는 당장 책임을 물었고, 조선에서도 의리를 저버렸다며 비난하는 사람들이 많았다. 하지만 광해군은 이들의 주장을 수용하는 척하면서 두 나라 사이에서 나라의 이익을 지키는 중립 외교 정책을 계속 펴 나갔다.

━ 치욕의 삼전도

광해군의 중립 외교를 반대하는 사람도 많았다. 특히 정권에서 소외되었던 서인은 '군주가 배은망덕해서는 나라가 바로 설 수 없다'며 광해군을 몰아내고 새로운 왕을 추대하였다. 이를 인조반정이라고 한다.[1623]

정권을 잡은 서인 세력은 명의 편에 서서 후금을 배척하는 외교 정책을 폈다. 그러자 후금[청]은 두 차례에 걸쳐 조선을 침략하였고, 특히 1636년에는 씻기 어려운 치욕을 남겼다.[병자호란]

이해 겨울 조선은 청나라 10만 대군의 공격을 받았다. 국경을 넘어선 적군이 순식간에 한성에 다다르자, 인조는 서둘러 남한산성으로 피신하였다. 포위된 후 45일 동안 많은 사람들이 추위와 굶주림에 떨며 적과 싸웠지만 이들을 물리치기에는 군사가 턱없이 부족하였다.

1637년 1월 30일, 차가운 북풍이 몰아치는 가운데 조선의 왕은 삼전도에 나와 침략자를 향하여 '세 번 절하고 머리를 아홉 번 조아리는' 항복 의식을 치렀다. 언 땅에 머리를 박은 인조의 이마가 짓이겨져 붉은 피가 흘러내렸다.

▼삼전도비
놀이공원으로 잘 알려져 있는 석촌 호수 부근에는 조선 왕조로서는 치욕의 상징이라고 할 수 있는 삼전도비가 세워져 있다.
이 비석 앞면 위쪽에는 '대청 황제 공덕비'라고 쓰여 있고, 그 밑에는 여진 문자로, 뒷면에는 한자로 굴욕적인 사실이 새겨져 있다. 이 비문을 쓸 수밖에 없었던 당시 한성 판윤 오준은 오른손을 돌로 찍어 다시는 글을 쓰지 않았다고 한다.

◀남한산성
남한산성의 군사는 겨우 1만여 명, 식량은 50일치밖에 없는 상태에서 청나라의 10만 대군에 맞서 싸웠다.

만동묘 터
효종의 스승인 송시열은 북벌, 즉 오랑캐
나라인 청을 치는 것이 임진왜란 때
우리에게 은혜를 베푼 명나라의 원수를 갚는
길이라고 하였다. 만동묘는 명나라 황제를
기리는 사당으로, 송시열의 유언에 따라
1704년에 그의 제자들이 세운 것이다. 충북
괴산 화양동에 그 터가 남아 있다.

── 소현 세자와 봉림 대군

전쟁이 끝난 뒤, 소현 세자와 봉림 대군 형제를 비롯한 수많은 사람이 청으로 끌려갔다. 조선은 청에 해마다 엄청난 공물도 바쳐야 하였다. 이러한 상황에서 '그날의 치욕을 갚기 위하여', '명에 의리를 지키기 위하여' 청과의 전쟁을 준비하여야 한다는 주장이 서서히 일어났다.

그러나 정작 청에 끌려가 있던 소현 세자의 생각은 달랐다. 그는 중국 대륙을 통일한 후 날로 부강해지는 청의 모습을 지켜보았다. 오랑캐로만 여긴 청의 문물이 조선에 뒤지지 않는다는 것도 알게 되었다. 그래서 그는 전쟁을 준비하기보다 실력을 기르는 것이 먼저라고 생각하였다.

하지만 귀국한 소현 세자는 의문의 죽임을 당하였다. 그러고 나서 봉림 대군이 소현 세자의 아들을 제치고 왕의 자리를 이었다. 새 왕 효종은 지난날의 치욕을 갚자며 북벌을 주장하였다. 의리와 명분을 강조한 서인 세력도 적극적으로 나섰다.

그럴듯한 명분이었지만 준비는 만만찮았다. 청의 감시가 심하였고, 전쟁을 준비하기에는 민들의 생활이 너무 어려웠다. 그래도 서인은 북벌을 계속 주장하였다. 그것이 전쟁을 불러온 책임을 회피하고, 자신들의 집권을 연장하는 데 도움이 되었기 때문이다.

나도 역사가

1. 소현 세자와 봉림 대군이 청나라에서 어떻게 생활하였는지 조사해 보자.
2. 《허생전》을 읽어 보고 북벌론의 문제점을 정리해 보자.

과거와 현재의 대화

국제 관계에서 자존심과 실리를 함께 지킨 사례를 찾아보자.

네 아버지 곁으로 가련다

몽아비 보아라. …… 슬프다. 네 부친 초상 때에 함께 죽기가 무엇이 어려웠으랴만, 여든 노친이 의지하실 데가 없고 가장의 후사를 잇지 못한 데다 두 딸이 어리니, 차마 함께 죽을 수가 없었다. …… 아마도 남은 목숨이 길 것 같고, 병들어 죽을 것 같지도 않다. 그렇게 되면 (네 아버지와) 한날 죽기로 한 맹세는 고치기 어렵고, 지하에 가서도 네 아버지 얼굴을 대할 면목이 없을 듯하여, 네 효성을 다 보지 못하고 돌아간다.

손가락을 끊어 피로 쓴 편지 곳곳에는 핏자국이 번져 글자를 알아보기 힘든 곳이 많다. 스물일곱 살 꽃다운 나이에 청상과부가 된 열부 이씨. 그녀는 남편이 죽자 집안을 바로잡은 다음, 남편이 세상을 떠난 바로 그날을 택해 이 편지 한 장을 남기고 스스로 목숨을 끊었다.

참으로 지극한 사랑이다. 조선 중기 이후에는 이러한 열녀들이 많이 나왔다. 그런데 열남들의 이야기가 전하지 않는 것을 보면, 이는 여성에게만 강요된 정절 관념과 무관하지 않은 것으로 보인다. 임진왜란 때 어떤 부인이 왜군을 피해 나루터로 달려갔다. 사공은 황급히 부인의 손을 끌어 배에 올렸는데, 부인이 갑자기 강물에 몸을 던졌다. 남의 남자에게 손을 잡혀 정절을 잃었기 때문이라고 한다.

조선 왕조가 뿌리를 내리고 유교적 풍속과 가치가 생활 속에 깊이 자리 잡으면서 여성들의 수난은 더욱 심해졌다. 고려 때까지는 남편이 죽으면 부인이 재혼하는 것이 자연스러웠다. 그러나 조선 시대에 남성들에게는 부인이 버젓이 살아 있는데도 다른 여자를 볼 수 있는 일부다처제가 공인된 반면, 여성들에게는 남편이 죽은 뒤까지도 정절이 강요되는 사회가 되었다.

종아리를 때리고 나서

손자를 불러 혹독하게 꾸짖고,

"손들고 있으라." 준엄하게 벌주었네.

회초리로 종아리를 세차게 때리니,

외마디 비명이 터져 나오네.

10여 대를 때리고 나서 차마 더 때리지 못하고,

나중에 봐 가면서 더 때린다고 타일렀네.

그만 때리자 한참을 엎드려 우는데,

늙은이 마음 또한 울고 싶을 뿐이라.

할아비 마음 헤아려야 할 것이니,

언제 아이의 지혜가 밝아져

때가 되면 스스로 허물을 알게 될꼬?

개선하길 바라는 것이 참으로 지극한 정이라

응당 후일에 알게 될 것이니,

거의 느끼게 되는 날이 있으리라.

– 이문건, 《양아록》

어떠한가? 뿌리 깊은 사대부 가문. 숨 막히는 엄격한 교육이 떠오르게 마련이지만, 한편으로는 할아버지의 따뜻한 마음과 지극한 사랑도 느껴지지 않는가? 이 글의 주인공인 이문건 할아버지는 잇단 사화로 귀양살이를 하던 중 유배지에서 이 글을 썼다. 1551년에 태어난 손자가 열여섯 살이 될 때까지 겪은 일을 일기 형식으로 남긴 것이 450년 동안 대대로 대물림되었다.

이 글은 읽으라는 책은 읽지도 않고 이틀 내내 그네만 타는 손자를 벌주고 나서 썼다. 청소년 시절에 독서를 싫어하고 장난하며 놀기를 좋아하는 것은 옛 선비나 우리나 마찬가지인 것 같다. 이 할아버지의 손자는 물가에 가서 고기잡이에 몰두한다거나 심지어 동네 할아버지를 따라갔다가 술에 취해 돌아오기도 하여 할아버지의 탄식을 자아내었다.

하고 싶은 것, 놀고 싶은 것을 참고 열심히 공부하기는 예나 지금이나 정말 어렵다. 다음에 소개하는 글은 율곡 이이가 지은 《격몽요결》에서 뽑았는데, 공부하면서 때로 두고 보면 좋다. 《격몽요결》은 학생들에게 학문하는 자세를 가르쳐 준다. 사람이 학문에 뜻을 두고 똑바로 매진해도 성취할 수 없는 것은 옛 습관이 가로막아 실패하기 때문이다. 그 조목을 열거하면 다음과 같다.

- 마음과 뜻을 게을리하고 그 몸가짐을 함부로 해서 다만 한가하고 편안하기만을 생각하고 구속을 몹시 싫어하는 것.
- 항상 움직이는 것만 생각하여, 안정을 지킬 수 없고 분주히 드나들면서 떠들며 헛되이 날을 보내는 것.
- 같은 것을 좋아하고 다른 것을 싫어하여, 옛날부터 내려오는 것에 골몰하고 조금 고치려 하다가도 남들에게 따돌림을 받을까 봐 두려워하는 것.
- 글이나 말로써 세상의 칭찬받기를 좋아하여, 경전을 표절해 알맹이 없는 글을 꾸미는 것.
- 부하고 귀한 것을 부러워하고 빈하고 천한 것을 싫어하여, 나쁜 옷을 입고 나쁜 음식을 먹는 것을 몹시 부끄럽게 여기는 것.
- 즐기고자 하는 욕심에 절제가 없으니 끊어서 억제할 수 없고, 재물의 이익과 노래와 여색의 맛이 달콤하니, 이것을 익혀 마음을 해치는 것.

8

나라 다시 세우기

《다산비기》와 정약용

1894년, 동학 농민 운동은 실패하였다. 전봉준은 붙잡혀 일본의 심문을 받았다. 그때 일본이 끈질기게 캐물은 것 중 하나가 바로 《다산비기》다. 당시 동학 지도자 손화중이 《다산비기》를 선운사 마애불의 배꼽에서 꺼내어 보았다는 소문이 있었기 때문이다. 《다산비기》는 다산 정약용이 써서 비밀리에 전한 책이라는 뜻이다. 당시에는 '《다산비기》가 세상에 나오는 날 한성이 망한다'는 소문이 나돌았다.

그 후 《다산비기》에 대해 이런저런 이야기가 많이 나왔다. 어떤 사람들은 《다산비기》가 따로 있는 것이 아니라 《목민심서》나 《경세유표》였다고 하고, 어떤 사람들은 동학 농민군 지도자가 민심을 얻으려고 지어낸 이야기일 뿐이라고도 하였다. 어쨌든 정약용이 죽은 지 60년 가까이 지난 시기에 이러한 이야기가 나왔다는 것이 무척 흥미롭다.

대동법을 확대하라

만날 사람 김육, 송시열. 유형원   주요 사건 대동법 확대 실시

농민들의 굶주림은 계속되었다. 유형원은 "세금을 조금 줄여 준다고 해결될 단계는 지났습니다. 농민에게 토지가 골고루 돌아가게 해야만 해결될 수 있다고 생각합니다."라고 주장하였다. 그러나 송시열은 "지주 전호제야말로 하늘이 정한 이치입니다. 이것을 바꾸어서는 사회가 유지될 수 없습니다."라며 반대하였다.

— 흩어지는 농민들

임진왜란의 상처가 아물고 있던 1623년, 김육은 충청도 음성이라는 작은 고을의 원님이 되었다. 그는 위로는 임금을 잘 받들고 아래로는 백성을 잘 보살펴 훌륭한 원님이 되겠다고 여러 차례 다짐하였다. 하지만 음성에 도착한 김육은 고을 농민들의 비참한 삶을 보며 가슴을 치지 않을 수 없었다. 농민들은 대부분 제 땅이 아닌 남의 땅을 빌려 농사를 짓고 있었다. 게다가 가을걷이의 절반은 지주에게 바쳐야만 하였다. 추수가 막 끝난 가을에도 굶주림은 계속되었고, 나라에 낼 세금을 마련하려고 다음 해 농사에 씨앗으로 써야 할 곡식마저 써 버리기 일쑤였다.

김육은 먹고살 길이 없어서 구걸하며 떠돌아다니는 사람들을 길거리에서 수없이 만났다.

소작
조선 후기의 풍속화가 김홍도의 〈타작〉이다. 곰방대를 물고 거만하게 누워 있는 양반 지주와 땀 흘리는 소작농의 모습이 대조적이다.

— 대동법을 실시하자

김육은 원님으로서 농민의 생활을 보살피려고 최선을 다하였다. 그러나 작은 고을 원님의 힘으로 어찌할 수 없는 제도적인 문제가 있음을 뼈저리게 느꼈다. 세금 제도를 고쳐야만 농민들의 삶이 조금이라도 나아질 수 있다는 사실을 분명히

알게 된 것이다.

그로부터 몇 년 뒤 중앙 관직에 나가게 된 김육은 조세 제도의 대개혁을 주장하고 나섰다. 그는 공물 내는 제도를 뜯어고치자고 하였다. 공물 납부를 둘러싼 폐해가 심했기 때문이다. 공물을 둘러싼 부정과 비리 탓에 호랑이 가죽으로 만든 깔개 하나가 무려 무명 200필과 맞먹을 정도였다. 김육은 소유한 토지의 면적에 따라 공물을 쌀로 내게 하는 대동법을 확대하자고 주장하였다.

그의 주장은 대동법이 확대될 경우 더 많은 세금을 낼 수밖에 없던 지주들의 반대에 부딪혔다. 그들의 이익을 대변하던 많은 관리들도 그의 주장에 반대하고 나섰다. 그들은 '백성들이 떠돌아다니지 못하게 하면 세금이 잘 걷히고, 그러면 나라 살림도 차차 나아질 것'이라며 호패법의 강화를 주장하였다. 그러나 김육은 '호패법은 먹고살 길이 없는 농민들을 도적으로 만들 뿐'이라며 뜻을 굽히지 않았다.

김육(1580~1658)
김육은 조세 제도의 개혁, 동전 사용 등 민들의 생활을 안정시키는 바탕 위에서 나라 살림을 돌볼 수 있는 여러 개혁을 시도하였다.

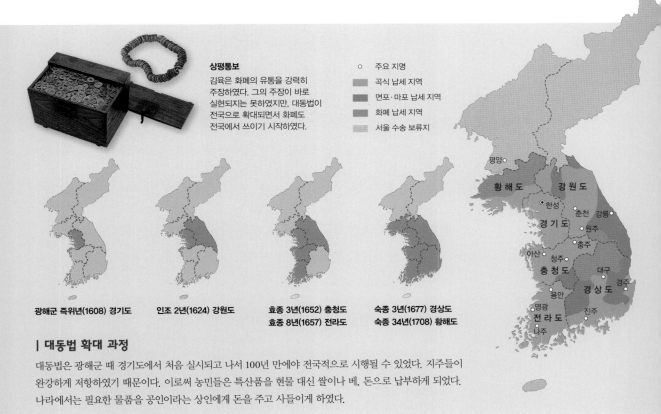

상평통보
김육은 화폐의 유통을 강력히 주장하였다. 그의 주장이 바로 실현되지는 못하였지만, 대동법이 전국으로 확대되면서 화폐도 전국에서 쓰이기 시작하였다.

○ 주요 지명
■ 곡식 납세 지역
■ 면포·마포 납세 지역
■ 화폐 납세 지역
■ 서울 수송 보류지

평양 / 황해도 / 강원도 / 한성 / 춘천 / 강릉 / 경기도 / 원주 / 아산 / 청주 / 충주 / 충청도 / 대구 / 경상도 / 경주 / 용안 / 영광 / 전라도 / 진주 / 나주

광해군 즉위년(1608) 경기도

인조 2년(1624) 강원도

효종 3년(1652) 충청도
효종 8년(1657) 전라도

숙종 3년(1677) 경상도
숙종 34년(1708) 황해도

| 대동법 확대 과정

대동법은 광해군 때 경기도에서 처음 실시되고 나서 100년 만에야 전국적으로 시행될 수 있었다. 지주들이 완강하게 저항하였기 때문이다. 이로써 농민들은 특산품을 현물 대신 쌀이나 베, 돈으로 납부하게 되었다. 나라에서는 필요한 물품을 공인이라는 상인에게 돈을 주고 사들이게 하였다.

"한 마을에 100집이 있다면 그 가운데 끼니 걱정을 하지 않는 집은 한둘에 지나지 않고, 건너뛰어서라도 겨우 끼니를 이어 가는 집이 열 집 정도이며, 나머지는 겨울이 지나기도 전에 아침저녁 연기가 끊어진 채 굶주림에 울부짖는다."

김육의 주장으로 전라, 충청 지역까지 대동법이 확대되어 조금 나아진 농촌의 모습이 이 정도였다. 이러한 현실을 어떻게 극복할지, 두 학자의 해결책을 들어 보자.

유형원 위기의 근본적 원인을 파악하는 것이 중요하다고 봅니다. 지금 땅을 많이 가진 지주들 중에는 땅을 놀리는 사람도 있는데, 대다수 농민들은 경작할 땅이 없습니다. 농민이 어려운 것은 바로 이 때문입니다.

송시열 백성의 생활을 안정시키려면 백성의 세금을 덜어 주어야 합니다. 대동법을 전국적으로 확대한다거나, 상민들만 부담하는 군포를 양반에게도 물린다면 백성의 생활도 나아질 것입니다.

유형원 저는 세금을 조금 줄여 준다고 해결될 단계는 지났다고 생각합니다. 토지 제도를 개혁해서 농민들에게 토지가 골고루 돌아가게 해야만 해결될 수 있다고 봅니다.

송시열 땅마다 임자가 있고, 땅이 없는 사람은 땅을 빌려 경작하는 지주 전호제야말로 하늘이 정한 이치입니다. 이것을 바꿔서는 사회가 유지될 수 없습니다.

송시열(1607~1689)
대표적인 유학자로 효종의 스승이다. 높은 관직을 두루 거치면서 여러 정책을 추진하였다. 조정은 물론 학자 사회에도 큰 영향을 미치는 인물이다.

유형원(1622~1673)
관직을 멀리하고 전라도 부안에서 날로 어려워지는 농촌 사회의 현실을 직접 지켜보면서 사회 개혁론 정리에 몰두하고 있는 학자이다.

근본적인 개혁이 필요하다

대동법이 확대된 뒤에도 농민의 생활은 나아지지 않았다. 이에 조정에서는 새로운 대책을 마련하느라 분주하였다.

하지만 조정에서 내린 결론은 실망스러운 것이었다. 토지 제도를 고쳐 농민의 생활을 안정시키자는 주장은 받아들여지지 않았다. 그리고 '양반에게도 군포를 물려 농민의 세 부담을 줄여 주자'는 방안도 양반과 상놈의 차별이 반드시 필요하다는 이유로 거부되었다. 요란하게 출발한 개혁의 움직임은 대동법이 적용되는 지역을 늘리는 정도에서 끝났다.

결국 대동법은 전국적으로 실시되었으나, 땅 없는 농민들의 어려움은 아무도 살펴 주지 않았다. 지주들은 자신들이 내야 할 토지세를 소작농에게 떠넘기는 경우가 많았다. 나라에서도 새로운 세금을 자꾸 만들었기 때문에 농민의 생활은 실질적으로 개선되지 못하였다.

농민의 생활은 '대동법 실시 전보다 더 비참하다'고 할 정도로 나빠졌다. 수탈에 견디다 못한 농민들은 고향을 등지고 떠나, 어떤 고을은 '절반이 비었다'고 보고될 정도였다.

이러한 현실에서 실학이라는, 사회 개혁을 주장하는 새로운 학문이 등장하였다.

공명첩

받는 사람의 이름이 적혀 있지 않은 일종의 임명장이다. 전쟁이나 흉년으로 곡식이 필요할 때 곡식을 바치는 사람에게 이 공명첩을 발급해 신분을 올려 주거나 벼슬을 주었다. 숙종 때에는 한 해에 공명첩을 2만 장 발급하기도 하였는데, 그 결과 신분 질서가 크게 흐트러졌다.

나도 역사가

송시열과 유형원의 주장을 서로 비교해 보자. 그리고 어느 한쪽의 입장을 선택하여 지지하는 글을 써 보자.

토지를 농민에게

정약용은 토지를 개인이 소유할 수 없도록 하자고 주장하였다. '마을 단위로 공동 농장을 만들어 농민들이 함께 농사짓고, 그곳에서 얻은 것은 일한 만큼 나누어 갖도록 하자.'는 방안이었다. 그는 이를 바탕으로 사회 전체를 새롭게 바꿔 보려고 하였다.

모내기

북 장단에 맞추어 농민들이 한 줄로 늘어서서 모내기를 하고 있다. 모내기는 볍씨를 논에 바로 뿌리지 않고 못자리에 뿌렸다가 모가 알맞게 자라면 논으로 옮겨 심는 방법이다. 이렇게 하면 김매기가 쉬워져서 노동력은 1/3 이하로 줄고, 수확량은 두세 배 많아진다. 또 벼가 모판에서 자라는 동안 농토를 활용할 수 있어서 이모작이 가능하다.

━ 흥부와 놀부로 나뉘는 농민

농민의 생활은 갈수록 악화되었고, 이에 따라 수많은 사회 문제가 발생하였다. 그러나 집권층의 정책은 근본적인 개혁과는 거리가 있었다.

이런 가운데 유형원, 이익, 정약용 등과 같이 농민 문제를 해결하여 사회 개혁을 이루어 보려는 사람들이 나타났다. 이들을 중농학파 실학자라고 한다.

이들은 '부자의 토지는 거대한 규모로 늘어 가고 가난한 자는 송곳 하나 꽂을 땅이 없으니, 부자는 더욱 부자가 되고 가난한 자는 더욱 가난해지고 있다'고 주장하였다. 대다수 농민들이 땅을 갖고 있지 못한 것이 모든 문제의 원인이라고 생각한 것이다.

이러한 문제는 임진왜란 이후 갈수록 심해졌다. 돈 많고 권세 있는 사람들은 앞다투어 농지를 개간하여 대지주가 되었다. 또 새로운 농사 기술이 보급되어, '물 좋은 논에 모를 심고 …… 살진 밭에 면화 하기, 자갈밭에 서숙 갈고, 황토

밭에 참외 심고, 비탈밭에 담배를 재배'하여 큰 부자가 된 놀부 같은 사람도 나타났다.

한편 이렇게 소수가 많은 토지를 차지하자, 농사지을 땅조차 구하지 못하는 농민들이 늘어만 갔다. 어쩔 수 없이 그들은 흥부처럼 '이월 동풍에 가래질하기, 삼사월에 부침질하기, 일등 전답 무논 갈기, 이 집 저 집 돌아가며 이엉 엮기, 궂은 날에 멍석 말기' 등으로 품을 팔며 어렵게 살아갔다.

《반계수록》
유형원의 생각이 잘 나타나 있는 책이다. 그는 농민 문제를 해결하여 국가 체제를 전면적으로 개조해야 한다고 주장하였다. 중농학파 실학자들은 그의 주장을 계승하여 발전시켰다.

▬ 경작하는 농민에게 토지를

중농학파 실학자들은 농사짓는 농민이 자기 땅을 갖지 못한 데 모든 사회 문제의 원인이 있다고 보았다. 그들은 '경작하는 농민에게 토지를' 나누어 주어야만 문제가 해결될 수 있다고 보았다.

일찍이 유형원은 '모든 토지를 나라 땅으로 한 다음 관리, 선비, 농민들에게 차등을 두어 토지를 지급하자'고 주장하였다.

이익은 농민이라면 누구나 최소한의 경작 토지를 가져야 한다고 주장하면서 '나라에서 일정한 토지를 영업전으로 정하고, 영업전보다 많은 토지를 가진 사람은 팔 수만 있게 하고, 영업전보다 적은 토지를 가진 사람은 살 수만 있게 하자'고 제안하였다.

이들의 뒤를 이어 정약용은 '토지를 개개인이 소유할 수 없도록 하고, 마을 단위로 공동 농장을 만들어 농민들이 함께 농사짓고, 그곳에서 얻은 것은 일한 만큼 나누어 갖도록 하자'는 방안을 내놓기도 하였다.

중농학파 실학자들은 대부분 농촌에 거주하면서 농민들이 겪는 어려움을 직접 체험하고, 농민들의 편에 선 개혁안을 내놓았다.

그러나 이들은 관직에 나가지 못한 경우가 많아서, 자신의 뜻을 펼칠 기회가 없었다.

《성호집》
이익(1681~1763)은 당쟁의 소용돌이 속에서 아버지와 형이 잇달아 죽임을 당하는 불행을 겪었다. 그는 일찌감치 벼슬을 포기하고 농사를 지으면서 체험한 농촌 현실을 바탕으로 농민의 편에 선 개혁안을 내놓았다.

▬ 터럭만큼도 병이 아닌 곳이 없으니

정약용은 "터럭만큼도 병이 아닌 곳이 없으니 지금이라도 고치지 않으면 나라가 망할 것이다." 하면서 여러 분야의 개혁 방안을 내놓았다. 유형원과 이익

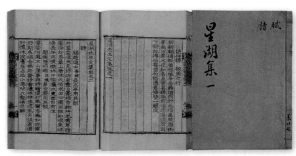

김홍도가 그린 〈자리 짜기〉이다. 양반 신분을 보여 주는 망건을 쓰고 자리를 짜는 아버지, 물레를 돌려 실을 잣는 어머니, 그 뒤로 책을 펴 놓고 글자를 막대기로 짚어 가며 읽고 있는 아들의 모습이 보인다. 몰락한 처지에서도 자식을 공부시키려는 모습이 눈물겹다. 조선 후기에는 이렇게 관직에 나아가지 못하고 경제적으로도 몰락한 양반들이 많았으며, 상민이나 천민 가운데 양반 신분을 새로 얻은 사람도 많았다. 신분 제도가 점차 무너지고 있었다.

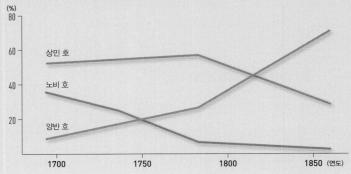

도 마찬가지였다.

이들은 신분 제도를 고쳐야 한다는 주장을 여러 차례 폈다. 이익은 양반과 상민의 차별을 없애고, 노비들도 점차 해방시켜야 한다고 주장하였다. 정약용은 "나에게 소망하는 것이 있다. 온 나라가 양반이 되게 하는 것이다. 그렇게 하면 양반이 없어지게 되기 때문이다."라며 신분제 폐지를 주장하기도 하였다.

실학자들은 정치 제도의 개혁도 주장하였다. 이익은 과거의 횟수와 합격자 수를 줄이고 실용 학문 시험을 치러 인재를 등용하자고 제안하였다. 정약용은 《목민심서》, 《경세유표》 같은 책을 써서 지방 행정과 중앙 정치를 개혁할 다양한 방안을 내놓았다.

중농학파 실학자들은 이렇게 토지 제도를 고쳐 농민 생활을 안정시키자는 주장에만 머무르지 않았다. 이를 바탕으로 사회 전체를 새롭게 만들기 위한 다양한 방안을 내놓았다.

── 백성이 나라의 주인이다

실학자들은 늘 '열심히 일하는 농민들이 잘사는 나라'를 꿈꾸었으며, 이러한 사회를 만들려는 강한 의지가 있었다. 이들은 나라가 백성을 위한 정치

정약용과 다산초당

다산초당은 정약용(1762~1836)이
유배되어 살던 곳이다. 그의 중요한 저술인
《목민심서》, 《경세유표》 등이 여기에서
집필되었다. 원래 초가였지만 복원할 때
지붕에 기와를 얹었다.

를 하여야 한다는 생각을 넘어, 백성이 나라의 주인이라는 주장을 펴기도
하였다.

> 천자란 무엇 때문에 있는가? 하늘이 천자를 내려보내 세운 것인가, 아니면 땅
> 에서 솟아나 천자가 된 것인가? 다섯 집이 합해서 1린이 되고 다섯 집에서 인
> 장을 추대하며, 5린이 합해서 1리가 되고 5린에서 추대한 사람이 이장이 된다.
> …… 그래서 왕이 나오고 천자가 나온다. 따라서 천자는 여러 사람이 추대하여
> 되는 것이다. 이는 여러 사람이 추대하지 않으면 천자가 될 수 없다는 말과 같
> 다. …… 그러므로 나라가 잘못되면 그를 추대한 사람들이 의논하여 바꿀 수도
> 있는 것이다.
>
> — 정약용, 《탕론》

　민이 나라의 주인이라면, 군주는 민의 심부름꾼인 셈이다. 실학자들의
주도하에 '민이 주인 되는 새 세상'은 성큼 다가오고 있었다.

나도 역사가

1. 《흥부전》을 읽고 조선 후기 농민들의 생활 모습을 정리해 보자.
2. 정약용의 유배를 풀어 달라는 상소문을 써 보자.

상공업을 발전시켜야 ③

가 볼 곳 베이징, 송파 나루   만날 사람 박지원, 박제가, 홍대용   주요 사건 중상학파의 형성

한편 중상학파 실학자들은 상공업을 업신여긴 그동안의 잘못된 풍조를 비판하였다. " 상업이나 수공업에 종사하는 것이 조금도 부끄러운 일이 아니다." 하였으며, 더 나아가 "양반도 상업에 종사하도록 하여야 한다."라고 주장하였다.

― 청나라를 배우자

1780년 6월, 박지원은 처음으로 중국 땅을 밟았다. 여러 날 여행하면서 어려움도 많이 겪었다. 그렇지만 말로만 듣던 청의 수도를 방문하고, 새로운 문물을 마음껏 볼 수 있었으니 고생길만은 아니었다.

사실 여행을 떠날 때부터 기대가 컸다. 늘 스스럼없이 교류하던 선배나 제자로부터 청에 대한 이야기를 많이 들었기 때문이다. 하지만 막상 눈으로 확인한 청의 모습은 생각하던 것 이상이었다.

그래서 박지원은 산천과 성곽, 배와 수레, 생활 도구에서 저잣거리의 모습과 상품, 농사, 도자기 굽기 등에 이르기까지 자기 눈으로 본 것은 모두 꼼꼼히 기록하면서 조선 것과 비교해 보았다.

청에서 돌아온 박지원은 깊은 생각에 잠겼다. 오랑캐로만 여기던 청이 실은 조선보다 더 발전해 있었기 때문이다. 그들이 발전할 수 있었던 까닭

마테오리치의 곤여만국전도
중국을 세계의 중심으로 생각한 당시의 세계관을 크게 바꾸어 놓는 계기가 되었다.

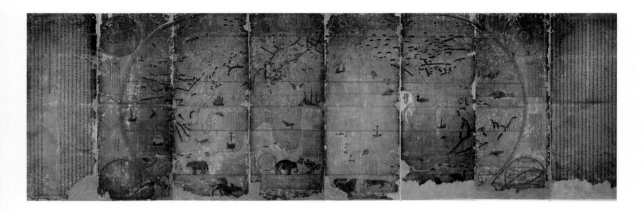

은 무엇일까, 조선이 더 발전하려면 어떻게 하여야 할까?

상공업이 나라를 부강하게 만든다

사실 박지원이 살고 있던 서울은 그 모습이 하루가 다르게 바뀌고 있었다. 박지원의 집이 있던 종루^{종로}는 물론이고, 이현^{동대문}이나 칠패^{남대문} 같은 곳에는 대규모 시장이 형성되어 있었다. 마포와 송파 나루는 흥청댄다 싶을 정도로 상업이 크게 발달하였다. 서울은 거대한 도시로 발전하고 있었던 것이다.

번성하는 서울의 모습을 늘 지켜본 박지원은 상업의 발전이 수공업의 발전을 가져오고 결국은 나라를 부강하게 할 것이라고 생각하였다. 이를 위해서는 청의 문물을 배워 기술을 개발하고 외국과 무역을 활발히 할 필요가 있다고 생각하였다.

박지원의 집에 수시로 드나들었고 여러 차례 중국을 방문한 박제가를 비롯하여 많은 사람들이 박지원과 비슷한 생각을 하였다. 이들을 중상학파, 혹은 북학파라고 한다.

나라가 부강해지려면

상공업의 발전을 주장한 중상학파 실학자들은 상공업을 업신여긴 그동안의 잘못된 풍조를 비판하였다. 상업이나 수공업에 종사하는 것이 조금도

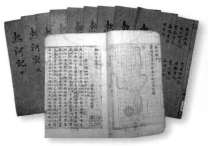

《열하일기》
박지원(1737~1805)은 이름 있는 관리 집안에서 태어나 서울에서 생활하였다. 실용적인 학문 활동을 강조하였는데, '그것이 백성에게 유익하고 국가에 유용할 때에는, 비록 그 법이 오랑캐로부터 나왔다 할지라도 배워야 한다'며 청의 선진 문물 도입을 주장하였다. 중국에 다녀와서 쓴 《열하일기》에는 박지원의 사상이 잘 나타나 있다.

시장
중상학파 실학자들은 대부분 권력을 잡고 있는 노론 집안 출신이었다. 또한 그들은 상공업이 발달하여 번화한 도시에 살았으며, 여러 차례 청을 여행하여 새로운 문물을 접하였다. 이러한 점에서, 농촌에서 농민들이 겪는 어려움을 지켜보면서 개혁 방안을 마련한 중농학파와 비교가 된다. 그림은 김학수가 그린 〈숭례문 밖 옛 칠패시〉(1994)이다.

연장 만들기

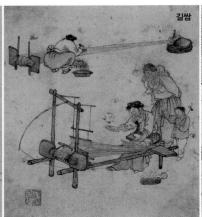

길쌈

기와 이기

홍대용(1731~1783)
청나라 선비 엄성이 그린 홍대용의
초상이다. 홍대용은 청에서 서양 선교사와
교류하였으며, 서양의 과학 서적과 자명종
같은 기구를 가지고 귀국하였다. 지구가
자전한다는 사실을 논리적으로 설명하였으며,
수학의 발전에도 많은 업적을 남겼다.

부끄러운 일이 아님을 여러 차례 강조하였다. 그리고 양반도 상업에 종사하도록 해야 한다고 주장하였다.

이와 함께 신분 제도와 토지 제도를 비롯한 사회 전반의 개혁에 대한 구상도 내놓았다. 박지원은 양반 중심의 신분 제도와 대의명분만을 강조하는 양반 문화를 신랄하게 비판하였다. 박제가는 "서민들도 재능과 덕행이 남다르고 한 가지 기술과 예능이 있으면 다 벼슬을 주어야 한다."라고 주장하였다. 홍대용은 신분에 관계없이 양반과 평민의 자녀를 같이 공부시키고, 그 가운데 우수한 자를 뽑아 벼슬을 주는 방식으로 교육 제도를 바꾸자고 주장하였다.

그렇다고 중상학파 실학자들이 농업 발전을 소홀히 여긴 것은 아니다. 이들은 특히 농업 기술의 개발에 역점을 두고 농기구의 개량이나 수리 시설, 누에치기, 씨뿌리기에 관한 선진 기술도 소개하였다. 또 경작하는 농민들에게 토지를 고루 나누어 줄 수 있는 방안도 모색하였다.

나도 역사가

《허생전》을 읽고, 상업 발달이라는 면에서 조선의 전기와 후기를 비교해 보자.

과거와 현재의 대화

박제가는 중국의 발달된 문물을 더 잘 배우기 위하여 아예 중국어를 공용어로 삼자고 주장하기도 하였다. 이 주장에 대하여 자신의 생각을 이야기해 보자.

대상인 김만덕

여성의 사회 활동이 제약되었던 조선 시대에 여성이 이름을 남길 수 있었을까? 신사임당처럼 유명한 아들을 두지도 않았고, 황진이처럼 이름난 기생도 아니고, 양반도 아닌 평민 출신으로서, 그것도 대사업가로.

김만덕은 정조 때 제주도에 살던 평민 출신의 대상인이다. 그녀는 어릴 때 전국을 휩쓴 전염병으로 부모를 모두 잃고 늙은 기생의 집에서 더부살이를 하다가 기생이 되고 말았다. 그러나 미모와 뛰어난 재능으로 제주도를 대표하는 기생으로 떠오르고는 관가의 기녀 명단에서 자기 이름을 빼 달라고 끈질기게 탄원하여 본래의 양인 신분을 회복하였다. 그 후 결혼도 마다하고 사업에 뛰어들었다.

객주를 열고 그곳에 출입하는 상인들을 통해 물건의 유통 과정을 익힌 그녀는 전라도에서 쌀과 무명 등을 사들이고 제주도의 특산물인 약재, 전복, 재목, 갓 등을 전라도에 팔았다. 때로 변동하는 물가를 잘 이용하여 많은 이익을 남겼고, 한라산에 많던 사슴을 이용하여 녹용 장사를 해서 큰 재미를 보기도 하였다. 난초 재배에도 손을 대 큰 이익을 남겼다. 세월이 흘러 그녀는 제주도에서 손꼽히는 대상인이 되었다.

1794년 가을, 제주도에 태풍이 휩쓸고 지나가 추수를 앞둔 제주도의 모든 것을 앗아 갔다. 온 섬에 굶어 죽는 자가 즐비하였다. 백성을 구제하는 곡식을 전라도에서 실어 왔지만 턱없이 모자랄 뿐이었다. 양식을 나누어 주지 않으면 수천 명이 그대로 굶어 죽을 판이었다. 이때 그녀는 자신의 모든 재산을 기꺼이 내놓았다.

김만덕의 이야기가 정조에게도 알려지고 장안의 화제가 되었다. 당시 재상이던 채제공이 그녀의 전기를 직접 써 주기도 하였다.

화성을 쌓아라

가 볼 곳 규장각, 화성　　만날 사람 정조, 정약용, 박제가　　주요 사건 규장각과 장용영 설치, 화성 건설

조정이 혼란에 빠져 있었다. 각 붕당이 나라의 이익보다는 자기 당의 이익을 앞세우고, 심지어 임금까지 선택하려고 하였다. 정조는 이러한 상황을 '나라가 큰 병을 앓는 사람처럼 원기가 다 빠진 상태'라고 진단하였다. 근본적인 개혁이 필요하였던 것이다.

─── 사도 세자의 아들

정조는 토지 제도 개혁을 주장한 정약용과 상공업 진흥을 주장한 박제가, 이 두 사람을 비롯해서 젊고 유능한 인재들을 끌어모았다. 정조는 이들을 중심으로 새로운 정치를 시도하였다.

정조의 아버지는 "살려 주소서, 아바마마!"라는 피맺힌 절규를 남긴 채 뒤주에 갇혀 죽은 사도 세자이다. 왕위를 이을 세자였으나, 당시 권력을 잡고 있던 노론 세력과 수시로 부딪치고 노론과 대립하던 소론·남인과 가깝게 지낸 것이 화근이었다.

정조도 왕위에 오르기 전에 노론이 보낸 자객 때문에 죽을 고비를 몇 번 넘겨야만 하였다. 붕당끼리 서로 비판하고 견제하면서 정치를 운영한 붕당 정치의 틀이 깨지면서, 조정은 혼란에 빠져 있었다. 각 붕당이 나라의 이익

탕평비

영조는 성균관 앞에 이 비를 세워 양반들이 붕당에 속하는 것을 경계하도록 하였다. 그리고 그 자신이 붕당을 가리지 않고 인재를 고르게 등용한다는 탕평책을 실시하였다. 하지만 자신의 집권을 도운 노론의 독주를 막기는 어려웠다.

| 붕당의 계보

붕당 정치는 16세기 말 선조 때 동인과 서인의 분당으로 시작되었다. 그 뒤 동인이 남인과 북인으로 나뉘었는데, 광해군이 물러나면서 그때 정권을 잡았던 북인은 모조리 몰락하였다. 인조반정 이후 서인과 남인이 치열하게 대립하였으나, 숙종 때를 지나면서 남인이 거의 몰락하였고, 영조 때에 이르러 노론이 정권을 독차지하였다. 이 남인, 북인, 노론, 소론을 가리켜 사색 붕당이라고 하였다.

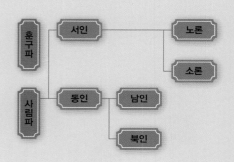

보다는 자기 당의 이익을 앞세우고, 심지어 임금까지 선택하려고 하였다. 정조는 이러한 상황을 '나라가 큰 병을 앓은 사람처럼 원기가 다 빠진 상태'라고 진단하고 근본적인 개혁이 필요하다고 판단하였다.

― 규장각을 설치하라

조정에 노론 세력이 가득한 상태에서는 개혁을 시작하기 힘들었다. 하지만 개혁은 미룰 수 없는 과제였다.

정조는 우선 약화된 왕권을 바로 세우려고 하였다. 이를 위하여 규장각을 설치하고 당파에 물들지 않은 새로운 인사들을 널리 등용하였다. 그리고 노론 세력이 틀어쥐고 있던 병권을 견제하기 위하여 장용영이라는 국왕 직속 군대를 설치하였다. 두 기구는 정조의 개혁을 뒷받침하였다.

정조가 개혁을 시도하자 노론 쪽의 반발이 만만찮았다. 하지만 정조는 남인과 소론 인사를 등

▶능행도
정조는 위풍당당한 장용영 군사들을 앞세우고 사도 세자의 능에 자주 들렀다. 노론을 견제하려는 군사적 시위의 성격이 있었지만, 한편으로는 백성들을 직접 만나 그들의 생생한 목소리를 듣는다는 목적도 있었다. 정조의 능행길에는 누구든 징을 울려 왕의 행차를 가로막고 자신의 억울함을 직접 호소할 수 있었다.

◀규장각
정조의 즉위와 동시에 만들어진 왕실 도서관이다. 나중에는 개혁 세력을 모으고 개혁 정책을 만들어 내는 기구로 중요한 구실을 하였다. 규장각에서 활동한 인사들 중에는 서자라는 이유로 벼슬길이 막혀 있던 사람도 많았다.

▲ 만석거 저수지
화성을 중심으로 동서남북 방향에 각각 호수를 파고 저수지를
축조하였는데, 그중 하나이다. 이 저수지 주변을 농지로 정리하여 화성
건설에 참여한 농민들에게 나누어 줄 계획이었다. 지금도 이 저수지의
물은 넓은 들을 적시는 관개용수로 활용되고 있다.

거중기와 화성
거중기는 화성을 쌓을 때 무거운
물건을 쉽게 들어 올리도록
정약용이 움직도르래의 원리를
이용하여 고안하였다. 정조가
정약용에게 "거중기를 써서
돈 4만 냥을 절약하였구나."
하고 칭찬하였을 만큼 경비
절약에 크게 기여하였다.

용하고, 민과의 직접적인 대화를 통해 노론을 압박하
면서 여러 개혁 정책을 추진하였다.

시전 상인들이 누리던 특권을 폐지하여 도성 안에
서 난전 상인들도 상업 활동을 자유롭게 할 수 있도
록 하였다. 또 서자라는 이유로 관직에 나아갈 수 없
었던 제도를 폐지하여 박제가, 유득공 같은 서자들이
나라의 재목이 될 수 있도록 하였다. 아예 노비 제도
를 폐지하려고도 하였다.

━ 화성으로 가자!

오랫동안 정권을 잡고 있던 노론 세력의 저항도 만만
찮았다. 그들은 끊임없이 개혁 세력을 흠집 내고, 개
혁을 무너뜨리려고 하였다.

이에 맞서 정조는 노론의 근거지인 서울을 벗어나
더욱 철저한 개혁을 추진하려고 오늘날의 수원에 화
성을 새로 짓기 시작하였다. 성 건설에는 개혁 세력
의 염원이 담겨 있었고, 그들의 모든 지혜가 동원되
었다.

또한 민을 강제로 끌어들여 공사를 시키지 않고, 농촌을 떠나 떠돌이로 살아가는 사람들을 임금을 주고 부렸다. 화성 건설이 곧 새로운 일자리를 만드는 과정이었다.

공사는 예정보다 훨씬 일찍 끝났다. 화성 건설을 끝낸 정조는 이곳으로 자유 상인과 수공업자들을 대거 이주시켜 상공업의 중심지로 삼고자 하였다. 화성이 개혁 세력의 중심지로 떠오르고 있었다.

━ 좌절된 개혁

화성이 완성되고 개혁 세력의 꿈이 조금씩 펼쳐지던 1800년, 건강하던 정조가 갑작스럽게 세상을 떠났다. 그리고 정조의 개혁도 끝이 났다.

개혁 정치를 주도한 신진 인사들은 모두 제거되었다. 정약용은 서학^{천주교}과 관련되었다는 이유로 귀양 보내져 다시는 정계에 발을 들여놓지 못하였다. 박제가도 함께 쫓겨났다.

정조가 추진한 노비제 폐지도 원래 구상에서 크게 후퇴하여 관청에 소속된 공노비만 해방하는 데 그치고 말았다. 그것마저도 정조의 개혁 기구인 장용영을 혁파한 비용으로 충당하였다.

노론 세력은 한꺼번에 모든 권력을 틀어쥐었다. 노론의 몇몇 가문이 왕실의 외척으로서 정권을 독차지하는 세도 정치가 시작된 것이다.

정치권의 마지막 개혁은 이렇게 끝을 맺고 말았다. 민들은 개혁이 무너지고 다시 옛날로 돌아가는 현실에 크게 실망하였다. 이제 개혁의 과제는 제도 정치권 밖에 있는 농민들의 손으로 넘어갔다.

나도 역사가

정조의 개혁이 실패한 이유는 무엇일까? 개혁이 성공하는 데 필요한 조건들을 생각해 보자.

아름다운 화성

華城

"목숨을 걸고 적과 싸우느라 필요한 성을 왜 험악하게 짓지 않고 아름답게 짓습니까?" 신하들의 이러한 볼멘소리에 정조는 "어리석은 신하들아, 아름다움이 적을 이기느니라."고 대답하였다고 한다. 그만큼 화성은 빼어나게 아름다운 성이다. 정약용의 치밀한 설계로 지어진 화성은 돌과 벽돌을 적절히 잘 섞어 지어 튼튼하기로도 유명하다.

또한 화성은 우리나라의 전통 성 쌓기 방식에 중국과 서양의 성 만드는 방식이 잘 어우러진 특색 있는 건축물이다. 이 성은 그전의 방어용 성곽과는 달리

● **팔달문**

창룡문, 화서문, 장안문과 함께 화성 4대문의 하나이다. 각 성문은 적을 무찌르기 위한 시설인 반달 모양의 옹성으로 둘러싸여 있다. 성문 위에는 구멍이 다섯 개 뚫린 일종의 물통인 오성지를 설치하여 적이 성문에 불을 지를 경우에도 대비하였다.

● 장대

성의 안팎이 한눈에 들어오는 곳에 있기 때문에 장군이 여기에서 지휘하였다. 뒤편에는 노대가 있어서 활을 쏘는 무사가 머물렀다.

● 성벽

아래쪽은 돌을, 위쪽은 벽돌을 써서 세웠다. 성벽 가운데쯤은 오목하게 들어가고 위아래는 볼록하게 나오도록 쌓아, 적이 성을 타고 넘어올 수 없게 만들었다.

중화기를 걸어 두고 적을 공격할 수 있도록 한 전투용 성곽의 특징을 보여 주고 있다.

화성은 정조의 죽음으로 결국 한 번도 성으로서 제 구실을 못 하고 말았다. 그렇지만 이 성에는 조선을 개혁하고자 하는 정조와 그 시대 사람들의 의지가 담겨 있었다. 현재 유네스코가 지정하는 세계문화유산으로 등록되어 있다.

● 봉돈

성을 지키고 주변을 살피며 상황을 알리는 시설이다. 커다란 연기 구멍을 다섯 개 두어 신호를 보낼 수 있도록 하였다.

● 암문

성곽의 깊숙하고 후미진 곳에 두어, 사람이나 가축이 문을 통해 양식 등을 실어 나르도록 하였다. 바깥쪽에 있는 적에게는 보이지 않는 비밀 통로였다.

● 공심돈

높이가 상당한 원형 건축물로서 아름다운 곡선미가 돋보인다. 안에서는 적의 움직임을 훤히 내려다볼 수 있지만 밖에서는 내부를 전혀 짐작할 수 없게 되어 있다. 군사들이 숙직할 수 있도록 건물의 맨 아래쪽에는 온돌방을 설치하였다.

겸재 정선, 예술의 길을 가다

어릴 적에 붓을 손에 든 겸재 정선은 여든네 살에 이르러 죽음이 그의 손에서 붓을 떨어뜨릴 때까지 그림을 그렸다. 그의 친구는 그가 쓰다 버린 붓을 쌓으면 작은 무덤 하나는 만들 수 있을 것이라고 하였다. 그는 사람들이 그림을 부탁할 때 거절하는 법이 없었다. 그는 엄청난 노력파였으며 그림을 무척 사랑하였다.

그의 명작 '인왕산 그림'은 수십 년 단짝의 죽음을 슬퍼하며 그린 것이다. 먼 길 떠나는 친구에게 보내는 마지막 선물이었을까? 그는 화구를 들고 친구와 함께 오르던 동산에 올라 친구와 나눈 추억이 가득 담겨 있는 마을과 그 뒷산을 화폭에 담았다. 그림 속 마을은 안개 때문인지 눈물 탓인지 축축이 물기에 잠겨 있는데, 인왕산의 바위는 변함없이 우람한 모습으로 서 있다.

정선의 인왕산 그림을 들고 동대문 성벽에 오르면 '아, 이래서 진경산수화라고 부르는구나.' 싶게 그림과 비슷한 경치를 만나게 된다. 18세기 전반에 그려진 겸재 정선의 그림들은 개발되기 전 우리나라 산천의 모습을 증언하는 귀중한 기록화이다. 그는 우리나라 경치를 직접 눈으로 보고 실제 경치를 화폭에 담았다.

조선의 선구 화가 최북이 말한 것처럼 "조선 사람이니 조선의 산천을 그리는" 것이 당연하겠지만, 그때까지 우리나라 화단은 중국의 경치를 그렸다. 그러한 경향이 정선에 이르러 바뀌었다. 그는 임진왜란 이후 성숙해진 민족적 각성, 실학과 국학의 연구 등으로 새롭게 일어난 사회 분위기를 바탕으로 그림에서 사실주의를 실천해 내었다.

겸재 정선은 화가이다. 그렇다면 그의 신분은 중인이었을까? 전문적 화가, 즉 화원이라면 당시에는 도화서 소속의 중인 신분이었다. 그러나 그는 양반 출신이었다.

그는 몰락한 양반 집안에서 태어나 열네 살 때 아버지를 잃었다. 그것도 생일에……. 그리고 나서 그해 그의 스승마저 정치적 사건에 얽히어 낙향하였다. 어린 나이에 끼니를 잇기 어려운 생업 전선에서 출세를 포기하고 그림에 몰두하게 되었다. 그러나 양반으로서 그림을 그린다는 것은 쉬운 일이 아니었다. 당시에는 그림을 안다는 양반들조차 전문적으로 그림 그리는 일을 천하게 여겼다. 정선은 청소년기에 남다른 용기와 결단으로 그림과 진실하게 만났으며 평생을 흔들리지 않고 예술의 길을 갔다.

9

일어서는
농민들

말뚝이가 여는 세상

농민들은 고달픈 삶 속에서도 신명 나는 자신들만의 문화를
일구어 나갔다. 명절 같은 특별한 날에는 마을굿이 벌어지
는데 어느 마을이건 풍물놀이가 빠지지 않았다. 마을 농민
들의 공동 노동 조직인 두레의 깃발을 앞세우고 풍물을 신
나게 두드리는 농악은, 흥을 돋우고 마을 사람들의 단결도
다졌다. 그러나 양반들은 농악을 금지하려고 하였다. 농민
들이 모여서 서로 뭉치는 것이 마땅찮았기 때문이다. 양반
들은 특히 분위기가 무르익으면 터져 나오는 자신들에 대한
거침없는 비판이 부담스러웠다.

양반들에 대한 비판은 탈을 쓰고 하는 탈굿에서 한층 더 두
드러졌다. 농민들은 맨 얼굴로 할 수 없었던 이야기를 탈을
쓰고 서슴없이 토해 내었다. 여러 지역의 탈춤에서 주인공으
로 나오는 말뚝이는 "개잘양이라는 양 자에, 개다리소반이라
는 반 자 쓰는 양반이 나오신다."라며 양반을 한껏 조롱한다.
말뚝이에게 조롱당한 양반들은 호통을 치면서 체통을 세워
보려고 하지만 오히려 더 큰 수모를 당하고 만다. "너 이놈,
말 들어라. 너희 하는 일 볼진대 능지처참할 짓이로되, 차마
죽이지 못하고 내 용서할 것이니 너희 마음 고쳐먹고……."
민중이 벌써 양반과 대결하여 승리하고 있었던 것이다. 적
어도 탈춤판에서만큼은.

새로운 세상을 꿈꾸는 민중

가 볼 곳 양주, 강진　　　만날 사람 여환, 최제우　　　주요 사건 미륵 신앙 유행, 동학 창시, 삼정 문란

동학은 몰락한 양반 최제우가 창시하였다. "사람이 곧 하늘이라. 사람 섬기기를 하늘 섬기듯 하라."라며 관리와 백성, 부자와 가난한 자, 남자와 여자, 어른과 아이 사이의 온갖 차별을 폐지하자고 주장하였다. 동학은 민중 사이에 급격히 확산되었다.

▬ 새로운 세상이 열리기를

19세기가 시작되었다. 1801년 개혁 군주 정조가 죽고 그의 아들 순조가 열두 살이라는 어린 나이로 즉위하면서 세도 정치가 시작되었다. 세도 정치란, 공당도 아닌 안동 김씨·풍양 조씨 등 몇몇 가문이 국정을 함부로 운영한 정치이다. 나라의 장래보다는 가문의 이익이 중요하였던 그들은 관직을 쉽게 사고팔았다. 뇌물을 바치고 관직에 오른 지방관들은 농민 수탈에 혈안이 되었다. 재난과 질병도 거듭되었다.

　허탈한 농민들은 다시 미륵 신앙에 의지하고 각종 예언 사상에 마음을 주기도 하였다. 한 치 앞이 보이지 않는 어두운 현실에서 희망의 빛을 찾아 하루하루를 살아갈 수밖에 없었다. 민들에게 힘들고 버거운 세상이 어제오

운주사의 와불
운주사에 가면 언제 만들어졌는지 모르는 미륵불 둘이 나란히 누워 있다. 이 와불은 자연 암반에 조각한 뒤 일으켜 세우려다 실패한 것이다. 돌부처를 조성하고도 세우지 못한 사람들은 실망이 컸을 것이다. 그러나 시간이 흐르면서 농민들의 실망은 점차 기대로 바뀌어 '와불님이 일어나시는 날, 새로운 세상이 온다'는 희망의 전설을 만들어 냈다.

늘의 일은 아니었다.

숙종 때에도 이런 일이 있었다. 경기도 양주에 미륵불을 섬기는 여환이라는 승려가 있었다. 그는 '현세를 주관하는 석가의 시대가 끝나고 이제 미래의 부처인 미륵이 이 땅에 내려와 새로운 세상을 열 것'이라고 주장하였다. 그를 따르는 사람들이 많았다. 어느 날 여환은 신도를 모두 불러 모았다. 그러고 나서 "다가올 7월에 큰비가 내려 도성이 무너질 것이다."라고 예언하며, 칼과 창으로 무장시켜 서울 근교의 양주로 모이게 하였다. 이제 큰비가 내리면 한성이 어지러운 틈을 타 궁궐로 쳐들어가는 일만 남았다. 그러나 그렇게 바라던 큰비는 내리지 않았고, 실망한 군중은 모두 흩어지고 말았다.

말세라고 하거나 왕조가 교체될 것이라고 하는 각종 예언 사상도 크게 유행하였다. "이씨 왕조가 망하고, 정씨가 계룡산에 새 나라를 세운다." 이렇게 주장하는 《정감록》이라는 책도 널리 읽혔다. 이를 근거로 조선 왕조를 무너뜨리고 새 나라를 만들자는 움직임도 일어났다.

밖으로는 위력적 총포로 무장한 서양의 배^{이양선}들이 연해에 출몰하면서 민심은 종잡을 수 없을 정도로 극히 어수선해졌다.

〈옥호정도〉
옥호정은 당시의 세도가 안동 김씨 김조순의 집이다. 당시에는 출세하려면 세도가의 문전을 기웃거려야만 하였다. 관직을 사고파는 일은 예사가 되어 감사는 몇 만 냥, 현감은 몇 천 냥 등으로 가격이 정해지기도 하였다.

사람이 곧 하늘이라

이때 천주교와 동학사상이 농민들의 마음을 파고들었다. 신분제가 크게 동요하던 당시의 상황에서 탐학한 지방 관리들과 그들의 학정에 하루하루 괴로움에 시달리는 풀뿌리 민들이 모두 평등한 사람이라는 주장은 민들의 마음에 혁명처럼 다가왔다.

'서학'이라고 불리던 천주교는 중국에 사신으로 갔던 우리나라 사신들이 소개하였다. 처음에는 실학자들이 《천주실의》 같은 교리서를 학문적으로 연구하는 단계였는데, 점차 신자가 생기고 교세가 확산되면서 많은 사람들이 신앙하였다. '하느님 앞에 모든 사람이 평등하다'는 주장은 유교 사회에서 억압받던 여성과 민들에게 자

〈애절양〉
이 시에는 탐관오리의 군포 수탈로 인한 농민의 아픔이 잘 드러나 있다. 1803년, 정약용이 유배지인 전라도 강진에서 실제 있었던 일을 직접 듣고 지었다. 이 시기 농민들은 군포뿐만 아니라 토지에 매기는 전정, 가난한 농민을 구제하려고 봄에 곡식을 빌려 주는 제도인 환곡마저 문란해져 큰 고통을 받았다. 이를 삼정의 문란이라고 한다.

갈밭 마을 젊은 여인 울음도 설워라.
관아 향해 울부짖다 하늘 보고 호소하네.
군인 남편 못 돌아옴은 있을 법도 한 일이나
사내가 생식기 잘랐단 말 들어 보지 못했노라.
시아버지 죽어서 이미 상복 입었고
갓난아인 배냇물도 안 말랐는데
삼대의 이름이 군적에 실리다니.

— 정약용, 〈애절양〉

계룡산 신도안 터
《정감록》에 나타난 십승지 중 하나이다. 십승지는 몸을 보존할 열 군데의 땅인데, 이곳에 들어가면 가난한 사람은 살고 부자는 죽는다고 알려져 있다. 《정감록》은 머지않아 차별이 없는 이상 세계가 다가올 것이라고 예언한다.

기 존재에 대한 강한 긍정으로 다가왔다. 놀란 지배층의 거듭된 탄압에도 목숨을 아끼지 않고 신앙을 지킨 순교자가 많이 나온 이유가 여기에 있다.

동학은 1860년 경주 지방의 몰락 양반 최제우가 창시하였다. "사람이 곧 하늘이라. ^{인내천} 사람 섬기기를 하늘 섬기듯 하라."라는 그의 가르침은 농민들 사이에 급속도로 퍼져 나갔다. 유교·불교·도교에 민간 신앙까지 결합한 동학의 교리들은 거부감 없이 민간에 널리 전파될 수 있었다. 그들은 '양반과 상민을 차별하지 않고, 노비 제도가 없으며, 사회적 약자인 여성과 어린이의 인격을 존중하는' 평등한 사회를 추구하였다. 민들의 의식은 크게 고양되었으며, 허울만 남은 양반을 중심에 둔 조선의 통치 체제는 큰 타격을 받았다. 정부는 최제우를 잡아 죽이고 갖가지 방법으로 탄압하였으나, 민도 존중받아 마땅한 평등한 인간이라고 생각하는 것을 막을 수는 없었다.

지배층과 민들 사이 갈등의 골은 더욱 깊어졌다. 파탄에 이른 농촌 경제는 민들에게 다른 선택을 남겨 두지 않았다. 스스로 단결하여 어두운 시대를 헤쳐 나가는 일밖에 없었다. 민들은 온몸을 던져 새로운 희망을 일구어 냈다.

── 깨어나는 농민들

농민들은 지배층의 수탈에 더 적극적으로 저항하였다. 16세 이상의 성인 남자에게 부과되는 것이 원칙인 군포가 갓난아이나 백골이 된 할아버지에게까지 부과되고, 관리들이 빼돌린 관청 곡식^{환곡}을 농민들에게 갚게 하고, 살기 힘들어 도주한 친족과 이웃의 세금까지 나누어 내게 하는 것을 더는 묵묵히 참아 내지 않았다. 그럴 수 없었다.

벽서, 괘서 등 평화적인 형태로 나타나던 농민들의 저항은 점차 무장봉기로 바뀌었다. 지주에게 소작료를 낮추어 달라고 요구하고, 관청에 맞서 부당한 세금 납부를 거부하는 투쟁과는 달랐다. 목숨을 걸었다. 홍경래의 봉기로 시작된 농민들의 항쟁은 시간이 지나면서 전국적 봉기로 확산되었다. 19세기는 모두가 항쟁을 생각하는 시대가 되고 있었다.

경주 용담정과 최제우
최제우(1824~1854)는 경주 용담정에서 오랜 수련 끝에 동학을 창시하였다. 수련 과정에서 '어리석은 사람 구제하기'를 필생의 업으로 삼겠다며 이름을 제우(濟愚)로 고쳤다.

나도 역사가

미륵 신앙과 관련된 유적이나 유물을 찾아보자.

풍속화로 본 농촌 여성들의 삶

초승달이 규중에 뜨자

계집아이들 어울려 나와

고개 쳐들고 별을 헨다.

별 일곱 나 일곱.

— 민요시

별 헤던 소녀들의 꿈은 '시집가고 사흘 만에' 깨어지게 마련이었다. 그녀들의 고달픈 삶은 민요나 풍속화에 실려 우리에게 전한다. 세 번은 삶고 밤새 다듬이질을 해야 하는 '흰옷을 즐겨 입는 민족'을 지키기 위하여, 가족의 빈 위장을 나물을 뜯어서라도 채우기 위하여……

그런데 어디에서인가 소리가 들려왔다. "남자도 여자도 모두가 한울이다." 헛소리를 들은 것일까? 꼭 그렇지만은 않았나 보다. 동학이 고을마다 널리 퍼져 나가고 있었다.

평안도에서 일어난 홍경래

가 볼 곳 정주성   만날 사람 홍경래, 우군칙 등   주요 사건 평안도 농민 전쟁

홍경래는 정주성에서 죽었다. 하지만 "정주성에서 죽은 홍경래는 가짜 홍경래다. 진짜 홍경래는 살아 있다."라는 말이 끊임없이 민간에 떠돌았다. 홍경래는 새로운 세상을 꿈꾸는 민들의 마음에서 영원한 전설이 되었다.

─ 다복동에 모여든 사람들

평안도 가산군에 다복동이라는 작은 마을이 있었다. 은밀하고 조용한 곳이면서 평안도에서 가장 큰 장인 박천의 진두장과 가까워서 다른 곳과 연락하기도 아주 좋은 곳이었다.

1811년 9월 어느 날, 비밀 기지인 다복동 앞 섬 신도에서 홍경래를 비롯하여 우군칙, 이희저, 김창시 등이 비밀회의를 하고 있었다.

홍경래 오늘 여러분을 모이게 한 것은 거사 준비 상황을 점검하고 구체적인 거사 계획을 확정하기 위해서입니다.

김창시 올해 전국적인 가뭄으로 굶어 죽은 사람이 헤아릴 수 없이 많습니다. 특히 평안도가 가장 심합니다. 떠도는 농민들도 어느 때보다 많아 나라가 어수선합니다. 올해 안에 거사하는 것이 좋을 듯합니다.

이희저 광산 개발과 대외 무역을 막은 정부 조치 때문에 상인과 광산 업자들의 불만도 어느 때보다 높습니다. 게다가 이 부유층에 수령의 세금 수탈이 집중되자 늘어만 가는 세금을 감당하지 못해 아우성입니다. 이들만 포섭하면 든든한 자금줄이 될 것입니다.

홍경래 이 동지가 그 일을 맡아 주십시오. 그리고 우 동지는 금광을 연다고 소문을 내어 사람들을 불러 모으세요. "가난하거나 굶주린 자들은 오라." 하면 떠도는 농민들이 몰려들 것입니다.

홍경래
42세. 몰락한 양반 집안에서 태어나 한때 과거에 응시하였지만 낙방하였다. 그 뒤 남의 묏자리나 봐주며 전국을 떠돌아다녔다. 난의 주모자로서 봉기군의 총사령관을 맡았다.

김창시
36세. 유학자로서 소과에 합격하여 진사까지 되었지만, 집안이 기울자 꿈을 접고 상업에 뛰어들었다. 격문을 쓰는 등 봉기군의 이념을 뒷받침하였다.

이희저
나이 미상. 노비 출신으로 운산의 금광 경영과 장사로 큰돈을 모은 인물이다. 봉기군의 후방 사령관으로서 자금을 지원하였다.

우군칙
36세. 의주 상인을 낀 홍삼 밀무역과 금광업에 몸담아 돈을 모았다. 홍경래와 함께 동지를 끌어모았으며, 봉기군의 총참모를 맡았다.

김사용
30대 후반. 향리 출신이지만 매우 가난하여 재산이라고는 달랑 초가삼간뿐이었다. 봉기군의 부원수로서 북진군을 지휘하였다.

우군칙 사람들을 끌어모으는 대로 임금을 주고 총포 쏘는 것부터 훈련할까 합니다.

홍경래 이 동지께서는 다복동의 무기, 군복, 군량미, 군마를 다시 한 번 점검해 주십시오. 그리고 김 동지께서는 봉기를 호소하는 격문을 작성하시지요.

이희저·김창시 예, 알겠습니다.

홍경래 지난 봉기 때 우 동지께 각 성에서 호응할 세력을 포섭하라고 부탁드렸는데 어떻게 되고 있습니까?

우군칙 평안도에 대한 차별을 부각해 그들의 울분을 자극한 것이 먹혀들고 있습니다. 모두 봉기 날짜만 기다리고 있습니다.

홍경래 자, 그럼 우리 거사 날에 봅시다! 이날, 우리는 새 역사를 쓸 것입니다. 동지들! 최선을 다해 주십시오.

〈평양 감사 선유도〉
한밤중에 평양 감사가 뱃놀이를 하는 모습이다. 강 양쪽으로는 낮 동안 농사로 지친 백성들이 끌려 나와 밤새도록 횃불을 밝혀 들고 있어야만 하였다. 상공업이 발달한 평안도 지역이었기 때문에 이렇게 호화로운 뱃놀이를 할 수 있었다.

평서 대원수는 급히 격문을 띄우노라. 무릇 관서 지방은 단군 조선의 터전으로 예부터 문물이 빛났고, 임진·병자 두 병란을 극복하는 데 큰 공을 세운 인물이 난 자랑스러운 곳이다. 그런데도 조정에서는 이 땅을 천시하니, 어찌 억울하고 원통하지 않겠는가? 지금 나이 어린 임금이 위에 있고 간신배가 날로 성하여 김조순, 박종경의 무리가 나라의 권력을 멋대로 휘두르니, 정치는 어지럽고 백성은 도탄에 빠졌다. 그러나 다행히 세상을 건질 성인이 나타났으니, 성문을 활짝 열어 우리 군대를 맞으라. 만약 어리석게 항거하는 자가 있으면, 철기 5,000으로 남김없이 밟아 무찌르리니……

― 평안도를 휩쓸다

1811년, 나라에 큰 흉년이 들었다. 특히 평안도 지역이 가장 심해 민심이 극도로 흉흉해졌다. 12월 18일, 드디어 홍경래는 '세도 정권 타도'라는 뚜렷한 정치적 목표를 담은 격문을 띄우고, 10년 동안이나 준비한 군사 1,000여 명을 일으켰다. 봉기군은 남진군과 북진군으로 나뉘어 먼저 평안도를 점령한 다음, 곧바로 서울로 진격해 들어갈 계획이었다.

계획은 순조롭게 진행되어, 봉기군은 불과 열흘 만에 의주와 안주를 제외한 청천강 이북 전 지역을 장악하였다. 인원도 수천 명으로 불어났다. 의지할 데 없는 유랑민들이 봉기군에 앞다투어 가담하였기 때문이다. 봉기군이 관청을 장악할 때마다 창고를 열어 가난한 백성을 구제한 것도 효과를 거두고 있었다. 이렇게 해서 봉기군은 짧은 시간에 넓은 지역을 장악할 수 있었다.

12월 22일, 농민군의 봉기 소식을 접하고 크게 당황한 조정은 부랴부랴 정부군을 파견하였다. 드디어 12월 25일, 정부군과 맞선 첫 싸움에서는 봉기군이 기선을 제압하였다. 그러나 전열을 정비하면서 2,000여 명으로 늘어난 정부군은 송림 전투에서 봉기군을 물리쳤다. 이때부터 봉기군이 밀리기 시작하여 결국 정주성까지 후퇴하였다.

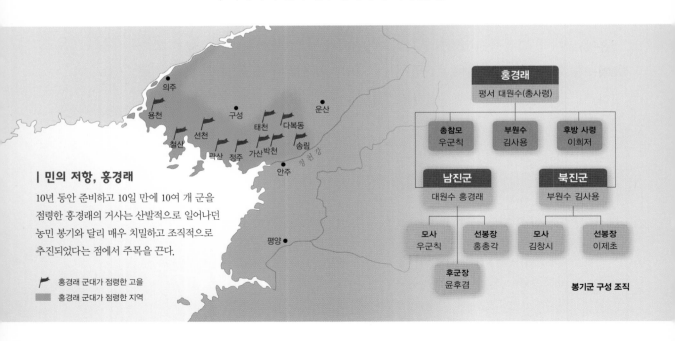

| 민의 저항, 홍경래

10년 동안 준비하고 10일 만에 10여 개 군을 점령한 홍경래의 거사는 산발적으로 일어나던 농민 봉기와 달리 매우 치밀하고 조직적으로 추진되었다는 점에서 주목을 끈다.

🚩 홍경래 군대가 점령한 고을
⬛ 홍경래 군대가 점령한 지역

봉기군 구성 조직

— 홍경래는 죽지 않았다

봉기군은 정주성에서 다른 지역의 백성들이 호응해 줄 것으로 기대하였으나 호응은 전혀 없었다. 토지 제도 개혁이나 신분제 폐지같이 농민층을 끌어들일 만한 개혁안을 제시하지 못한 것이 그 원인이었다. 결국 봉기군은 정주성에 고립되어 외로운 싸움을 벌여야만 하였다.

그렇지만 봉기군은 죽을 각오로 싸웠고, 넉 달이 지나도록 정주성은 함락되지 않았다. 조급해진 정부군은 성 밑에 땅굴을 파고 거기에 화약 1,800근을 묻은 뒤 불을 붙였다. 요란한 폭음과 함께 성벽이 무너지자, 정부군이 물밀듯이 성 안으로 밀어닥쳤다. 1812년 4월 19일의 일이다.

성을 점령한 정부군은 잔인하게 보복하였다. 전투가 끝난 후 살아남은 사람은 모두 2,983명이었으나, 그 가운데 여자와 어린아이 1,066명을 빼고 열 살이 넘은 소년과 노인을 포함한 1,917명을 모두 죽였다.

〈신미년 정주성 공위도〉
서울에서 파견된 정부군이 정주에서 농민과 대치하고 있는 광경 중 일부이다.

홍경래도 정주성에서 죽었다. 하지만 "정주성에서 죽은 홍경래는 가짜 홍경래다. 진짜 홍경래는 살아 있다."라는 이야기가 끊임없이 민간에 떠돌았다. 민들에게 홍경래는 그들이 염원하는 새로운 세상으로 통하는 문이었다.

나도 역사가

실패한 평안도 농민 전쟁을 거울삼아 홍경래의 격문을 다시 써 보자.

솟아오르는 민중의 힘 장승

장생(長生), 벅수, 할매, 할배 등 여러 이름으로 불리는 장승은 마을의 수호신이었다. 사람들은 들녘에 일을 나갈 때나 들어올 때 마을 지킴이인 장승에 삼가 마음을 표하였다. 세상일이 뜻대로 되지 않을 때는 일부러 찾아가서 한탄을 하고 기원도 하였다. 그리고 한 해 농사를 준비하는 대보름날을 전후하여 장승 주위에서 풍년과 마을의 평화를 기원하는 대축제인 장승제를 벌였다.

장승 중에는 부처의 얼굴을 해서 미륵이라고 불리는 것도 있었다. 풍수신앙과 연결되어 땅 힘을 북돋는 구실을 하는 것도 있었다. 음양의 이

● **불회사 장승(전남 나주)**
마을 장승만 있었던 것은 아니다. 민간의 장승 신앙은 일찍부터 사찰에 도입되었고, 조선 후기에 많은 사찰 장승을 남겨 놓기에 이르렀다.

● **실상사 장승(전북 남원)**
조선 후기에 솟아오르는 민중의 힘을 가장 잘 표현한 장승이다. 실상사 입구에 강을 사이에 두고 서 있는데, 두 장승 모두 높이 2.5미터에 벙거지를 쓴 모습이며 주먹코가 특징이다.

치를 좇아 남녀 장승이 짝으로 만들어지는 경우도 많았다. 이렇게 우리는 장승에서 지배층의 종교이던 유교로부터 탄압받고 소외되어 민중 속에서만 생명력을 유지하고 있던 전통 신앙들까지 만나 볼 수 있다.

조선 후기에 유교가 제구실을 해내지 못하자, 이러한 전통 신앙들은 민중의 고통스러운 현실을 보듬으며 기지개를 펼 수 있었다. 조선 후기에 민중의 성장과 맞물려 장승들도 본격적으로 만들어졌다. 특히

민란이 터져 나오던 18, 19세기에 집중적으로 만들어졌다. 그리고 장승은 조선 후기 민중 항쟁이 드세던 지역에서 더욱 많이 눈에 띈다.

부릅뜨고 있는 듯한 크고 불거진 눈, 분노에 벌름거리는 펑퍼짐한 코, 된장 냄새가 날 것 같은 정겨운 얼굴은 그대로 민중의 자화상이었다. 전통적인 미의식을 파괴하는 그들의 거칠고 자유분방한 얼굴에서는 전통 질서에 대한 민중의 저항과 힘을 느낄 수 있다.

● 운봉 장승(전북 남원)
권위적인 장승의 모습에서 탈피하여 우리에게 가깝게 다가오는 마을 장승이다. 오랜 경륜으로 마을을 지도하고 보호해 주는 할아버지, 할머니 같은 장승이다.

전국적으로 일어서는 민중 ③

가 볼 곳 진주 관아   만날 사람 유계춘, 박규수   주요 사건 1862년 농민 항쟁, 삼정 이정청 설치

유계춘을 비롯한 농민들은 "탐관오리들이 훔쳐 먹은 환곡을 다시 백성에게 거두지 마라!" 하고 외치면서 대규모 시위를 벌였다. 그리고 나서 관가로 쳐들어가 그동안의 잘못을 인정하고 고치라고 요구하였다.

농민 봉기 전야

평안도에서 대규모 항쟁이 일어났어도 나라의 정치는 개혁되지 않았다. 부패한 정권은 잔인한 보복으로 민중을 위협하였을 뿐, 세금 제도를 고치지도, 신분 제도를 고치지도 않았다.

자신들의 처지가 개선될 기미가 보이기는커녕 날이 갈수록 악화되자, 농민들은 홍경래의 뒤를 이어 각지에서 저항하기 시작하였다. 부당한 세금 수탈에 대해서는 수령에게 항의하였다. 그것이 먹혀들지 않으면 관찰사를 찾아가고, 이도 저도 안 되면 한성으로 가서 정식으로 이의를 제기하기도 하였다. 그리고 나서도 안 되면 다양한 실력 행사를 하기에 이르렀다.

농민들의 의식이 이렇게 성장한 데는 글줄깨나 아는 몰락한 양반들의 몫도 컸다. 양반이라 해도 농민과 처지가 다를 바 없이 가난한 사람들이 많았다. 이들은 농민들의 고통을 피부로 느끼면서 농민들을 대표하여 부당한 세금 수탈에 항의하는 진정서를 비변사에 직접 제출하기도 하였다.

진주 농민들이 불을 당기다

1862년은 농민 항쟁의 해였다. 전국 대부분의 고을에서 농민들이 봉기하여 조세 행정의 개선과 탐관오리의 축출을 요구하고 지주들에 대해서도 그동안 쌓인 불만을 터뜨렸다.

완문

본 읍에서 이번에 매긴 세금은 농민의 원에 따라 지금 혁파하니 이에 따라 영구히 실행함이 마땅하다.

목사(인)
이방 김윤두(인)
좌수 양(인)

진주 목사의 완문
진주 농민들은 부당한 조세 수탈 폐지를 약속하는 문서인 완문을 목사로부터 받아 냈다. 하지만 진주 봉기는 세금 제도 자체나 세금을 걷는 정부에 대한 저항으로까지 발전하지 못하였다.

봉기의 깃발은 진주에서 본격적으로 올랐다. 진주에 있던 경상우병사 백낙신이 부당하게 세금을 걷으려고 하자, 농민들이 조직적으로 맞선 것이다.

유계춘을 비롯한 농민들은 탐관오리의 부당한 조세 수탈에 맞서 봉기하였다. 이들은 "탐관오리들이 훔쳐 먹은 환곡을 다시 백성에게 거두지 마라!" 하고 외치면서 대규모 시위를 벌였다. 그러고 나서 관가로 쳐들어가 그동안의 잘못을 인정하고 고치라고 요구하였다. 겁에 질린 진주 목사는 요구대로 하겠다며 머리를 조아렸다. 백낙신도 마찬가지였다.

기세가 오른 농민들은 수령 밑에서 일하며 세금을 걷는 과정에서 나쁜 짓을 일삼던 아전들을 붙잡아 죽였다. 악질 양반 지주의 집도 때려 부수었다. 높은 소작료를 물리고 자신들 몫의 세금까지 농민들에게 떠넘긴 것에 대한 분풀이였다.

진주의 옛 장날 풍경
농민들은 장을 통해 세상 돌아가는 이야기를 접하였다. 장에서 자연스럽게 모임을 갖고 연락을 주고받는가 하면 군중을 선동할 수도 있었다.

| 1862년 임술 농민 봉기

한 해 동안 전국 72곳에서 농민 봉기가 일어난 것은 사상 유례가 없는 일이며, 농민들의 의식이 서서히 깨어나고 있음을 보여 준 사건이다.

박규수(1807~1877)
박규수는 박지원의 손자이다. 그는 1854년에 경상 좌도 암행어사로 나가 수령들이 저지르는 삼정의 폐단이 극심한 것을 보고 이들의 부정행위를 낱낱이 적어 조정에 보고하였다. 그러나 세도 정권은 박규수가 안핵사로 있으면서 난을 일으킨 농민들에게 관대하였다는 이유를 들어 벼슬에서 물러나게 하였다.

개령 농민 봉기 (1862)

진주 농민 봉기 (1862)

들불처럼 번져 가는 농민 항쟁

진주의 농민 봉기를 보고받은 조정은 큰 충격을 받았다. 진주 목사와 경상우병사를 서둘러 파직하고 진상 조사를 위하여 박규수를 안핵사로 파견하였다. 박규수는 출발하기 전에 "내 임무는 봉기 농민을 처벌하는 데 있지 않고, 폐단을 해결하여 진주 백성을 다시 살리는 데 있다."라는 회유문을 진주 농민들에게 전달하도록 하였다.

박규수는 진주로 내려가는 동안 민란이 여러 고을로 퍼져 나가는 것을 보았다. 감사가 새로 부임하고 안핵사가 내려갔는데도 봉기는 계속되고 있었다. 그나마 이웃 고을과 연대하는 움직임이 없는 것만으로도 다행이라고 생각할 정도였다. '탐관오리만 처벌하면 곧 난이 가라앉을 것'이라고 생각한 조정의 대응은 사태의 심각성에 비하여 지나치게 안일한 것이었다.

농민들의 봉기는 경상도, 전라도, 충청도로 들불처럼 번져 모두 70여 곳에서 일어났다. 이를 임술 농민 봉기라고 한다. 위기감을 느낀 조정은 태도를 바꾸어 주모자를 처형하였을 뿐 아니라, 가담자도 가혹하게 처벌하였다. 그렇지만 농민들의 항쟁은 좀처럼 수그러들 기미가 보이지 않았다. 박규수는 그 원인을 삼정 문란이라고 확신하였다. 그래서 삼정을 개혁할 특별 기구를 설치하고 여러 사람의 의견을 모아 수습책을 마련하자고 조정에 건의하였다.

삼정 이정청을 설치하였으나

조정은 박규수의 건의를 받아들여 삼정 이정청이라는 특별 기구를 설치하였다. 그리고 봉기의 원인이 된 삼정 제도의 개선 방안을 마련하려고 하였다. 전국적으로 타오르던 농민 항쟁의 거센 불길도 그 덕에 가라앉았다.

조정 안팎에서 다양한 개혁 방안이 제시되었다. 가장 문제가 많은 환곡 운영을 개선하자는 주장에서부터 "조세 행정 전체를 뜯어고치자.", 더 나아가 "조세 제도 개혁만으로는 안 된다. 토지 개혁을 실시하여 농민이 고루 잘살게 해 주어야 한다."라는 주장까지 나왔다.

그러나 결론은 "환곡을 토지세로 바꾼다."였다. 이는 가장 온건한 방안이었다. 그러나 이마저도 지주들의 반대에 부딪혀, 시행된 지 불과 70일 만에 없었던 것으로 되고 말았다. 전국적인 농민 봉기를 지켜보면서도 최소한의 개혁마저 실시하지 못한 것이다. 그것이 세도 정치였으니, 정치권에서 해결하지 못한다면 농민들이 직접 일어나 해결할 수밖에 없는 일이었다.

유계춘의 무덤
오늘날 고을마다 수령을 지낸 자들의 선정비가 즐비하다. 그런데 당시에 농민을 위하여 활동한 사람들을 기리는 유적은 없다. 오직 진주 유계춘(?~1862)의 무덤이 확인되었으나, 오랫동안 그의 행적을 알려 주는 제대로 된 비석 하나 없다가 2006년에야 세워졌다.

나도 역사가

1862년, 철종은 삼정의 개혁 방안을 구한다는 교지를 전국에 내려보냈다. 각자 의견을 담은 '내가 만든 삼정 이정책'을 발표해 보자.

알콩달콩 옛 그림 속으로

조선 후기에는 판소리, 탈춤, 민요 등 서민 문화가 발달하는 흐름 속에서 그림에도 많은 변화가 있었다. 구수하고 재치 있게 민중의 생활을 표현한 풍속화가 유행하였고, 그들의 신앙과 소망을 담은 민화도 발달하였다.

풍속화에는 근엄한 표정의 양반은 아예 등장하지도 않을뿐더러, 양반을 그림의 중심에 놓는 경우도 많지 않다. 오히려 민중이 그림의 주인공인 경우가 더 많다. 민중 한 사람, 한 사람이 자기만의 표정으로 그림 중심에 자리 잡은 것이다. 풍속화 가운데 김홍도는 원래 빼어난 궁궐 화가였지만, 풍속화에도 소질이 있어서 다양한 작품을 남겼다. 서당에서 천자문을 못 외워 눈물을 찍어 내는 학동의 그림이나 가을걷이를 끝내고 타작하는 농부의 그림에는 당시 생활 모습이 생생하게 묘사되어 있다.

한편 민화는 19세기에 크게 유행하였다. 우리의 일상생활과 밀접한 소재를 자유분방하게 표현한 그림들이다. 민화는 거칠 것 없고, 형식에 얽매이지 않는 민중의 심성을 잘 드러내 준다. 사람에게 중요한 것은 크게, 그렇지 않은 것은 작게 그리는 것이 그 예이다. 또 동물을 소재로 할 경우, 주로 민간 설화를 우스꽝스럽게 표현한다. 민화는 나쁜 귀신을 몰아내고 경사스러운 일을 불러들이는 부적처럼 쓰이기도 하였다.

● **호랑이와 까치**
민화에 가장 많이 등장하는 동물이 호랑이이다. 보통 호랑이는 상서로운 소식을 전한다는 까치와 함께 그려졌는데, 여기에서는 욕심 사나운 관리를 빗대어 그려진 것이라고 한다. 힘없는 까치에게 날마다 먹을 것을 내놓으라고 윽박지르는 호랑이는 영락없이 조선 후기 탐관오리의 모습이었다.

▲ 김홍도의 〈씨름도〉

장터일까? 씨름하는 사람들을 중심으로 구경꾼들이 빙 둘러싸고 있다. 근육이 불끈
솟도록 상대를 들어 올려 승부가 결정되는 순간의 긴장감이 잘 포착되었다. 모두 숨죽여
지켜보는 가운데 딴전을 부리는 엿장수 소년과 엿판을 바라보는 소년을 재치 있게
표현하였다.

▶ 전 신윤복의 〈대쾌도〉

택견과 씨름을 보고 즐기는 장면인데, 그림 아래쪽에 있는 술장수를 둘러싼 사람들의
모습도 익살스럽다.

● 십장생도

해·구름·바위·물·대나무·소나무·영지·학·사슴·거북 등을 담고 있는데, 자기 자신은
물론이고 자손들도 오래 살 수 있기를 바라는 마음이 깔려 있다.

비석치기, 송덕비가 별거냐

누구나 한번쯤 물수제비 뜨기를 해 보았을 것이다. 납작한 돌멩이를 골라서 호수나 강 표면에 절묘하게 던지면, 돌이 물을 차면서 연거푸 동심원을 그리며 튀어 날아간다. 돌은 아무 데서나 쉽게 구할 수 있으니, 장난감으로는 안성맞춤이다.

그런데 돌이라고 해서 모두 같은 돌은 아니다. 평민이나 천민과는 영 거리가 먼 돌이 많다. 옛 관아 근처에는 대개 비석거리가 있게 마련이다. 고을 원님이 떠나게 되면 으레 덕을 기린다고 세운 송덕비(頌德碑)들이 즐비한 것이다. 그 모든 것이 백성의 호주머니에서 나오는 것이기에, 안정복 같은 뜻있는 원님은 이를 애써 사양하기도 하였다. 그러나 평소 백성을 수탈하던 욕심 많은 원님은 고을을 떠나기 전에 돈을 거두어 비석을 세우기 일쑤였다.

어른들은 제 배만 잔뜩 채우다 떠나는 원님들의 덕이 어쩌고 하는 비석을 두고 코웃음을 쳤지만, 달리 어쩌지는 못하였다. 그러나 아이들은 달랐다. 비석에 오줌을 갈기기도 하고 비석치기를 하면

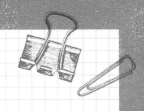

서 돌멩이를 마구 던져 흠을 냈다. 비석치기란, 비석을 표적으로 돌멩이를 던져 맞추는 놀이이다.

비석놀이도 있었다. 금을 긋고 저마다 돌을 나란히 세워 놓은 다음 5미터쯤 떨어진 자리에서 기왓장 조각 같은 것으로 넘어뜨리는 놀이이다. 처음에는 손으로 던져 맞추고, 다음에는 발등으로 옮겨서 맞춘다. 배로, 머리로 옮기는 위치를 바꾸어 가며 계속 진행한다. 금에 올려놓은 돌들은 송덕비를 대신한 셈이다.

에
필
로
그

민족의
형성과
민족 문화

우리 민족은 어떻게 형성되었을까

아차산성
백제가 도읍지를 지키기 위하여 만든 산성으로, 장수왕이 이끈
고구려군과 싸우던 백제 왕이 이곳으로 끌려와 죽음을 맞았다.
475년부터 고구려 땅이었는데, 진흥왕 때 신라가 이곳을 점령하였다.
고구려의 온달 장군이 신라군과 싸우다가 죽은 곳도 이곳으로
짐작된다. 나라의 주인이 수시로 바뀌었지만, 이 지역 사람들이 말이
안 통해 고생하였다는 기록은 어디에서도 볼 수 없다.

중원 고구려비(왼쪽)와 단양 적성비(오른쪽)
한강 유역 가까운 곳에 자리 잡고 있는 고구려와 신라의 비석이다.
두 나라의 주민 구성과 언어는 크게 다르지 않았다.

━ 삼국 사람들끼리 말이 통하였을까

> 선화 공주님은 善化公主主隱
>
> 남몰래 사랑을 나누고 他密只嫁良置古
>
> 서동 방으로 밤에 몰래 안겨 간다. 薯童房乙夜矣卯乙抱遣去如

—《삼국유사》

선화 공주는 진평왕 재위 579~632의 딸인데 아름답기로 널리 이름이 나 누구나
혼인하고 싶어 하였다. 백제 땅에 살던 서동도 그 가운데 하나였다. 서동은
신라의 서울로 들어가 이 노래를 지어 아이들에게 가르쳤다. 재미있게 부
르는 아이들의 노랫소리가 서울에 가득 찼다.

공주의 행실이 여러 사람의 입에 오르내리자, 화가 난 왕은 공주를 대궐
밖 먼 곳으로 쫓아냈다. 이때 서동이 길목에서 기다리다가 공주를 데리고
백제로 돌아갔는데, 그가 훗날 무왕이 되었다.

《삼국유사》에 따르면, 서동은 집안이 가난하였고 글을 배운 적이 없다.
만약 신라와 백제의 말이 달랐다면 이 이야기는 성립되기가 어렵다.

삼국의 사람들이 서로 만나는 이야기는 여러 기록에 나온다. 그러나 어

무열왕릉
김춘추는 신라가 세 나라를 통합하는 데 큰 공을 세웠다. 그때만
해도 민족을 배반하고 외세를 끌어들인다는 생각은 없었다.
그러나 그가 통일을 이룩함으로써 동족이라는 생각이 생겼고,
결국 김춘추는 동족을 배반하고 이민족을 끌어들였다는 비판을
받게 된 것이다.

처인성 전투
처인성은 흙성인 데다 그다지 높지 않아 작은 동산과 같았다.
이 성에서 김윤후와 처인 부곡민이 몽골군을 격퇴. 고려는 역사에
남을 큰 승리를 거두었다.

디에서도 통역이 필요하였다는 기록이 없다. 삼국의 말이 대체로 비슷하였
기 때문이다. 글도 마찬가지였다. 한자를 빌린 것이기는 하지만, 고구려와
신라가 모두 이두를 널리 사용하였다.

김춘추와 왕건의 차이

언어 말고도 세 나라 사람들 사이에 공통점이 있었다. 그래서 중국인들은
세 나라를 묶어 삼한이라고 불렀으며, 당사자들도 중국이나 왜, 북방 민족
과 이웃 나라를 구별하였다.

　하지만 세 나라가 서로 동족이라고 생각하며 협력한 것은 아니다. 세 나
라 사이에는 오히려 전쟁이 계속되어 서로서로 미워하고 침략의 대상으로
삼았다.

　백제의 공격으로 위기에 빠졌던 김춘추는 고구려에 도움을 요청하는 것
과 똑같은 생각으로 당에 도움을 요청하였다. 당과의 대결을 앞둔 연개소
문은 신라와 동맹하기를 거부하였다. 김춘추나 연개소문에게는 서로가 동
족이고, 그래서 머지않아 통일하여야 할 상대라는 생각은 없었다.

　그런데 200년 뒤 후삼국의 주역들은 이들과 달랐다. 후백제의 왕 견훤은

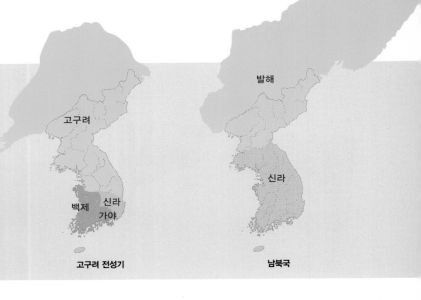

| 영토 변천사

오늘날과 같은 국경선이 확립된 것은 조선
초기의 일로, 세종 때 4군과 6진의 개척이
이루어진 결과이다. 이후에도 함경도
사람들이 두만강 이북에 진출하여 새로운
삶의 터전을 개척하였는데,
이곳이 곧 간도이다.

고구려

발해

신라

백제 신라
가야

고구려 전성기

남북국

왕건에게 글을 보내, "평양의 성문 위에 내 활을 걸고, 대동강 물을 내 말
에게 먹이고 싶다."라며 통일에 대한 강한 의지를 보였다. "신라가 경주에
9층탑을 쌓아 통일을 이루었듯이, 나는 개경에 7층탑을 쌓아 삼한을 통일
하리라." 이러한 왕건의 통일 의지도 결코 만만하지 않았다.

김춘추와 왕건의 차이, 그것은 어디에서 왔을까? 바로 신라가 삼국을 통
일한 이후 한 나라로 지낸 세월의 결과가 아닐까?

━ 나라 이름을 조선으로 한 까닭

신라가 통일한 지 200여 년 만에 후삼국으로 분열되었듯이, 고려가 통일한
뒤 200여 년이 지났을 무렵에도 비슷한 일이 일어났다.

옛 신라의 중심지에서 신라 부흥 운동이 일어났고, 얼마 뒤에는 백제 부
흥 운동도 일어나 큰 세력을 이룬 것이다. 그러나 이 운동은 곧 실패로 끝
났다. 여러 해 동안 한 나라에서 생활하며 동족이라는 생각이 더 자라났기
때문이기도 할 것이다.

하지만 분열을 꿈꾸는 사람들이 항상 나타난 이유는 그 사회 안에 있었
다. 신라가 진골 귀족 중심의 폐쇄적 사회였던 것처럼 고려도 몇몇 가문,
몇몇 지역에서 정권을 차지하고 있었기 때문이다. 몽골과 전쟁을 치르면서
동족이라는 생각이 크게 자라났다. 수십 년에 걸친 항쟁과 이어지는 시련
속에서 출신 지역을 넘는 단결이 요구되었기 때문이다. 이제 신라 출신이
니 고구려 출신이니 하는 구별은 무의미해지고 온 나라 사람들이 하나라는

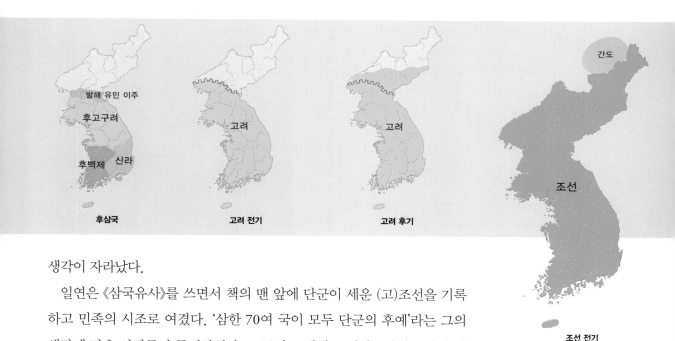

후삼국   고려 전기   고려 후기   조선 전기

생각이 자라났다.

일연은 《삼국유사》를 쓰면서 책의 맨 앞에 단군이 세운 (고)조선을 기록하고 민족의 시조로 여겼다. '삼한 70여 국이 모두 단군의 후예'라는 그의 생각에 많은 사람들이 동의하였다. 고구려도 백제도 신라도 (고)조선의 뒤를 이은 나라라는 생각이 확산되었으니, 고려의 뒤를 이은 나라의 이름이 자연스럽게 '조선'이 된 것이다.

▬ 한민족(韓民族)이 탄생하기까지

고려와 조선을 거치며 고려 사람, 조선 사람이라는 생각은 점차 커졌다. 일본의 침략에 맞서 임진왜란을 치르고, 두 차례에 걸쳐 청에 맞서 전쟁을 치르면서 이러한 생각은 더욱 커졌다. 반만년 역사를 함께한 민족은 한반도와 그 주변에서 역사를 발전시키고 독특한 문화를 누리며 살아왔다.

그러나 온전한 의미에서 하나의 민족은 완성되지 못하였다. 지역에 따른 차별이나 신분 차별은 여전하였고, 관리들이 민중을 수탈하는 것도 여전하였다. 심지어 인간 대접을 받지 못하는 사람도 많았다.

관리와 백성의 애국심이 같을 수 없고, 노비와 주인·상민과 양반의 애국심이 같을 수는 없었다. 모든 지역에서 똑같이 나라 사랑에 나서기를 기대하는 것도 무리였다.

'온 국민의 하나 되기'는 모든 차별이 폐지되고 민권이 확립되는 근대에 이르러 서서히 이루어졌다.

21세기의 아침은 오랜 분열의 어둠을 걷는 남북 정상 회담과 함께 시작되었다. 말도 많고 탈도 많았지만, 정상 회담과 꾸준한 대화야 말로 평화와 통일을 위한 첫걸음이 된 것만은 틀림없는 사실이다. 분단! 그것은 오랜 통일의 시기에 비교하면 아주 짧고 부자연스러운 일이다.

평화적인 통일! 그것은 이제 먼 훗날의 꿈이 아니라, 머지않아 실현될 오늘의 현실이라는 믿음을 가져 보자.

01 남북이 협력하여 평화적으로 통일을 이룩하였을 때 새로운 나라 이름을 짓는다면 무엇으로 할까?

❶ 대한민국의 '대한'은 대한 제국 때 처음 쓰인 것으로 삼한에서 유래한 이름이다. 그리고 지금 북한의 정식 이름인 조선민주주의인민공화국에서 '조선'은 고조선과 이성계가 세운 조선에서 비롯된 이름이다. 둘 중 하나를 선택한다면, 한쪽의 정통성을 인정하는 것이라서 쉽지 않다.

❷ 고려는 어떨까? 오늘날 북한 쪽에 수도를 둔 나라였다는 점에서 북한 쪽에서 좋아하는 이름이다. 그래서 북한에서는 한때 '고려연방공화국'이라는 이름과 함께 통일 방안을 내놓기도 하였다. 그래서 남한의 거부감이 적지 않다.

❸ 코리아는 어떨까? 일찍이 축구와 탁구에서 남북 단일팀이 만들어졌을 때 사용된 이름이다. 오늘날 남북한이 함께 코리아(Korea)를 영문 국호에 쓴다는 점에서 고려할 만한 가치가 있다. 그런데 남이 붙인 이름인 데다 우리말이 아니다.

대성 산성

● 평양
만주를 호령하며 통일 중국에 맞서 당당하게 싸우던 고구려의 수도입니다. 고조선을 세운 단군의 무덤도 여기에 있지요.

● 사비성
너른 들판과 굽이치는 강을 끼고 있는 아름다운 도시. 문화 수준이 높고 평화를 사랑하는 나라가 되려면 이곳, 백제의 마지막 수도 부여가 가장 어울리지요.

백제 금동 대향로

| 고조선 | 여러 나라의 성장 | 고구려 / 백제 / 신라 | 발해 / 통일신라 | 고려 | 조선 | 대한 제국 | 일제 강점기 | 북한 / 남한 |

02 통일된 나라의 새로운 정치 중심지로는 어디가 좋을까?
그 후보지들을 살펴보자.

개경 남대문

● 개경

세계를 향하여 열린 문, 벽란도가 있는 곳. 코리아의 이름을
만방에 드날린 고려의 수도입니다. 민족을 다시 통일한
것을 기리며 새 수도를 찾는다면, 고려의 옛 수도가 가장
어울리겠지요.

● 평양

● 개경

● 한성

● 사비성

● 금성

● 한성

한반도의 한가운데에
있어서 어디로든 갈
수 있지요. 넓은 땅을
차지하고 수많은
사람이 모여 사는 이곳,
과거와 현재가 함께
살아 숨 쉬는 이곳이
가장 적임지이겠지요.

광화문

불국사

● 금성

오늘날 우리 민족이 있게 한
삼국 통일의 현장이지요.
이곳에 새 수도를 정하면
아마 1,000년 동안은
무궁하게 발전할 것입니다.

우리 민족은 어떻게 살아왔나

돌잔치

혼인식

장원 급제

━━ 우리에게 유교는 무엇이었나

유교 문화는 삼국 시대에 소개되어 나라를 운영하는 이념으로 자리 잡았다. 나라에서 학교를 세워 유학 교육을 실시하였고, 남북국 시대부터는 유교 윤리에 밝은 이들을 선발하여 관직을 주었다. 과거 제도가 확립된 고려 때에 이르러 이러한 모습은 더욱 뚜렷해졌다.

조선은 유교 국가라고 할 만큼, 유교가 정치에서 개개인의 생활에 이르기까지 대단한 위력을 행사한 사회이다. 조선 건국을 주도한 신진 사대부들은 유교 이념을 내세워 고려를 무너뜨리고 새 나라의 정치·경제 제도를 마련하였다. 16세기 이후 등장한 사림 세력은 유교를 정치 이념에서 생활 윤리로 확장시켰다. 나라 곳곳에 세워진 서원에서는 유교 이념에 대한 연구가 활발하였고, 지역마다 향약이 만들어져 유교 윤리가 확산되었다.

나라의 정책을 결정하는 데서부터 사람이 나고 죽는 일상생활의 모든 부

좌의정 행차   유수관 부임   회혼식

〈모당 홍이상 평생도〉
김홍도가 그린 그림으로, 양반 관리 홍이상을 모델로 그렸다.

분에 이르기까지, 유교를 떠나서는 생각하기 어려운 사회가 되었다. 그래서 '우리의 전통' 하면 곧바로 유교가 생각날 지경이다.

― 유교와 불교

우리는 '아들이 부모를 모시고, 그 가운데 맏아들이 제사를 이어받아 형제들보다 더 많은 재산을 물려받는 것'을 오랜 전통으로 이해하고 있다. 하지만 그러한 관행이 자리 잡은 것은 오래되지 않았다.

잘 알려진 율곡 이이는 외가에서 태어났고 그곳에서 자랐다. 자라나서는 외가 쪽 제사를 지내기도 하였고, 외가 쪽으로부터 재산도 물려받았다. 따라서 오랜 전통이라고 생각하던 풍속의 역사는 길어야 400~500년 정도 되는 셈이다.

지난날을 돌아보면 유교라 해도 그 모습이 항상 같은 것은 아니었다. 신

성황당
마을의 수호신을 모신 곳이다. 마을 어귀나 고개 마루에 원뿔 모양으로 쌓은 돌무더기와 신성시되는 나무 혹은 장승으로 이루어져 있다.

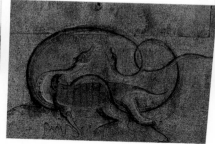

현무도
고구려의 고분 벽화에 그려져 있는 사신도 중 북쪽을 지키는 신으로 여겨진 거북 그림으로, 도교 사상이 잘 나타나 있다.

서산 마애삼존불
초기의 불교는 왕실의 보호와 지원을 받으며 국민적 통합을 이루는 데 기여하였다. 불상의 자비로운 미소가 특히 눈에 띈다.

라 때의 유교와 조선 후기의 유교는 사회에서 차지하는 위치가 다르고 내용도 많이 달랐다.

게다가 우리 조상들은 유교 외에도 다양한 문화 전통을 가졌으니, 유교만으로 조상들의 삶을 다 이해하기는 어렵다.

유교 국가를 지향한 조선 시대에 크게 쇠퇴하였지만, 불교는 민족의 삶과 문화를 이해하는 데 빠뜨릴 수 없다. 고려 시대만 해도 많은 사람들이 부처에게 아이 낳기를 기원하였고, 죽은 뒤에는 불교 방식으로 장례를 치렀다. 호국 불교를 지향하였으며, 승려가 나라의 정치에 큰 구실을 한 경우도 많다.

▬ 다양한 믿음, 새로운 희망

유교와 불교처럼 거창한 이론과 잘 짜인 교단이 있지는 않았지만 사람들의 마음을 사로잡은 것이 있다. 자연 현상을 잘 이해하고 자연과 화합할 수 있는 생활을 하자는 풍수지리설과 내세의 극락왕생보다는 현세의 행복을 추구한 도교가 그렇다.

이 모든 것에 앞서 우리 민족 모두의 원초적인 심성을 만들어 낸 무교도

보현사 8각 13층 석탑
통일 신라를 거치며 불교 교리에 대한
이해가 깊어지고 신앙이 널리 확산되었다.
이와 함께 나라 곳곳에 수많은 불교
문화재가 남았다.

병산 서원
조선 시대 이후 유교는 정치 이념이었을 뿐 아니라, 학문
연구의 중심을 이루었으며 생활 윤리의 기준이 되었다.

천도교 교당
동학은 무교를 비롯하여 유교와 불교와 도교의 이론을
종합하여 만들어졌다. 동학은 민중의 희망을 담아 새로운
사회를 열기 위한 개혁 운동을 전개하기도 하였다.

빠뜨릴 수 없다. 많은 사람들에게 '미신'으로 치부되어 버렸지만, 이 세상 만물에 신이 깃들어 있다고 믿고 아무리 하찮은 것일지라도 존중하려는 마음, 진실한 마음으로 정성을 다해 산다면 하늘이 감응할 것이라는 무교는 조상들의 삶을 이해하는 데 밑거름이 된다.

　자연과 화합하고 인간을 존중하며 정성으로 살아가려는 민중의 생활 속에서 동학이라는 새 종교가 탄생하였다. 동학은 '인간은 곧 하늘'이며 '모든 사람이 평등'하고, '진실하게 살면 살아서 새로운 세상을 볼 수 있을 것'이라고 하였으니, 동학에는 우리 전통에 대한 이해를 바탕으로 새로운 세계를 열고자 한 민중의 희망이 담겨 있다.

다음은 유네스코에서 지정한 세계문화유산을 나열한 것이다. 각 설명을 잘 읽은 다음, 이 가운데 하나를 택하여 '우리 문화와 문화유산'이라는 보고서를 작성하여 보자.

고창·화순·강화 고인돌 유적

고인돌은 청동기 시대의 대표적인 무덤 중 하나이다. 세계적으로 우리나라에 가장 많이 분포하고 있다. 특히 고창·화순·강화 고인돌 유적은 좁은 구역에 많은 고인돌이 모여 있고 형식도 다양하여 연구 가치가 대단히 높다.

석굴암 · 불국사

석굴암은 751년 신라 경덕왕 때 재상이던 김대성이 창건하기 시작하여 774년인 신라 혜공왕 때 완공하였다. 부처의 나라를 만들려고 한 신라인의 이상이 예술적으로 승화된 불교문화의 걸작이다.

경주 역사 지구

신라 1,000년(기원전 57~935)의 역사와 문화를 한눈에 파악할 수 있을 만큼 다양한 유산이 분포되어 있다. 불교 미술의 보고인 남산 지구, 궁궐 터인 월성 지구, 고분이 모여 있는 대릉원 지구와 황룡사·산성 지구로 나뉜다.

해인사 장경판전

해인사 장경판전은 13세기에 만들어진 세계적 문화유산인 고려 대장경판 8만여 장을 보존하고 있는 건물이다. 건물 자체가 과학적으로 구성되고 예술적으로 지어졌을 뿐 아니라, 대장경 자체의 명성도 세계적으로 높다.

종묘

역대 왕이나 왕비 및 죽은 뒤에 왕과 왕비로 추대된 분들을 모신 곳으로, 유교 사당 중 가장 정제되고 장엄한 건축물이라고 할 수 있다. 해마다 이곳에서 여러 차례 제사를 지내는데, 이때 연주되는 음악인 종묘 제례악도 무형 문화재이다.

창덕궁

1610년 광해군 때부터 1868년 고종이 경복궁을 중건할 때까지 258년 동안 역대 왕들이 나랏일을 본 궁궐이다. 자연스러운 산세에 따라 지형을 크게 바꾸지 않고 세운 건물과 후원은 건축사적으로도 큰 의미가 있다.

수원 화성

조선의 22대 왕인 정조가 아버지의 묘를 옮기고 지역 중심지를 새로 건설하면서 쌓은 성이다. 성을 쌓던 200여 년 전 모습이 거의 원형대로 보전되고 있는데, 유교에서 강조하는 효의 정신을 이곳에서도 읽을 수 있다.

조선 왕릉

조선 시대 왕들의 무덤이다. 1392년부터 1910년까지 519년 동안 조선을 통치한 왕과 왕비를 모신 곳으로 서울과 그 주변에 퍼져 있다. 《경국대전》에 따르면 왕릉은 한성 사대문 밖 100리 안에 두었다. 세종의 영릉처럼 《경국대전》 완성 전에 만들어진 무덤이 단종의 장릉처럼 불행하게 죽은 왕의 무덤은 예외이다. 많은 능 중에서 태조 이성계의 능은 그의 고향인 함흥의 억새를 가져다 심어 눈에 띄며, 고종의 능은 황제의 격을 갖춘 무덤으로 손꼽는다.

한국의 역사 마을

양동 마을은 경상북도 경주시 강동면에 자리 잡은 유서 깊은 양반 마을로 조선 시대의 대표적인 집성촌이다. 월성 손씨, 여강 이씨가 서로 다투거나 도우며 발전시킨 곳이다. 국보 한 점, 보물 네 점, 중요 민속자료 열두 점, 경상북도 지정 문화재 일곱 점 등 모두 스물네 점의 지정 문화재를 보유하고 있다. 하회 마을은 역사와 규모 및 보존 상태, 전통 건축 양식과 자연환경 등으로 널리 알려져 있으며 하회 별신굿으로도 유명하다. 약 500년 전부터 시작된 별신굿은 우리나라에서 가장 오래된 탈놀이로, 탈을 쓴 광대가 양반을 놀리고 세상을 풍자하는 대목이 흥미롭다.

부록

한국사 연표

B.C.

약 70만 년 전	구석기 문화 시작(공주 석장리 유적)
약 50만 년 전	검은모루 동굴 유적 형성
8000년경	신석기 문화 시작(부산 동삼동 유적)
5000년경	서울 암사동 유적 형성
2333	단군왕검, 고조선 건국(《삼국유사》)
1500년경	청동기 문화 시작
400년경	철기 문화 시작
194	위만, 준왕을 몰아내고 고조선 왕이 됨
	준왕은 남쪽으로 내려와 한(韓)의 왕이 됨
108	한나라 침략으로 고조선 멸망·한 군현 설치
82	한나라가 설치한 임둔·진번군 몰아냄
69	신라에서 박혁거세 탄생
59	해모수, 북부여 건국
58	동부여에서 주몽 탄생
57	신라 건국
37	고구려 건국
18	백제 건국

A.D.

194	고구려, 진대법 실시
313	고구려, 낙랑군 몰아냄
371	백제, 고구려 평양성 공격
372	고구려, 불교 전래 및 태학 설치
384	백제, 불교 전래
427	고구려, 평양 천도
433	나·제 동맹 성립
475	고구려, 백제 한성 점령. 백제, 웅진 천도
527	신라, 불교 공인
538	백제, 사비성 천도
552	백제, 일본에 불교 전파
553	신라, 한강 유역 점령
562	신라, 가야 정복
612	고구려, 살수에서 수군을 크게 물리침(살수 대첩)
624	고구려, 도교 받아들임
645	고구려, 안시성에서 당군을 물리침
648	나·당 동맹 성립

세계사 연표

B.C.

4만~5만 년 전	현생 인류 출현
1만 년 전	농경과 목축 시작
3000년경	메소포타미아 문명과 이집트 문명 성립
2500년경	황허 문명·인더스 문명 성립
1240년경	아시리아, 바빌로니아 정복
1100년경	은 멸망, 주의 황허 유역 지배
1020년경	헤브라이 왕국 성립
1000년경	인도, 아리아인이 갠지스 강 유역으로 이주 시작
800년경	인도, 브라만교와 카스트 제도 성립
671년경	아시리아, 오리엔트 통일
6세기경	인도, 불교 성립
525	아케메네스 왕조 페르시아, 오리엔트 통일
492년경	그리스 − 페르시아 전쟁(~479)
431	펠로폰네소스 전쟁(~404)
403	중국, 전국 시대 돌입
330	아케메네스 왕조 페르시아 멸망
264	로마, 카르타고와 포에니 전쟁(~146)
221	진(秦), 중국 통일, 만리장성 축조
202	중국, 한 건국
27	로마, 제정 수립

A.D.

30년경	헤브라이에서 크리스트교 성립
40	안남의 쯩 자매가 중국 한나라에 항거
184	한, 황건적의 난(~204년경)
200년경	베트남 남부에 참파 왕조 성립
220	한 멸망, 삼국 시대 시작
227년경	사산 왕조 페르시아 성립
260	에데사 전투
280	진(晉), 중국 통일
313	로마 제국, 크리스트교 공인(밀라노 칙령)
316	중국, 5호 16국 시대 시작
320년경	인도, 굽타 왕조 건국
375	게르만족, 로마 제국으로 이동 시작
395	로마 제국, 동서로 분열
439	선비족의 북위, 화북 통일, 중국의 남북조 성립
476	서로마 제국 멸망
481년경	프랑크족의 클로비스, 프랑크 왕국 건설
589	수, 중국 통일

660	백제 멸망
668	고구려 멸망
676	신라, 삼국 통일
685	신라, 9주 5소경 설치
698	발해 건국
722	신라, 정전 지급
732	발해, 당의 덩저우 공격
751	신라, 불국사와 석굴암 건립 시작
756	발해, 상경 천도
780	신라, 혜공왕 피살
828	신라, 장보고가 청해진 설치
900	견훤, 후백제 건국
901	궁예, 후고구려 건국
918	왕건, 고려 건국
926	발해 멸망
927	견훤, 신라 경애왕 공격·공산에서 왕건에게 승리
930	왕건, 고창에서 견훤에게 대역전
935	신라 경순왕, 고려에 항복
936	후백제 멸망, 고려 후삼국 통일
956	광종, 노비안검법 실시
958	광종, 과거 제도 실시
982	최승로, 시무 28조 올림
993	거란(요) 1차 침입, 서희의 담판으로 해결
1010	거란 2차 침입
1018	거란 3차 침입
1019	강감찬, 귀주에서 거란을 물리침(귀주 대첩)
1107	윤관, 여진을 정벌하고 9성 건설
1126	이자겸의 난
1135	묘청, 서경 천도 운동
1145	김부식, 《삼국사기》 편찬
1170	무신의 난
1176	망이·망소이의 난
1193	김사미와 효심 봉기
1196	최충헌, 정권 장악
1198	만적의 난
1231	몽골 1차 침입
1232	강화도 천도, 몽골 2차 침입
	고려, 처인성에서 몽골 사령관 사살
1234	세계 최초 금속 활자로 《상정고금예문》 인쇄
1236	팔만대장경 새김(~1251)
1238	몽골군, 황룡사 9층탑 불태움
1258	최씨 정권 무너짐

610	아라비아, 무함마드가 이슬람교 창시
618	중국, 당 건국
642	사산 왕조 페르시아, 이슬람에 멸망
645	일본, 다이카 개신
710	일본, 나라로 수도 옮김, 나라 시대 돌입(~784)
711	우마이야 왕조, 이베리아 반도 정복
732	프랑크 왕국, 투르·푸아티에 전투에서 이슬람군에 승리
750	아바스 왕조 성립
751	당, 탈라스 전투에서 이슬람군에 패배
755	당, 안사의 난(~763)
756	이베리아 반도에 후우마이야 왕조 성립
794	일본, 헤이안 시대 돌입
800	프랑크 왕국의 카롤루스 대제, 서로마 황제 대관
875	당, 황소의 난(~884)
890年경	캄보디아의 앙코르 왕조 성립
907	당 멸망, 5대 10국 시작
916	거란 건국
936	거란, 중국의 연운 16주 점령
960	중국, 송 건국
977	아프가니스탄에 가즈나 왕조 성립
987	러시아, 그리스정교로 개종
1037	셀주크 튀르크 건국
1038	서하(대하) 건국
1054	크리스트교, 동·서 교회로 분열(로마 가톨릭 교회와 그리스정교회)
1055	셀주크 튀르크, 바그다드 입성
1067	안남, 참파 정벌
1077	카노사의 굴욕
1096	십자군 전쟁(~1270)
1115	여진족, 금 건국
1125	요, 금에 멸망
1127	송 멸망, 강남에 남송 건국
1187	이집트 아이유브 왕조의 살라딘, 예루살렘 탈환
1192	일본, 가마쿠라 막부 성립
1193	구르 왕조, 델리 정복(인도의 이슬람화)
1206	칭기즈칸, 몽골 통일, 인도, 노예 왕조 성립
1227	서하, 몽골에 멸망
1231	호라즘 제국, 몽골에 멸망
1234	금, 몽골에 멸망
1250	이집트, 맘루크 왕조 건국, 아이유브 왕조 멸망
1258	몽골, 바그다드 침략, 아바스 왕조 멸망
1260	맘루크 왕조, 아인잘루트 전투 승리

1583	이이, 10만 양병설 건의
1592	일본군 21만 명, 조선 침입(임진왜란)
1597	일본군 20만 명, 조선 재침입(정유재란)
1609	일본과 국교 재개
1610	허준, 《동의보감》 완성. 경기도에 대동법 시행
1623	이귀 등 서인, 광해군을 폐하고 정권 장악(인조반정)
1627	이괄의 난. 여진족(금) 침입(정묘호란)
1628	벨테브레이, 제주도 표착
1636	청, 대대적인 침입(병자호란)
1645	청에 볼모로 갔던 소현 세자, 서양 서적과 여지구·천주상을 가지고 서울에 돌아옴
1653	하멜, 제주도 표착
1678	상평통보 주조
1708	전국적으로 대동법 시행
1712	백두산 정계비 건립
1725	영조, 탕평책 실시
1742	탕평비 세움
1750	균역청을 설치하고 균역법 실시
1758	천주교가 확산되자 이를 엄금
1763	고구마 전래
1769	유형원, 《반계수록》 지음
1776	규장각 설치
1778	박제가, 《북학의》 지음
1785	《대전통편》 완성
1786	서학을 금함
1791	정조, 시전 상인의 특권인 금난전권 폐지
1792	정약용, 거중기 발명
1796	화성 완성
1801	대대적인 천주교 탄압. 공노비 6만 6,000명 해방
1805	안동 김씨, 세도 정치 시작(~1863)
1808	함경도 북청에서 민란 발생
1811	평안도 곡산, 농민 봉기. 홍경래 등이 지휘하는 평안도 농민 전쟁 일어남(~1812)
1813	제주도에서 민란 발생
1818	정약용, 유배지에서 《목민심서》 지음
1831	천주교 조선 교구 설치
1833	서울 쌀값 폭등으로 도시 빈민 폭동이 일어남
1846	최초의 한국인 신부 김대건, 새남터에서 순교
1848	이양선, 경상·전라·황해·함경·강원 5도에 나타남
1860	최제우, 동학 창시
1861	김정호, 대동여지도 간행
1862	민란, 전국으로 확대(임술 농민 봉기). 삼정이정청 설치

1615	몰루카 제도, 네덜란드에 점령됨
1616	만주족(여진족)의 누르하치, 후금 건국
1618	독일, 30년 전쟁(~1648)
1636	후금, 국호를 청으로 고침. 조선 침략
1642	영국, 청교도 혁명
1643	프랑스, 루이 14세 즉위. 이후 절대 왕정 전성
1644	명 멸망. 청이 중국 지배
1651	영국, 항해 조례 발표
1661	청, 강희제 즉위
1675	필립 왕 전쟁(~1676)
1688	영국, 명예 혁명
1701	프로이센 왕국 성립
1709	영국, 울타리치기(인클로저) 운동
1715	청, 영국 동인도 회사가 광둥에 상관 설치
1722	청, 옹정제 즉위(~1735)
1735	청, 건륭제 즉위(~1795)
1740	오스트리아 왕위 계승 전쟁(~1748)
1756	7년 전쟁(~1763)
1757	플라시 전투, 영국의 인도 독점 청, 외국 무역을 광둥에 한정시킴
1759	청, 위구르족을 평정하고 신강(신장)이라 개칭
1760년경	**영국에서 산업 혁명 시작**
1772	폴란드 분할(~1795)
1776	미국, 독립 선언
1779	카자르 왕조, 페르시아 통일
1789	프랑스, 프랑스 혁명. 인권 선언
1793	청, 영국 사절 매카트니 건륭제 알현
1796	청, 백련교의 난(~1804)
1803	안남, 국호를 베트남으로 정함 일본, 미국 배가 나가사키에 들어와 통상 요구
1804	프랑스의 나폴레옹, 황제 즉위. 법전 제정 아이티, 프랑스로부터 독립
1805	이집트, 무함마드 알리 집권(~1840)
1811	볼리비아, 베네수엘라 출신 볼리바르가 독립운동 지휘
1812	아르헨티나 출신 산마르틴, 남아메리카 독립운동 지휘
1814	빈 회의(~1815)
1823	미국, 먼로주의 선언
1825	영국, 세계 최초 철도 개통
1827	알제리, 프랑스의 침략
1830	프랑스, 7월 혁명
1833	오스만 제국, 이집트 자유 독립 승인
1834	독일, 프로이센 중심의 관세 동맹 성립

1865	경복궁 중건 (~1872)
1866	제너럴셔먼 호 사건. 프랑스와 전쟁(병인양요)
1868	대원군, 서원을 47개만 남기고 폐쇄
1871	미국과 전쟁(신미양요). 척화비 세움
1875	운요 호 사건
1876	일본과 강화도 조약 맺음
1880	개화 정책 본격화
1881	일본에 조사 시찰단·청에 영선사 파견
	영남의 유학자, 척사 운동 전개
1882	임오군란. 청의 간섭 강화
1883	〈한성순보〉 발간. 원산 학사 설립
1884	우정국 설치. 갑신정변
1885	서양식 병원(광혜원) 설립
	영국, 거문도 불법 점령 (~1887)
1888	민란의 전국적 확산
1889	함경도, 곡식 수출 금지(방곡령)
1893	전국 65곳에서 민란 일어남. 보은·금구 집회
1894	동학 농민 운동 일어남. 청·일 전쟁 일어남
	갑오개혁 추진. 공문서에 처음 한글 사용
1895	을미사변. 단발령. 항일 의병 운동
1896	양력 사용. 아관 파천. 〈독립신문〉 창간. 독립협회 창립
1897	대한 제국 선포
1898	만민 공동회 운동. 독립협회 해산. 찬양회 결성
1899	대한국 국제 반포. 최초의 철도(경인선) 개통
	경복궁에 전등 설치
1900	활빈당 활발히 활동
1904	러·일 전쟁 일어남. 한·일 의정서 맺음. 경부선 준공
1905	을사조약 체결. 항일 의병 운동 재개
1906	대한 자강회 조직. 최익현·신돌석 의병 봉기
	이인직, 신소설 발표
1907	국채 보상 운동 전개. 헤이그 특사 파견. 군대 해산
	신민회 결성. 13도 창의군 활동
1908	동양 척식 주식회사 설립
1909	안중근, 이토 히로부미 사살. 나철, 대종교 창시
	일본군, 남한 대토벌
1910	홍범도 등 연해주 의병 국내 진격 작전
	일제의 국권 침탈
1912	임병찬, 대한 독립 의군부 조직
	토지 조사 사업 실시 (~1918)
1914	박용만, 하와이에서 국민 군단 조직
1915	대한 광복회 조직
1919	3·1 운동. 대한민국 임시 정부 수립. 의열단 조직

1838	영국, 차티스트 운동
1840	청, 아편 전쟁 (~1842)
1842	청, 영국과 난징 조약 체결, 영국에 홍콩 할양
1848	프랑스, 2월 혁명. 오스트리아·독일, 3월 혁명
	마르크스·엥겔스, 〈공산당 선언〉 발표
1850	청, 태평 천국 운동 (~1864)
1854	일본, 미국 페리 함대 내항
1856	청, 애로우 호 사건 (~1860)
1857	인도, 세포이 항쟁 (~1858)
1858	일본, 미·일 수호 통상 조약 체결
1859	다윈, 《종의 기원》 출판
1860	청, 영·프 연합군이 베이징 점령. 양무 운동
1861	미국, 남북 전쟁 (~1865). 러시아, 농노 해방령 발표
	중국, 양무운동
1862	제1차 프랑스·베트남 전쟁(사이공 조약)
1868	일본, 메이지 유신
1869	수에즈 운하 개통
1871	독일, 빌헬름 1세 독일 황제로 취임(독일 제국 성립)
	프랑스, 파리 코뮌 성립
1881	수단, 마흐디 항쟁 (~1898)
1882	삼국 동맹 성립 (~1915)
1884	청·프 전쟁 (~1885)
1885	베트남, 간뿌옹 운동. 인도 국민 회의 결성
	청·프 톈진 조약 체결
1886	미국, 시카고 헤이마켓 투쟁
1887	프랑스령 인도차이나 연방 성립
1889	일본, 제국 헌법(메이지 헌법) 발표
1892	호세 리살, 필리핀 연맹 결성
1893	뉴질랜드, 여성 참정권 인정
1894	청·일 전쟁 (~1895)
1898	청, 독일이 산둥의 자오저우 만 조차. 무술 변법. 의화단
	운동 (~1900). 필리핀, 아기날도 독립 선언
1902	러시아, 시베리아 철도 개통
1904	일본, 러·일 전쟁 (~1905)
1905	이란, 입헌 혁명. 인도, 벵골 분할령 발표
	탄자니아, 마지막 봉기. 러시아, 피의 일요일 사건
1906	인도, 스와데시·스와라지 운동
1907	영·프·러, 삼국 협상 성립
1908	오스만 제국, 청년 튀르크 당 혁명. 최초의 의회 성립
1909	오스만 제국, 무스타파 케말의 혁명 해방군이 이스탄불
	장악
1910	멕시코 혁명 (~1917)

	한국인이 처음으로 영화 제작
1920	봉오동과 청산리에서 일본군 격파. 조만식, 조선 물산
	장려회 조직. 〈조선일보〉·〈동아일보〉 창간
1921	부산 부두 노동자 총파업
1922	이광수, 〈민족 개조론〉 발표. 어린이날 행사 치름
1923	암태도 농민 항쟁(~1924). 민립 대학 설립 운동. 물산
	장려 운동 활발히 전개. 일본, 관동에서 조선인 대학살
1924	북률 농민 항쟁
	조선 청년 동맹, 조선 노·농 총동맹 결성
1925	조선 공산당 결성
1926	6·10 만세 운동. 나석주, 동양 척식 주식회사에 폭탄
	던짐. 경성 제국 대학 개교. 대중가요 유행
1927	신간회 결성. 라디오 방송 시작
1928	원산 총파업(~1929)
1929	광주 학생 항일 운동
1931	일제의 만주 침략. 신간회 해소
	〈동아일보〉, 브나로드 운동 전개(~1934)
1932	이봉창과 윤봉길 의거
	조선 혁명군과 한국 독립군이 한·중 연합군 조직
1933	한글 맞춤법 통일안 제정
	조선 총독부, 농촌 진흥 운동 시작
1934	안재홍 등 조선학 운동 전개
1935	민족 혁명당 조직
1936	손기정, 베를린 올림픽 대회 마라톤 우승. 〈동아일보〉
	일장기 말살 사건
1937	중·일 전쟁 시작. 황국 신민의 서사 제정
	신사 참배 강요. 화신 백화점 개점
1938	김원봉 등 조선 의용대 조직. 한글 교육 금지
1939	강제 연행 시작(국민 징용령), 1945년까지 45만 명 연행
1940	한국 광복군 창설. 일제식 성명 강요 실시
	〈조선일보〉·〈동아일보〉 폐간
1941	임시 정부, 건국 강령 발표 및 대일 선전 포고
1942	조선 독립 동맹 및 조선 의용군 결성. 조선어 학회 사건
	서울 인구 100만 명을 넘어섬
1943	일제, 징병제·학병제 실시로 조선 청년을 일본군으로
	끌고 감
1944	조선 총독부, 여자 정신대 근무령 공포 및 시행
	여운형, 건국 동맹 결성
1945	해방. 건국 준비 위원회 발족. 미·소 군정 실시
	모스크바 3국 외상 회의 개최
1946	북조선 임시 인민 위원회 발족. 북한, 토지 개혁 실시
	제1차 미·소 공동 위원회 개최

1911	청, 신해혁명
1912	중화 민국 성립, 쑨원이 임시 대총통에 취임
1914	사라예보 사건, 제1차 세계 대전 발발(~1918)
1915	일본, 제1차 세계 대전 참전, 중국에 21개조 요구
1917	러시아 혁명. 인도네시아, 이슬람 정당 '사레카트
	이슬람'이 민족 운동 전개
1918	제1차 세계 대전 종식
	미국의 윌슨 대통령, 14개조 평화 원칙 발표
	영국, 30세 이상 여성들에게 투표권 인정
1919	중국, 5·4 운동. 베르사유 조약, 독일 바이마르 공화국
	성립. 인도, 간디의 비폭력·무저항 운동
1921	중국, 공산당 창당
1922	소비에트 사회주의 공화국 연방(소련) 수립
1923	터키 공화국 수립
1924	중국, 제1차 국공 합작(~1927)
1925	페르시아, 팔레비 왕조 성립, 카자르 왕조 멸망
1927	중국의 장제스, 난징에 국민 정부 수립
	인도네시아의 수카르노, 국민 연맹 결성
1928	인도의 네루, 인도 독립 연맹 결성
1929	미국, 대공황 발생(~1932)
1930	호찌민, 베트남 공산당 창당
1931	일본, 만주사변 일으킴
1933	미국, 뉴딜 정책(~1936)
1934	중국, 장제스의 공산당 토벌, 공산당 대장정
1935	페르시아, 나라 이름을 이란으로 개칭
1936	에스파냐, 인민 전선 정부 수립, 파시스트 반란으로
	내전(~1939)
1937	일본의 노구교 사건으로 중·일 전쟁 발발
	중국, 제2차 국공 합작. 일본의 난징 대학살
1938	일본, 국가 총동원법 발령, 중국의 상하이에 종군
	위안소 설치
1939	제2차 세계 대전 발발(~1945)
1941	일본, 하와이 진주만 기습 공격(태평양 전쟁 발발)
	영국·소련, 이란 분할 점령
1945	얄타 회담, 독일 항복, 유엔 성립
	미국, 일본에 원자 폭탄 투하, 일본 항복
	중국, 국·공 내전 시작. 아랍 연맹 결성
	베트남 민주 공화국 수립. 캄보디아 독립 선언
	인도네시아 독립 선언
1946	필리핀 공화국 수립
1947	미국, 트루먼 독트린 발표, 마셜 계획 발표
	인도 연방과 파키스탄 자치령 분리 독립

연도	한국사	세계사
	38도선 이북으로 통행 금지. 좌·우 합작 회담 시작	유엔 총회, 팔레스타인 분할안 가결
1947	제2차 미·소 공동 위원회 개최. 여운형 피살	
1948	김구, 남북 협상 제의. 제주 4·3 항쟁 시작	제1차 아랍·이스라엘 전쟁(~1949), 이스라엘 건국
	유엔 감시하에 남한 총선거 실시	미얀마 독립
1949	반민족 행위 특별 조사 위원회(반민특위) 발족	중화 인민 공화국 수립. 인도네시아 공화국 수립
	정부, 농지 개혁법 공포. 김구 순국	
1950	애치슨 미 국무 장관, '애치스 라인' 발언. 한·미 상호 방위 원조 협정 조인. 북한 남침으로 6·25 전쟁 발발. 중공군, 6·25 전쟁 개입	
1951	소련 유엔 대표, 38도선 정전 회담 제의	이란, 석유 국유화 선언
1952	국회, 경찰 포위 속에 발췌 개헌안 통과	
1953	포로 교환 협정 조인. 휴전 협정 조인 한·미 상호 방위 조약 체결	
1954	국회, 개헌안 사사오입 통과 처리(사사오입 개헌)	일본, 미·일 상호 방위 원조 협정 조인, 자위대 발족
1955		제1회 아시아·아프리카 회의(반둥 회의) 개최
1956	제3대 정·부통령 선거로 대통령에 자유당 이승만, 부통령에 민주당의 장면 당선. 북한, 천리마 운동 시작	이집트의 나세르 대통령, 수에즈 운하 국유화
1957		소련, 세계 최초의 인공 위성 스푸트니크 1호 발사 쿠바 혁명. 가나 독립. 제1차 아프리카 국가 회의
1958	진보당 사건 발생. 위원장 조봉암 등 간부 7인 간첩 혐의로 구속	
1959		중국·인도 국경 분쟁
1960	제4대 정·부통령 선거로 대통령 이승만, 부통령 이기붕 당선. 마산에서 부정 선거 규탄 시위. 서울 시내 2만여 명의 학생 총궐기. 4·19 혁명	나이지리아 독립
1961	5·16 군사 정변. 북한, 제1차 경제 개발 계획 시작 (~1970)	
1962	제1차 경제 개발 5개년 계획 시작(~1966). 공용 연호 서기로 변경. 북한, 4대 군사 노선 채택	알제리 독립
1963	박정희, 대통령 당선	말레이시아 연방 발족. 아프리카 통일 기구(OAU) 결성
1964	한·일 회담 반대 시위. 베트남 지원을 위한 국군 파견에 관한 협정 체결. 미터법 실시	팔레스타인 해방 기구(PLO) 결성
1965	한·일 협정 조인, 일본과 국교 정상화 베트남에 전투병 파병	미국, 북베트남 폭격. 베트남 전쟁(~1975)
1966	한·미 행정 협정 조인	중국, 문화 대혁명(~1977)
1967		동남 아시아 국가 연합(ASEAN) 결성
1968	국민 교육 헌장 선포 미국 정보함 푸에블로 호 사건 발생	체코슬로바키아, 민주화 선언에 소련군 개입(프라하 의 봄). 프랑스, 파리에서 학생들의 5월 혁명
1969	3선 개헌 국민 투표 법안 국회서 변칙 통과	아라파트, PLO 의장에 취임 미국, 각지에서 베트남 반전 시위
1970	경부 고속 도로 개통. 새마을 운동 시작. 서울 평화 시장 노동자 전태일, 노동 조건 개선을 요구하며 분신	
1971		방글라데시, 파키스탄으로부터 독립 선언
1972	7·4 남북 공동 성명 발표. 유신 헌법 확정 북한, 사회주의 헌법 공포·주석제 신설	
1973		칠레, 아옌데 정권 붕괴, 피노체트 독재 제1차 석유 파동(~1974)
1975	대통령 긴급 조치 9호 발표. 북한, 비동맹 회원국 가입	유엔 국제 여성의 해, 국제 여성 집회(멕시코)
1977	한국 등반대, 에베레스트 산 등정. 수출 100억 달러 달성	
1978	자연 보호 헌장 선포	미·중 국교 정상화, 제2차 석유 파동(~1980)
1979	부·마 항쟁. 박정희 대통령, 김재규 정보부장의 총에	소련, 아프가니스탄 침공(~1988)

한국사

	피격 사망. 신군부 쿠데타, 정승화 육군 참모 총장 체포
1980	5·18 민주화 운동
1981	전두환, 대통령 당선
1982	야간 통행금지 전면 해제
	정부, 일본에 역사 교과서 왜곡 내용 시정을 요구
1983	KBS 이산가족 찾기 TV 생방송
1985	남북 고향 방문단 상호 교류
	북한, 핵 확산 금지 조약(NPT) 가입
1986	서울 아시안 게임 개최
1987	전국적인 민주화 시위(6월 민주 항쟁)
	7·8·9월 노동자 대투쟁
1988	노태우, 대통령 당선. 서울 올림픽 개최
1989	헝가리, 폴란드 등 동구권 국가와 수교
	정주영 현대 그룹 명예 회장 방북, 남북 경제 협력 논의
	남북 총리 회담 (~1991)
1990	소련과 국교 수립
1991	유엔 총회, 남북한 유엔 동시 가입
	남북 기본 합의서 채택
1992	중국과 국교 수립. 김영삼, 대통령 당선
1993	금융 실명제 실시. 북한, 핵 확산 금지 조약(NPT) 탈퇴
1994	북한, 김일성 주석 사망. 북·미 제네바 핵 합의
1995	지방 자치 선거 전면 실시. 옛 조선 총독부 건물 해체
1997	외환 위기로 IMF 자금 지원 받음
1998	김대중 정부 출범
2000	남북 정상 회담. 6·15 남북 공동 선언 발표
	부산에서 열린 아시안 게임에 북한 대표단 참가
2002	한·일 월드컵 개최
2003	노무현 정부 출범
2004	노무현 대통령 탄핵 사건
	경부·호남 고속 철도 동시 개통
2005	아시아 태평양 경제 협력체(APEC) 정상 회의 개최
2007	남북 정상 회담. 남북 관계 발전과 평화 번영을 위한 선언(10·4 선언)
2008	이명박 정부 출범
2011	북한, 김정일 국방 위원장 사망
2013	박근혜 정부 출범
	북한, 김정은 국방 위원회 제1위원장 추대
2014	세월호 사건
2016	박근혜-최순실 게이트, 촛불 혁명
2017	박근혜 대통령 파면, 문재인 정부 출범
2018	평창 올림픽 개최. 남북 정상 회담. 판문점 선언, 평양 선언
	북한, 미국과 제1차 북미 정상 회담

세계사

	이란, 호메이니의 이란 혁명. 팔레비 왕조 붕괴
1980	이란·이라크 전쟁(~1988)
	폴란드 자유 노조 '연대' 탄생
1982	이스라엘, 레바논 침공
1984	유엔 식량 기구, 아프리카 24개국 기아 상태 발표
1986	소련, 체르노빌 원자력 발전소 방사능 누출 사고
	필리핀, 민주 혁명으로 마르코스 정권 붕괴
1987	미·소, '중거리 핵 전력 협정(INF) 폐기 협정 조인
1988	팔레스타인, 독립국 선언. 소련, 고르바초프의 개혁
1989	중국, 톈안먼 사건. 아시아 태평양 경제 협력체(APEC) 결성. 베를린 장벽 개방, 루마니아 공산 정권 붕괴
	몰타 정상 회담(냉전 종결 선언)
1990	독일 통일. 폴란드, '연대' 지도자 바웬사 대통령에 당선
1991	유고 내전, 걸프 전쟁, 발트 3국 독립
1992	소련의 해체, 독립 국가 연합(CIS) 성립
	동유럽 공산권의 붕괴
1993	우루과이 라운드 타결, 유럽 연합 출범
1994	북·미 자유 무역 협정(NAFTA) 출범. 러시아, 체첸 침공
1995	관세 및 무역에 관한 일반 협정(GATT) 해체, 세계 무역 기구(WTO) 출범
1997	영국, 중국에 홍콩 반환. 아시아 경제 위기
1998	유고, 코소보 사태
1999	포르투갈, 중국에 마카오 반환
	유럽 단일 통화(유로화) 출범. 시애틀 반세계화 시위
	동티모르, 인도네시아로부터 독립
2001	미국, 9·11 테러
2003	미국, 이라크 침공
2010	아랍 여러 나라의 민주화
2011	일본, 후쿠시마 원전 참사
2012	한·중·일, 영토 분쟁. 중국, 시진핑 주석 취임
2014	서아시아, 이슬람 극단주의 기승(IS)
2016	미국, 트럼프 대통령 당선. 영국, EU 탈퇴
2018	미·중 무역 전쟁

● 찾아보기 ●

■ 김육훈(1권 에필로그, 2권 프롤로그, 1~5단원, 9단원, 에필로그 집필)

"늘 공부하길 요구받는 학생들에게 쉽고 재미있는 교과서, 기다려지는 수업이 불가능한 것은 아니라고 생각한다. 수업에 쓸 자료와 교과서를 만드는 일, 그리고 수업은 내 삶 그 자체였다."

서울대 역사교육과 졸업. 서울 공업고등학교 교사. 전국역사교사모임 회장과 역사교육연구소 소장 역임. 《살아있는 한국 근현대사 교과서》, 《쟁점으로 본 한국사》, 《민주 공화국 대한민국의 탄생》 등을 썼고, 《살아있는 세계사 교과서》, 《외국인을 위한 한국사》, 《제대로 한국사》, 《우리 아이들에게 역사를 어떻게 가르칠 것인가》, 《역사. 무엇을 어떻게 가르칠까》, 《거북이는 왜 달리기 경주를 했을까》 등을 함께 썼다.

■ 안정애(1권 2, 3단원 집필)

"나 개인이 아니라 전국역사교사모임의 이름으로 쓰는 일이 얼마나 부담스러운 일이었던가. 역사를 가르친다는 것이 무엇인지, 청소년들에게 역사는 무엇인지를 끊임없이 되물었다."

서강대 사학과 졸업. 전 여의도고등학교 교사. 《살아있는 국토박물관》, 《중국사 다이제스트 100》을 썼고, 《미술로 보는 우리 역사》, 《누구를 위한 전쟁이었나》 등을 함께 썼다.

■ 양정현(2권 6~9단원 집필)

"설익은 내용을 어설프게 끌어내고 있다는 생각이 끊임없이 들었다. 모든 교사가 자기 나름의 교재를 가지고 학생들을 만나는 날을 기대하며 또 한 걸음을 내딛는다."

서울대 역사교육과 졸업. 부산대 역사교육과 교수. 《살아있는 세계사 교과서》, 《우리 아이들에게 역사를 어떻게 가르칠 것인가》, 《역사, 무엇을 어떻게 가르칠까》, 《역사교육과 역사인식》, 《중국사 100장면》, 《미술로 보는 우리 역사》 등을 함께 썼다.

■ 윤종배(1권 프롤로그 및 1, 4, 5단원 집필)

"새로운 출발이다. 살아 있는 우리 교과서로 공부하면서 학생들의 숨결까지 담아내며 정말로 신바람 나게 가르쳐보고 싶다. 이 가슴 벅찬 흥분이 꿈이 아니기를!"

서울대 역사교육과 졸업. 서울 명일중학교 교사. 전국역사교사모임 회장 역임. 《새롭게 쓴 5교시 국사 시간》, 《나의 역사 수업》, 《역사수업의 길을 묻다》 등을 썼고, 《살아있는 세계사 교과서》, 《100년 전의 한국사》, 《이야기가 있는 경복궁 나들이》 등을 함께 썼다.

■ 신선호(1권 6~9단원 집필)

"교과서 집필로 보낸 지난 2년은 내게 생지옥과도 같은 시간이었다. 이제 이 무거운 짐을 내려놓고 실컷 빈둥대고 싶다. 그런데 내일이 개학이란다."

서울대 역사교육과 졸업. 호치민시 한국 국제학교 교장. 《역사신문 4》, 《한국 최초의 인물》과 '한국을 빛낸 위인들 시리즈'의 《김구》, 《신채호》, 《정약용》 등을 썼다.

● 자료 제공 및 소장처 ●

국립경주박물관

국립광주박물관

국립김해박물관

국립민속박물관

국립부여박물관

국립제주박물관

국립중앙박물관

국립청주박물관

권태균

김선경

김성철

김효형

문화재청

사계절 출판사

삼성미술관 Leeum

서울대학교 규장각 한국학연구원

서울대학교 박물관

shutterstock

HELLO PHOTO

육군박물관

이영란

인제대학교 김학수기념박물관

전쟁기념관

살아있는 한국사 교과서 1

민족의 형성과 민족 문화

1판 1쇄 발행일 2002년 3월 12일
2판 1쇄 발행일 2002년 5월 21일
3판 1쇄 발행일 2012년 4월 9일
4판 1쇄 발행일 2019년 3월 4일
4판 7쇄 발행일 2023년 12월 26일

지은이 전국역사교사모임

발행인 김학원
발행처 (주)휴머니스트출판그룹
출판등록 제313-2007-000007호(2007년 1월 5일)
주소 (03991) 서울시 마포구 동교로23길 76(연남동)
전화 02-335-4422 **팩스** 02-334-3427
저자·독자 서비스 humanist@humanistbooks.com
홈페이지 www.humanistbooks.com
유튜브 youtube.com/user/humanistma **포스트** post.naver.com/hmcv
페이스북 facebook.com/hmcv2001 **인스타그램** @humanist_insta

편집주간 황서현 **편집** 최윤영 김정민 이영란 **표지 디자인** 유주현 **본문 디자인** Maping_이소영
지도 Maping 임근선 **일러스트** 이강훈 이지은 **조판** 홍영사 **용지** 화인페이퍼 **인쇄** 청아디앤피 **제본** 민성사

ⓒ 전국역사교사모임, 2019

ISBN 979-11-6080-202-3 03910